本书是由杨晓辉主持的"2012年度司法部国家法治与法学理论"专项任务研究课题:《中国近代司法改革视野下的司法行政制度研究》的最终成果,项目编号为:12SFB5009。

2012年度司法部国家法治与法学理论研究项目
（编号：12SFB5009）

中国近代司法改革视野下的司法行政制度研究

ZHONGGUO JINDAI SIFAGAIGE SHIYEXIA DE
SIFA XINGZHENG ZHIDU YANJIU

杨晓辉 尹巧蕊 梁 翠 著

中国政法大学出版社

2017·北京

声　明　1. 版权所有，侵权必究。
　　　　2. 如有缺页、倒装问题，由出版社负责退换。

图书在版编目（ＣＩＰ）数据

中国近代司法改革视野下的司法行政制度研究/杨晓辉,尹巧蕊,梁翠著.—北京：中国政法大学出版社,2017.6
ISBN 978-7-5620-7596-7

Ⅰ.①中… Ⅱ.①杨… ②尹…③梁… Ⅲ.①司法制度－体制改革－研究－中国－近代　Ⅳ.①D929.5

中国版本图书馆CIP数据核字(2017)第132133号

出 版 者	中国政法大学出版社
地　　址	北京市海淀区西土城路 25 号
邮寄地址	北京 100088 信箱 8034 分箱　邮编 100088
网　　址	http://www.cuplpress.com （网络实名：中国政法大学出版社）
电　　话	010-58908437(编辑室) 58908334(邮购部)
承　　印	固安华明印业有限公司
开　　本	880mm×1230mm　1/32
印　　张	8.25
字　　数	200 千字
版　　次	2017 年 6 月第 1 版
印　　次	2017 年 6 月第 1 次印刷
定　　价	39.00 元

目 录

- 001　绪　论

- 010　第一章　中国近代司法行政机构的设置及其权限
  - 010　第一节　中国古代的司法行政制度
  - 022　第二节　近代司法行政机构的变迁
  - 032　第三节　司法行政机构的权限厘定
  - 047　小　结

- 050　第二章　收回领事裁判权
  - 051　第一节　收回领事裁判权与近代法律改革的启动
  - 059　第二节　近代司法行政机构的任务
  - 075　小　结

- 077　第三章　近代监狱改良
  - 077　第一节　近代监狱改良之肇始
  - 085　第二节　考察西方监狱文明
  - 098　第三节　监狱管理体制的转型
  - 117　第四节　新式监狱的筹建
  - 133　小　结

第四章　近代监狱官制度 …… 135
第一节　近代监狱官地位 …… 135
第二节　近代监狱官管理制度 …… 142
第三节　近代监狱官选任制度 …… 151
小　结 …… 165

第五章　新式审判机构的筹设 …… 167
第一节　清末各级审判厅的筹办 …… 168
第二节　民国时期法院的筹建 …… 185
小　结 …… 197

第六章　近代司法官制度 …… 199
第一节　近代法律职业人才的缺失 …… 200
第二节　近代司法官管理制度 …… 209
第三节　法官的考任 …… 214
小　结 …… 237

结语　离异与回归 …… 242
参考文献 …… 253
后　记 …… 258

绪 论

一、问题的提出

司法行政制度是一国司法制度的重要组成部分。简而言之，司法行政制度就是以司法行政权的确立和运作为核心，以司法行政为要素，在司法活动中与其有关的行政管理法律制度。司法行政制度有广义和狭义之分。广义的司法行政制度是指国家对司法行政事务的管理体制和司法行政活动的总称，包括国家专门机关以及政府的司法行政机关依法实施的司法行政管理和依法履行司法职能的制度。狭义的司法行政制度主要是指司法行政机关依法对司法行政事务实施行政管理的制度。[1]本书所讲司法行政制度是指其狭义概念。

司法行政制度是伴随着司法和行政分立的，是以为司法提供保障和服务为目的的制度性产物。司法行政权与其他权力的配置和关系构成司法行政制度的外在基础。司法行政制度具有维护司法权的正常行使，保障和规范司法活动正常进行的重要功能。本课题正是从司法行政制度的功能出发，探讨在近代司法改革过程中，司法行政机构的权力配置以及其为推动和实现司法改革所做的贡献。

---

[1] 董开军主编：《司法行政学》，中国民主法制出版社2007年版，第49页。

国家明确划分行政权、立法权、司法权是近代资产阶级革命的产物，而审判权、检察权与司法行政管理权的细化更是民主与法制化进步的结果。中国古代没有这样的划分，国家的一切活动，行政、立法、司法、军事、监察，都操纵在国王（皇帝）手中。国王（皇帝）是最高行政长官，立法权、司法权、行政权（包括司法行政管理权）、监察权都蕴含在行政权之中。

中国古代政府虽无分权的观念，但也有职能的分工。这种职能分工，从秦汉至清，首先在中央一级逐渐形成，完善了刑部、大理寺、都察院（明以前称御史台）"三法司"的中央司法体系。三法司制度从萌芽到终结前后历经两千年，其内涵随着朝代的更替、政治体制的变革而有着巨大的变化。

光绪三十二年（1906年）七月十三日，清政府发布《宣示预备立宪先行厘定官制谕》，从而开始了清末官制改革。清政府主要参考日本司法改革模式，对中央司法体系进行了设计。"迨光绪变法，三十二年，改刑部为法部，统一司法行政。改大理寺为大理院，配置总检察厅，专司审判。于是法部不掌现审，各省刑名，划归大理院覆判，并不会都察院，而三法司之制废。题本改为奏折，内阁无所事事。秋朝审专属法部，其例缓者随案声明，不更加勘，而九卿、科道会审之制废。"[1]由此，刑部改为法部，[2]专任司法。大理寺改为大理院，专掌审判。[3]

按法部所奏官制，法部管理全国民事、刑事、监狱及一切

---

[1]《清史稿·刑法三》，收录于高潮、马建石主编：《中国历代刑法志注译》，吉林人民出版社1994年版，第1057页。

[2] 刑部为司法之行政衙门，徒名曰刑，犹嫌绖漏，故改名法部，以次于陆海军部。"庆亲王奕劻等奏厘定中央各衙门官制缮单进程折"，故宫博物院明清档案部编：《清末筹备立宪档案史料》上册，中华书局1979年版，第470页。

[3]"裁定奕劻等复拟中央各衙门官制谕"，故宫博物院明清档案部编：《清末筹备立宪档案史料》上册，中华书局1979年版，第471页

司法行政事务,监督大理院、直省执法司、高等审判厅、地方审判厅、城乡谳局及各厅局附设之司直局调查检察事务。主要办事机构有两厅八司一所。从机构设置而言,同清朝的刑部比较,法部的机构和人员编制都有缩小。从职能上讲,刑部兼有司法行政权和审判权,但法部的审判职能已被缩减,除了保留朝审、秋审和恩诏之类事宜外,法部不再直接参与审判事务。

在清末预备立宪过程中,清政府对司法改革寄予厚望。预备立宪是中国首次全面引入西方宪政理论与实践,而宪政体制的核心为分权制衡。近代国家的第一要求为法治政治,而实现法治政治的方法则为权力分立,即把国家的权力分作立法、行政、司法三种,分属于三个机关,用各权力的制衡以确保人民的权利,并预防专制政治的出现。[1]但对于仅希望通过立宪以达到外争法权,内保皇权,大权仍统于朝廷的清政府而言,行政权与立法权的分离既无必要,也未到时机。因此,三权之中,司法权与行政权的分离成为其唯一可行的领域。为此,在设置法部与大理院两个重要的司法机构的过程中,清末在司法权、司法行政权以及审判权方面,也做了一些理论上的探讨与准备。民国时期,司法行政部门或归行政院,或归 1928 年成立的司法院。司法行政权在民国时期归属问题的反复与争议,可以从侧面反映出司法行政权在司法改革中的意义。

随着官制改革——大理院与法部的设立,清末结束了司法领域在传统基础上的"略为变通",以西方司法为导向的司法改革正式启动。中央机构进行变革,地方必然要随之而动,各级审判机构的设立开始纳入近代司法改革的日程。而各级审判厅的设立,无疑需要具备相应学养的法官的充实。同时,因实现

---

[1] 萨孟武:《政治学与比较宪法》,商务印书馆 2013 年版,第 366 页。

宪政、收回领事裁判权以及修律的需要，作为刑罚执行机关的监狱的改革也必然被提上日程，并将其与改良法律、审判放在同等重要的位置。由此，监狱管理体制、相关立法以及监狱官均成为近代司法改革的重要组成部分。

司法改革从官制始，大理院与各级审判厅的建立意味着行政与司法的分立，由此而产生的机构的设置、经费的筹措、人才的培养是制约近代司法改革的首要问题。中国在抗战前期，可以说司法建设多表现为法庭与法官的数量建设，以求法庭与法官数量的增加，有学者将其称为"司法的法庭化"和"司法的法官化"。[1]同时还有监狱的建设与改良，监狱官的培养。以上任务无疑隶属司法行政权限，因此，近代司法改革的背景与历程决定了司法行政制度在其中的作用和地位。故而，本书拟从此视角入手，对近代司法行政机构的设立及其权限厘定，收回领事裁判权对司法改革的影响，监狱改良，监狱官的选任，审判厅的筹设以及司法官的选任等几个方面，探讨近代司法行政制度的发展及其在司法改革中的作用。

近代司法改革面临的最大问题就是如何应对中国强大的司法行政合一的传统，而司法审判权和司法行政权的冲突一定程度上是这一核心矛盾的反映。因此，从近代司法行政制度入手，了解这种冲突的性质、机理、根源和形式，对于现代法治国家与和谐社会的建设，以及司法改革的推进，都具有实际的借鉴意义。

中国传统司法文化别具一格，是中国传统司法经验积累与智慧的结晶。因其积淀深厚，也就不会因制度的迅速变革而轻易退出历史舞台。近代对司法行政制度的设计，既有中国司法

---

[1] 江照信：《中国法律"看不见中国"——居正司法时期（1932~1948）研究》，清华大出版社2010年版，第21页。

改革过程中对西方制度的引进，又有对传统的回归，其中蕴含着国人对中国司法体制设计的理想与妥协。

二、相关研究与资料

近代司法改革问题一直是中国大陆、台湾地区以及海外汉学界颇为关注的问题，而且研究成果丰硕。但就笔者所及，目前学界对近代司法行政制度的研究还有待深入。目前学界对这一问题的研究主要隐含在近代司法制度的相关研究中。在几乎所有研究近代司法制度的著作与论文中，近代司法行政制度都是其无法回避的一个问题。这些成果可以让我们对近代司法行政制度有一定的了解，但也仍然存在以下问题：①目前学界对大理院、司法院这些近代司法机构的研究已经颇为深入，独对近代司法行政机构缺乏系统研究，这不能不说是近代司法制度研究的一个缺憾。②对近代司法行政机构的职责及其在近代司法改革中所承担的责任缺乏必要的研究，无法对其中所隐含的中国式的司法理念做深入的理论分析，从而对近代司法体制的建设也就无法做全面客观的评价。

就资料而言，近年出版的有关近代司法改革的研究成果和资料汇编为我们的研究提供了有益的帮助。其中，《清末筹备立宪档案史料》《清末法制变革史料》《清末、民国司法行政史料辑要》《民国监狱资料选》《董康法学文集》《为什么要重建中国法系——居正法政文选》《王宠惠法学文集》《民国司法史料汇编》等是我们主要参照的资料。尤其是《民国司法史料汇编》，共计50册，收录了民国时期各类司法史料，包括大理院、最高法院、司法院的判例，大理院和司法院的解释例，均完整无缺。并且此书还收录了民国各时期出版的司法法规、司法考察记、司法院职员录等。就本研究而言，其中收录的《司法例规》《改订司法例规》《增订司法例规》是我们的主要研究资料。该例规收录了民国时期颁布的所有关于司法各项例规，经修正的法令也有注明。另外，《考查司法记》《全国司法会议记录》《全国司法行政检讨会议汇编》等分册也是重要的参考资料。这些参考资料省却了笔者许多查阅资料的麻烦。

1914年，时任司法总长章宗祥主持修订《司法例规》，其出发点在于："近自承乏法部，以为此部当古司寇之职，为六官之一。当兹凡百方在创兴，事例日就完密，虽法规自有全书，而所司宜备专籍。特嘱本部参事厅并遴派部员，排比搜抉，勒著为编，名曰'司法例规'，以备一官之专习，而资庶翼之励精。庶几衡量诚悬不欺长短，规矩诚设无紊方圆云尔。"其后增订时，司法总长张耀曾亦说："务缮法者也，至于守而勿乱，则有所司之所务焉。夫法之始也，患其乱事，及其后也，又唯乱法之患。是亦可为味叹者！"而江庸为司法例规题词为"守而勿失"，徐谦题词"施治之具"。[1]从编纂目的及题词中，亦可一窥中国司法之理念及司法行政机构之功能。

三、研究结构

本书包括绪论、六章内容和结语，其主要内容如下：

第一章：自清末司法改革成立专门的司法行政机构——法部开始。它同大理院之间基于司法独立、政治资源重新分配、相互职能分工等问题展开了激烈的争论，并且这种权限之争一直伴随着近代司法行政机构。同时，由于对"司法行政权"认识的不确定，民国时期司法行政部的归属在司法院与行政院之间几经反复，体现了中国法律现代化中理性的一面以及西方司

---

[1] 殷梦霞、邓咏秋选编：《民国司法史料汇编》第22册，国家图书馆出版社2011年版，序言。

绪 论

法制度和自身司法与政治文化背景的冲突与博弈。

第二章：随着"有条件放弃治外法权条款"赫然载诸四国商约，已然全面展开却受到重重阻力的修律活动旋获转机。以沈家本为首的怀"法律救国"的思想者，将收回领事裁判权推到前台，带动近代法律改革，因而影响到整个中国的法制演进路径。近代法律改革以西方法律为模范，又仿日本改革模式，为收法权，加速前进，日渐走进了表象化的陷阱。虽然回顾近代司法改革，有论者将司法主权同法制建设走向并列，认为20世纪初中国在如此重大的抉择面前缺乏最基本的利益研判，[1] 但在一个贫弱的国家刚刚被唤醒之时，而且还是一个曾经有着辉煌历史的民族，民族自信与主权的恢复无疑是最为迫切的问题。因此，借助固有的强大行政力量，观念先行，进行自上而下的改革，将注意力集中在与"国际接轨"的目标上，而较少关注中国政治与社会的自身逻辑与特殊性，[2] 成为近代法律改革的宿命。

第三章：就监狱改良而言，国人走出国门，参观监狱，参与监狱会议，最重要之意义在于对监狱观念的转变。中国古代狱政思想中虽有悯囚观念，对保障罪犯的基本生活有一定的意义，但是，囿于刑罚观念，古代监狱的黑暗、残酷、弊政并没有出现根本性改变。当中国人在近代走出国门，又恰逢西方监狱改良兴起之时，虽然他们对西方监狱描述不无夸大之辞，但这种夸大也恰能反映西方新式监狱对他们感官和思想上的双重冲击。不同文明之间之所以能够交流，在于人类价值追求的共性，中西文明差异虽大，但某些方面可以理解为殊途同归。因

---

[1] 安国胜：《外国在华领事裁判权史稿》，中国政法大学出版社2014年版，第382页。

[2] 于明：《司法治国》，法律出版社2015年版，第4页。

此，近代对监狱改良投入了极大的热情，监狱管理体制转型，建立新监狱，改良旧监狱，完善相关法规，在其中充盈着国人改造旧制度，拯救国家的理想与豪情。

第四章：清末民初时期，因为监狱改良的意义，监狱官成为备受改革者重视的职业。所谓"改良监狱，尤在看守得人"，"改良刑法之实际在监狱改良。监狱之内容，则在管理法，实行管理法，则在管理及看守之得人，是则不易之理也"。[1]因此，近代对监狱官的专业素养与品行均有较高要求，一改过去对狱卒的轻视，严格选任，身份地位均有所提高。理想的监狱官吏，应身兼军人、法律、宗教三者之素养，方为合格也。[2]

第五章：清末启动司法改革，就其直接目的而言，在于收回领事裁判权。故而，立法建制偏重于抄袭西方法制，冀以满足在华拥有领事裁判权国家的要求，而实现新式法律的前提与基础是独立审判机构的建立。中国固有司法事务，虽设有专职司法机构，而事实上行政司法不分。自清末大理院设立，其后京师高等地方审检厅、各省高等审检厅渐次设立，司法行政始行分离。因此，自清末开始的各级审判厅的筹建就成为近代司法建设的重点，法院数量的增大亦成为近代法制进步的重要标志，是实现行政司法分离目标的基础。而经费的匮乏，人才的不足，政局的动荡，又使"普设法院"成为最为艰巨的任务，也是司法行政机构最重要之职责。

第六章：由于在价值判断体系和社会内在精神上的巨大反差，民国初期的社会变革特别是法制变革，是在缺乏对西方体

---

[1] "考察司法制度报告书"，汪庆祺编，李启成点校：《各省审判厅判牍》，北京大学出版社2007年版，第469页。

[2] "调查日本裁判监狱报告书"，何勤华、魏琼编：《董康法学文集》，中国政法大学出版社2005年版，第668页。

制的整体把握的情况下机械模仿,而不是在深刻反省自身的基础上进行的。因此,对于建立陌生制度的操作,就只能启用有经验、有技能且品行高尚的人。故而,为选择优秀司法官,清末至民国的司法官考试均采取了笔试和口试相结合,多次选拔,层层筛选的形式。这样既能全面考察应试者多方面的综合素质,又可通过严格的程序,多次把关,选拔到具有社会经验、人文素养以及实际问题的解决能力的真正合格的司法人才。

第一章
中国近代司法行政机构的设置及其权限

近代以来,司法制度是一个广受热议的问题,司法独立一直是司法改革的追求,而行政权对司法权的侵蚀被认为是司法独立最大的障碍。中国有司法行政合一的传统,司法被视为大行政权的一个部分。因此,行政权更是近代司法改革中重点防御的对象,而司法行政权的归属与权限,成为直接关系司法独立能否实现的关键因素。

第一节 中国古代的司法行政制度

中国古代专职法司[1]的设置主要在中央,夏代有大理,商周设司寇。秦汉建立大一统的中央政权以后,中央在九卿之下设置廷尉,并由御史大夫掌管监察,也兼理贵族和官员犯罪的审判。后几经变革,至隋唐基本在中央形成了以大理寺、刑部、御史台为核心的三法司,而御史台在明清后被都察院取代。

三法司制度从萌芽到终结,前后历经两千年,其内涵随着

---

〔1〕 范忠信:"专职法司的起源与中国司法传统的特征",载《中国法学》2009年第5期。范忠信认为中国从来没有过西方自古至今意义上的司法职能及司法机构,只有相对而言以审判并制裁犯罪为主要职责的国家机构。对于这样的机构,范忠信称其为专职法司。除专职法司外,中国古代政治体制中还有许多兼职法司。中国司法传统正是"专职法司"和"兼职法司"共同创造的传统。

第一章　中国近代司法行政机构的设置及其权限

朝代的更替、政治体制的变革而有巨大的变化。

一、先秦时期的司法行政制度

在西周宗法政治体制下，各级行政官既是相应宗法群体的宗子，也是同级行政管辖区域的最高司法官。

在中央，形成以周天子为首的司法机构。"周天子"作为天下大宗，既是周王朝统治区域的最高行政官，也是最高司法官，亲自裁决全国重大案件及诸侯之间的争讼。"三公"作为周天子的辅官，以行政官员的身份，辅佐周天子审理、复核各类重大案件。而大司寇则是专职的最高司法官，以审理各类重大案件、处理全国司法事务为职责。[1]《周礼·秋官·大司寇》记载："大司寇之职，掌建邦之三典，以佐王刑邦国，诘四方。"在中央司法机构中，除了周天子、三公、大司寇之外，还设有小司寇、士师、司刑、司圜、掌囚等职官，分别掌管不同司法事务。

在诸侯国，诸侯本人掌握本国最高司法权；同时，设立专职司法官，辅佐诸侯管理司法事务，并主持审判。诸侯国的专职司法官，称作"司败""司寇""大理"等。[2]

先秦时期的司法事务内涵较大，包括一切与审判相关的事务，如侦查、审判、刑罚执行等。

二、秦汉至明清"三法司"的形成、发展、完善

秦汉至明清司法行政机构的发展体现于中央"三法司"的形成过程。

中国古代中央司法机构的发展经历了一个从"一法司"到

---

〔1〕《礼记·王制》："大司寇以狱之成告于王，王命三公参听之。三公以狱之成告于王，王三宥然后制刑。"

〔2〕朱勇主编：《中国法制史》，法律出版社2008年版，第32页。

"二法司",再到"三法司"的过程。先秦为"一法司"的时代,当时于中央和诸侯国掌理最高司法(审判)权的,只有一个机关,如"司寇""廷尉"等。秦统一天下后,沿袭了秦国的司法机构"廷尉",作为帝国最高司法审判机关。据《汉书·百官公卿表》颜师古注云:"廷,平也。治狱贵平,故以为号。"廷尉属于丞相之下的列卿之一,地位颇高。廷尉的主要任务:一是负责审理由皇帝下令审理的案件;二是审理地方移送的重大和疑难案件。秦国还设御史大夫,为众御史之长,除掌纠察之外,也兼理司法,对于特别案件(主要是贵族和官员犯罪)有审判权。[1]作为特别审判机关的御史系统与普通审判机关廷尉并列,是为"二法司"时代之始。汉代的情况有所不同,一方面,汉代监察机关御史系统发展为三,御史台、丞相府司直和司隶校尉,三个监察机关独立行使职权,并互相监察;另一方面,汉代在一定程度上将纠弹机关与审判机关分立,监察机关只司纠弹,纠弹案件涉及枉法问题时,其审判机关为廷尉。[2]

三国两晋南北朝时期,各王朝的司法机关的名称和建制基本承袭汉制。同时,为了适应这一时期新形势的需要,又在汉代的基础上有了重大发展。在中央,审判机关仍为廷尉[3],最高司法审判权仍掌握在皇帝手中。由于这一时期全国处于分裂对峙状态,阶级、民族矛盾及各种社会矛盾错综交织,异常复杂,战争频繁,各族人民的反抗此起彼伏。在此形势下,为有效解决矛盾,稳定社会秩序,各王朝相继采取了一系列措施。

---

[1] 那思陆:《中国审判制度史》,台北正典出版文化有限公司2004年版,第36~37页。
[2] 萨孟武:《中国社会政治史》,台北三民书局1998年版,第323~324页。
[3] 仅三国的孙吴称"大理",北周因仿效西周之制而称"秋官司寇"。

第一章 中国近代司法行政机构的设置及其权限

魏明帝时期,在廷尉之下增设了律博士一职,专门负责教授法律知识,以提高司法官吏的专业素质和审判水平。西晋承袭了这一做法,并增设了其他职官。至北齐,廷尉正式改名称为大理寺,并增设了属吏,律博士由一人增至四人,司法机关的规模显著扩大。这一变化既表明在分裂动乱时期强化司法职能的客观需要,也反映了司法机关在维护国家统治秩序中日益重要的作用。

中央行政机构在三国两晋南北朝时期也逐步由一省制向三省制转变。东汉时的尚书台至此时已发展为中央最高行政机关,其体系和分工也更为精细,这种政治制度的重大变化给司法机关的发展带来深刻影响。这时虽无专门的司法行政机构,但在尚书台之下已分设各专门部门,其中就有专门掌管全国司法行政事务兼理刑狱的机构,长官多被称为尚书。至南梁和北齐,尚书台正式改为尚书省,以尚书分统下属的"六曹"。如北齐的殿中尚书掌管"诸曹囚账,断罪,赦日建金鸡等事",都官尚书专掌"诏书律令勾检之事",[1]已初具后代刑部的性质和规模。中央行政机关兼理司法事务制度的日趋完善,为隋唐司法制度的发展和完备奠定了基础。

至隋唐,刑部的设立标志着中央三法司体系的最终确立,即大理寺、刑部和御史台。三大司法机关分别负责行使审判、复核和监察等项司法职能。

大理寺是中央最高审判机关,负责审理中央百官犯罪及京师徒刑以上的犯罪案件。但所判决中的徒、流案件须送刑部复核,死刑案件则须奏报皇帝核准。此外,大理寺对于刑部移送的地方死刑案件拥有重审权。

---

[1]《隋书·百官志》。

刑部是中央最高司法行政机关，属尚书省，为中央六部之一。除负责有关的司法行政事务外，还负责复核大理寺判决的流刑以下案件及地方判决的徒刑以上犯罪案件。如有疑问或发现错案，有权驳回徒流以下案件由原审机关重审，死刑案件则移送大理寺重审。同时，刑部还负责全国的狱囚管理，受理各地在押囚犯的申诉。

御史台是中央最高监察机关，负责监督百官的言行及大理寺和刑部的司法审判活动，有权参与重大或疑难案件的审理，并受理行政上诉案件。

在一般情况下，上述三大司法机关各司其职，互相配合，同时又互相监督，彼此制约，有利于司法效能的充分发挥和皇帝对司法权的控制。一旦遇到全国性的重大疑难案件，则由大理寺卿、刑部尚书和御史台御史共同审理，这种由三法司主要长官会审重大疑难案件的制度称作"三司推事"。必要时，皇帝还会命令刑部与中书、门下二省集议，以示慎重。

自隋唐以后，三法司体系基本固定下来，但是各朝又都有所变化。宋朝在太宗时为防止刑部与大理寺舞弊，于宫中设立了审刑院，复审刑部、大理寺呈送的案件。审刑院的审级相当于中央第二审，它侵夺了刑部的职权，使之成为闲散衙门，自己变成最高审判机关。[1]但是皇帝也无法长期对抗渐趋复杂化、精密化的官僚系统。宋神宗又废除了审刑院，将其职权并入刑部。刑部职权在宋中期以后也有所扩大，处理有关刑罚、狱讼、奏谳、赦宥、叙复等事务。元代仅设刑部及御史台两个法司，不设大理寺。明代以后虽然恢复了大理寺，但刑部权重，其审判权逐渐超过了都察院与大理寺。究其原因，大概是因为明初

---

[1] 那思陆：《中国审判制度史》，台北正典出版文化有限公司2004年版，第47~48页。

第一章 中国近代司法行政机构的设置及其权限

朱元璋废除丞相后由皇帝直接统领六部,刑部直属于天子,其权力自然会大大扩张。[1]

清朝的刑部职权更重于明代。按照《大清会典》的规定,刑部"掌天下刑罚之政令,以赞上正万民,凡律例轻重之适,听断出入之孚,决宥缓速之宜,赃罚追贷之数,各司以达于部,尚书、侍郎率其属以定议,大事上之,小事则行,以肃邦纪"。[2]归纳起来,刑部的职责包括:其一,在皇帝之下行使国家主要的审判权,具体审理京师百官犯罪、京畿地区大小刑案,核定全国的死刑案件;批结全国军、流案件,并负责办理每年的秋审和朝审大典。其二,作为主要的机构参与或主持国家的重要立法,如作为负责机关主持律例的修订工作。专责修订律例的"修订律例馆"即隶属于刑部之下,一些重要法律政策的制定,都有刑部官员参与其间。其三,负责全国的司法行政工作,如办理全国命盗重案、秋审案件等方面的司法统计、造办相关"黄册"、指导全国狱政管理、负责本部司法官员的考绩等。从这些职权范围来看,天下的司法重责,大部分都落到了刑部的身上。按照清朝的制度,刑部之下分设十七清吏司,分管各省的司法事务。另外,刑部还设有司务厅、秋审处、提牢厅、律例馆等附属机构。[3]

明清两朝的大理寺已经由唐宋时期的主审机构蜕变为负责复核重案,申理昭雪的"恤刑"机构。在名义上,大理寺"掌天下刑名,凡重辟则率其属而勘",但在实际上,其地位和影响都较为有限。

---

〔1〕 那思陆:《中国审判制度史》,台北正典出版文化有限公司2004年版,第52~53页。

〔2〕 光绪《大清会典·刑部》卷53。

〔3〕 曾宪义主编:《中国法制史》,中国人民大学出版社2008年版,第230页。

御史台在明朝改为都察院，虽与以往时期的御史台具有相同的监督性质，但伴随着明朝君主专制的加强，其权限也相对加强。明朝君主又设立"代天子巡守"的巡按御史制度，加强对地方的司法监督。都察院虽然被清朝继承下来，但是因为清朝又实行"台谏合一"的制度，将针对六部对口监察的六科并入都察院。都察院与六科官员多顺从皇帝的意志，看皇帝的眼色行事，极少有犯颜直谏、弹劾权臣的举动。同时，巡按御史制度被取消，雍正又推行"密折"制度。这些措施都在一定程度上削弱了监察的职能。所以，从总体上看，清朝御史的监察作用和影响都逊于明朝。

在三法司体系的发展过程中，尚书系统初以行政而兼司法，其所辖六部之一的刑部最终成为首要的司法机关。在这个过程中，监察系统逐渐失去了独立的审判权，大理寺这个三法司中资格最老的审判机关也退变成"慎刑"机关。

因此，在中央尽管有相对专职的司法机关，但司法行政合一的特点仍是其基本特征。

特别值得强调的是，中国古代虽然不存在真正意义上的法律职业群体，但司法官吏广泛存在的确是历史事实。即使兼理司法的行政官吏，当其行使司法职能时，其身份也就自然转换为司法官吏。由于中国古代司法从属于行政的基调，司法官吏的选任并没有独立适用的制度，而是和行政官吏适用同一选任制度，这种制度可称之为官吏选任的普通制度或程序。但是，历朝历代的统治者，在首先适用官吏选任普通程序的前提下，对司法官吏的选任又进一步做出了一些专门规定。

据史料记载，中国古代重视司法官吏的选拔是从商周时代开始的。商朝把"政务、理民、执法"作为选拔和任用官吏的标准予以规定，形成"三宅三俊"选任法。要求司法者做到执

第一章　中国近代司法行政机构的设置及其权限

法严明、公正无邪。西周时期比较强调法官依法办案。为保证依法办案的贯彻落实，西周统治者非常重视司法人员的任选，要求司法官的人选，必须要有"德"，具体德行标准是"三俊"：一是"敬于刑、有德惟刑"；二是"哲人惟刑"；三是"兹式有慎"。[1] 强调避免任用奸佞决狱断案。

秦朝厉行法治，强调"以法治国"，官员大多从熟悉法律的刀笔吏起家。秦在中央、郡、县三级政权中设置"法吏"，并规定"民以吏为师"，由法吏向百姓和各级官吏宣传和解释法律。至汉代，封建社会的立法指导思想由法家转到儒家，但统治者强调官吏要学法、懂法这一点并没有改变，"以吏为师"的传统依然在发挥影响力。据《文献通考·选举考》的统计，《汉书》所记载的人物中有 29 人是小吏出身，占了各类人物出身的第一位。而西汉的 57 位廷尉中，《汉书》对其有传的有 11 人。其中六人是掾吏出身，另有 2 人是以学律令治刑名而著称。东汉时，律学兴盛一时，其间 22 位廷尉中就有 17 人被誉为"明习法律"，[2] 以至于形成廷尉必选于律学世家的习惯。总之，在秦汉时代，司法审判在一定程度上可以说是专业化了。

三国魏明帝时，卫觊对社会轻视法律，百官不懂法律的现状表示了忧虑："九章之律，自古所传，断定刑罪，其意微妙。百里长吏，皆宜知律。刑法者，国家所贵重，而私议之所轻贱；狱吏者，百姓之所县命，而选用者之所卑下。"因此，他向朝廷请求"置律博士，转相教授"。[3] 朝廷采纳了卫觊的建议，在

---

[1]《尚书·立政》。
[2] 钱付涛："中国古代司法官吏选任制度的嬗变"，载《河南司法警官职业学院学报》2006 年第 3 期。
[3]（晋）陈寿：《三国志·魏书二十一》。

廷尉官署中设律博士。[1]该项制度为西晋以后所继承,并在北齐时编制由一人增至四人。自曹魏至隋,律学博士都设置在司法机构之内,有培养司法官员的性质。

隋唐确立科举制后,在国子监保留了"律学",由三名律学博士教授法律,学生定额50名,通过考试后可由吏部授予低级官职。隋文帝在《开皇律》颁布后,在大理寺设置律博士八人,在各州县设律生,专门培养司法官吏。唐科举设有"明法"科,属常科之一,考试内容为律八条,令三条。对司法官的委任,设有特定的程序。各级法官不仅要有人保举推荐,而且还要进行理论性律义和实际性案例操作的考试,还须由吏部与刑部尚书共同研究决定,然后注拟。所以,明法成为唐朝各级官吏尤其是法官任职资格的必备条件。宋朝也比较重视法律教育和司法官吏的选拔,承唐制,置律学,设明法科,在选用司法官吏时,把法律考试作为重要内容。

明朝科举独存进士一科,学生所学、所考皆与法律无关。为防止官员不懂法律造成冤案,《大明律·吏律·公式》专设"研读法令"条,规定:"凡国家律令参酌事情轻重,定立罪名,颁行天下,永为遵守。百司官吏务要熟读,讲明律意,剖决事务。每遇年终,在内从察院、在外从分巡御史,提刑按察使官按治去处考校,若有不能讲解,不晓律意者,初犯罚俸钱一月,再犯笞四十附过,三犯于本衙门递降叙用。"清律沿袭这一条文。

三、地方司法行政制度

在中央三法司逐渐健全的过程中,地方司法行政权也开始

---

[1](唐)李林甫编,陈仲夫点校:《唐六典》,中华书局1992年版,第501页。

第一章　中国近代司法行政机构的设置及其权限

发生变化。

首先，随着中央集权的强化，中央逐步加强了对地方各级政权中专职司法官的控制，地方长官的司法权力日益缩小。

宋代以前，虽然在各级地方政权中皆设置了协助地方行政首长处理司法事务的佐吏，但是，司法大权掌握在各级地方首长一人手中。中央对地方各级政权中的司法佐吏并不直接控制，地方各级政权的司法佐吏，是纯属地方长官幕僚性质的辅助官员。郡守县令不仅掌握案件的批准权与难案的上报权，而且掌握死刑案件的判决权，史称，汉时"刺史守令杀人不待奏"。[1]隋唐时期地方官尚有权杀人，虽然唐律规定，县里完整的司法权只限于对人犯进行决笞、杖。但现实中，多数情况下县里司法官员往往决死人犯而不受罚，从而取得了事实上的死刑处分权。宋朝以后，仍实行州（府、军、监）、县两级制，但情况有所变化。中央开始直接设置和控制地方各级政权的专职司法官。与唐朝相比，宋代知州的司法属吏亦明显减少。宋太祖为监督与控制地方，又增设通判，重要的行政与司法事务，必须由知州和通判联合签署才能生效。而且，宋朝"州郡不得专杀之例始严"。[2]宋太祖开宝末年，针对五代诸侯枉法杀人，"朝廷置而不问"的弊病，下令"自今诸州决大辟（死刑），录案闻奏，付刑部复视之"。[3]

元、明、清时期，地方长官的司法权力更小。元朝在行省之下设路、府（州）、县。元律规定，徒、流以上、死罪等重大案件，由路府州推问得实，报中央决审。忽必烈即位之初，便宣布："今后凡有死刑，仰所在官司推问得实，具事情始末及断

---

[1]（清）赵翼撰：《陔余丛考》卷16，商务印书馆1957年版。
[2]（清）赵翼撰：《陔余丛考》卷16，商务印书馆1957年版。
[3]（元）脱脱等：《宋史》卷3，中华书局1977年版，第51页。

定报款，申宣抚司。再行审复无疑，呈省闻奏，待报处决。"[1]此举意味着皇帝正式把死刑的终审和判决权收归中央，特别是皇帝的手里。明清时期，中央加强了地方政权中专职司法官的建设。明朝地方政权分为省、府（直隶州）、县（散州）三级。与历代一样，省级以下知府知县亦兼理司法审判事务，但却在省级机关中专设提刑按察使司，"掌一省刑名按劾之事"，属下有副使、检事等"分治各府县事"，[2]是省级最高审判机关，直接受皇帝和中央司法机关的领导。这种体制是从宋朝路设提点刑狱一官专职司法的制度逐渐发展而来的，表明了随着专制主义中央集权化的不断加强，中央加强了对地方司法权力直接控制的历史发展趋势。明代亦规定，"徒流、迁徙、充军、杂犯死罪解部，审录行下，具死因所坐罪名上部详议如律者，大理寺拟覆平允，监收候决"。[3]清朝地方审判分为省、司、府、县四级。清代规定，一切民事案件及笞、杖"轻罪"，"由州县完结，例称自理"。[4]府，辖数州县，受理审核州县上报的刑案，经复审后，加署意见，报省。司，即按察司，又称臬司，在明代与布政司同为一省长官。清代各省派总督、巡抚出治，两司地位有所下降，但其职能未变。清代按察司仍号称全省"刑名总汇"，复核审理各级报省的刑案，加署核拟意见，管理省监狱。《清史稿·刑法志》所谓"外省刑名，遂汇总于按察使司，而督抚受成焉"，清楚地说明了省级审判机关的基本结构。清代的总督和巡抚，是省级最高行政与司法长官，统辖数省或一省。臬司虽综理全省刑名，但并非代表了省级审判，臬司所理案件

---

[1]（元）官修：《元典章》卷2，中华书局1990年版。
[2]（清）张廷玉等：《明史》卷75，中华书局1987年版，第1850页。
[3]（清）张廷玉等：《明史》卷94，中华书局1987年版，第2306页。
[4]（清）赵尔巽等撰：《清史稿》卷144，中华书局1977年版，第4207页。

第一章 中国近代司法行政机构的设置及其权限

仍须呈报督抚再进行一次正式审理。史称,省内案件均"由州县层递至于督抚",[1]由督抚行使省级司法审判权,审核复拟司上报之案件,有权批结徒刑案件(报刑部备案),军流加发遣案咨报刑部,而死刑案件向皇帝题奏。清朝地方省级巡抚以下仅有权判处徒刑,"徒以上解府、道、臬司审转,徒罪由督抚汇案咨结。有关人命及流以上,专咨由部汇题。死罪一专摺具奏,交部速议"。[2]州县只能判处笞、杖罪,但并非一切笞、杖罪州县都可以决断。与命、盗等"大案"有牵连的共犯中罪拟笞杖的从犯、"钦案"和"宪件"(上宪批发州县审理的案件)中的笞杖犯,州县都无权决罚,应随全案一体审转。

其次,中央加强了派出机构对地方司法审判活动的监督与控制,地方长官的司法权力被逐渐削弱。

宋朝以后,中央加强了派出机构对地方司法审判活动的监督与控制,地方长官的司法权力被逐渐削弱。在此之前,地方司法与行政合一,各级地方行政长官掌握较大的司法权,一般案件州、郡一级即可决断,只有重大疑难案件才上报廷尉。宋朝在各路设提点刑狱司,不是一级审判机构,而是中央派出的、代表中央监督所辖州县司法审判活动的机构。真宗时称提点刑狱公事,仁宗后称提刑司。其长官提点刑狱公事由皇帝直接委派,负责审查该所属州县的各类判决,"凡管内州府,十日一报囚账";如有疑狱及拖延未决案件,提点刑狱公事可亲赴州县审问州县已决案件,当事人喊冤则由各路提点刑狱司复推。并且经常巡视州县,"所至审问囚徒,详覆案牍,凡禁系淹延而不决,窃盗通窜而不获,皆劾以闻,及举刺官吏之事。"[3]各州的

---

[1](清)赵尔巽等撰:《清史稿》卷144,中华书局1977年版,第4206页。
[2](清)赵尔巽等撰:《清史稿》卷144,中华书局1977年版,第4207页。
[3](元)脱脱等:《宋史》卷367,中华书局1977年版,第3967页。

死刑案件亦必须经提点刑狱司审复，核准后方可执行。通过提点刑狱司的活动，中央加强了对于死刑判决权的控制及一般审判活动的监督。足见，提点刑狱司是强化州县司法监督的上级管辖部门。后世巡按使就由此演变而来。此外，宋于诸路还设有安抚使、转运使和各种提举使等监司，都是兼理司法的长官。各州、府的狱讼案件，照例要按期申报各监司。监司衙门是各州县的监督机关，对于疑案随时可以举驳，委官重审。重审后仍有翻供的案子，一般再报提点刑狱使亲自审结。如果仍有翻供，就由转运使作结论后呈报皇帝裁决。这种分化事权，相互监督、相互制约的驾驭之术，是宋朝统治集团强化中央集权，实行"上下相维，轻重相制"基本国策中核心的一环。[1]

明代中后期，皇帝往往派巡按御史作为"天子耳目"到各地会官审录罪囚，会审之后再由御史领衔奏报皇帝；并对地方司法官员是否不折不扣地执行皇帝关于重大案件的旨意进行监督。若地方官员有罪，由巡按官吏查究审问。其权力也由监督司法逐渐演变为包揽司法，加重了封建司法的专横程度，这与明统治者的初衷是大相径庭的。

第二节　近代司法行政机构的变迁

清朝的三法司中，刑部位尊权重。刑部为皇帝掌握下的全国最高司法审判机关，兼理司法行政，号称"刑名总汇"，其"定拟"奏准皇帝即发生法律效力。光绪《大清会典·刑部》规定："掌天下刑罚之政令，以赞上正万民。凡律例轻重之适，听断出入之孚。体宥缓速之宜，赃罚追贷之数，各司以达

---

〔1〕刘长江："中国封建地方法政体制探析"，载《西华师范大学学报》2005年第6期。

第一章 中国近代司法行政机构的设置及其权限

于部,尚书、侍郎率其属以定议,大事上之,小事则行,以肃邦纪。"[1]按清朝官制,部权重,而院寺权轻。"清则外省刑案,统由刑部核复。不会法者,院、寺无由过问,应会法者,亦由刑部主稿。在京讼狱,无论奏咨,俱由刑部审理,而部权特重。"[2]刑部在三法司中虽为至尊,但在吏、户、礼、兵、刑、工六部之中,按《清会典》对六部的排列,刑部排第五,仅高于工部。故而,以传统"无讼""息争"之观念,主管讼案的刑部并非显要部门。古代司法体制随着清末新政序幕的拉开,进入改革阶段。

一、清末法部的设置

光绪三十二年(1906年)七月十三日,清政府发布"宣示预备立宪先行厘定官制谕"。在上谕中,清政府提出:"现在各国交通、政治法度皆有彼此相因之势,而我国政令积久相仍,日处阽险,忧患迫切,非广求智识,更订法制,上无以承祖宗缔造之心,下无以慰臣庶治平之望。"中国之所以国势不振,在于"上下相暌,内外隔阂,官不知所以保民,民不知所以卫国"。而各国的富强,"实由于实行宪法,取决公论,君民一体,呼吸相通,博采众长,明定权限","又兼各国相师,变通尽利,政通民和有由来矣"。而欲"廓清积弊,明定责成,必从官制入手"。其次是详慎厘定法律,广兴教育、清理财务、整饬武备、普设巡警,以使"绅民明悉国政,以为预备立宪基础"。[3]从而开始了清末官制改革。

---

〔1〕 光绪《大清会典·刑部》卷53。
〔2〕 《清史稿·刑法志三》,收录于中国政法大学法律古籍整理研究所:《中国历代刑法志注译》,吉林人民出版社1994年版,第1040页。
〔3〕 "宣示预备立宪先行厘定官制谕",光绪三十二年七月十三日,《清末筹备立宪档案史料》上册,中华书局1979年版,第43页。

· 023 ·

在主要参考日本司法改革模式后,清政府对中央司法体系进行了设计。"迨光绪变化,三十二年,改刑部为法部,统一司法行政。改大理寺为大理院,配置总检察厅,专司审判。于是法部不掌现审,各省刑名,划归大理院覆判,并不会都察院,而三法司之制废。题本改为奏折,内阁无所事事。秋朝审专属法部,其例缓者随案声明,不更加勘,而九卿、科道会审之制废。"[1]由此,刑部改为法部,[2]专任司法。大理寺改为大理院,专掌审判。[3]并任命"法部尚书著戴鸿慈补授,左侍郎仍著绍昌补授,右侍郎著张仁黼补授";"以沈家本为大理院正卿,定正卿秩正二品","以刘若曾为大理院少卿,定少卿秩正三品"。[4]

对于法部的设置,清政府是在考察多国的司法制度之后才确定的。司法人员为国家官吏之一,"而刚维相系,要不能无行政之方,于是而谋其统一,而又不使受他部行政之干涉,则不能不划分司法行政于普通行政之外,而以法部总其成而为之障"。[5]"近今世界,文明国之法制,因谋司法独立,乃于司法行政与普通行政区而二之,盖使司法机关绝不受行政上之影响,

---

[1]《清史稿·刑法三》,收录于中国政法大学法律古籍整理研究所:《中国历代刑法志注译》,吉林人民出版社1994年版,第1057页。

[2] 刑部为司法之行政衙门,徒名曰刑,犹嫌绛漏,故改名法部,以次于陆海军部。"庆亲王奕劻等奏厘定中央各衙门官制缮单进程折",故宫博物院明清档案部编:《清末筹备立宪档案史料》上册,中华书局1979年版,第470页

[3] "裁定奕劻等复拟中央各衙门官制谕",故宫博物院明清档案部编:《清末筹备立宪档案史料》上册,中华书局1979年版,第471页。

[4] (清)朱寿朋编,张静庐等校点:《光绪朝东华录》第5册,中华书局1958年版,第5580、5582页。

[5] 汪庆祺编,李启成点校:《各省审判厅案牍》,北京大学出版社2007年版,第462页。

第一章 中国近代司法行政机构的设置及其权限

而后能确然保其独立之地位,是为宪法上一大关键"。[1]因此,清末对司法行政机构的认识可以归结为,"司法行政,维持司法独立之要义也"。而欲求司法行政之进步,应该从以下四个方面着力:欲保护人民权利,则必规定登记法;欲减少犯罪来源,则必设感化院;欲养成司法及监狱人才,则必设法律及监狱学堂;欲考求司法成绩,则必从事统计报告。[2]

按法部所奏官制,法部管理全国民事、刑事、监狱及一切司法行政事务,监督大理院、直省执法司、高等审判厅、地方审判厅、城乡谳局及各厅局附设之司直局调查检察事务。主要办事机构有两厅八司一所。从机构设置而言,同之前的刑部比较,法部的机构和人员编制都大大缩减。从职能上讲,刑部兼有司法行政权和审判权,但法部的审判职能已大大缩减,除了保留朝审、秋审和恩诏之类事宜外,法部不再直接参与审判事务。法部具体职掌,可参照下表。

法部机构设置、职掌及职官表[3]

机构	职官	职掌
承政厅	设左右丞各一员,参事二员襄理厅务,选派各司熟悉例案司员会同办理,不作额缺	稽查各司重要事务,总办秋、朝审实缓,进呈册本,兼核恩赦减等事宜,掌本部所辖之京外各职员进退,并区画各审判厅局辖地,调度司直及司法警察事项

---

[1] 汪庆祺编,李启成点校:《各省审判厅案牍》,北京大学出版社2007年版,第463页。

[2] 汪庆祺编,李启成点校:《各省审判厅判牍》,北京大学出版社2007年版,第463页。

[3] "法部奏核拟法部官制并陈明办法折"(并清单),光绪三十二年十二月十八日,怀效峰主编:《清末法制变革史料》上卷,中国政法大学出版社2010年版,第239页。

续表

机构	职官	职掌
参议厅	设左右参议各一员，参事二员襄理厅务，选派各司熟悉例案司员会同办理，不作额缺	审定各司重要事务，纂修律例，条定新章，详核各司驳议稿件，调查中外法制、内地风俗，编纂通行条例、统计书表，撰拟章奏文移及秘密函电暨律师注册事项
审录司	设郎中三员、员外、主事各四员	掌朝审、录囚、覆核大理院各裁判厅暨直隶、察哈尔右翼、两广、云贵刑事民事各项案件
制勘司	设郎中三员、员外、主事各四员	掌勘定秋审实缓、宣告死刑暨四川、河南、陕西、新疆、乌里雅苏台、科布多刑事民事各项案件
编制司	设郎中三员、员外、主事各四员	掌京外奏咨减等盗犯定地编发给官兵为奴事项暨奉天、吉林、黑龙江、山东、山西、察哈尔右翼、绥远城、归化城刑事各项案件
宥恤司	设郎中三员、员外、主事各四员	掌恭办恩旨、恩诏、赦典，颁降条款，清理庶狱暨江苏、安徽、江西、福建、浙江、湖南、湖北刑事民事各项案件
举叙司	设郎中三员、员外、主事各四员	掌请补各司员外缺功遇事故、京察奏留管法部应行监督各衙门厅局请简、请补、升降各官缺及考验法官、书记、律师、法律毕业各员事项
典狱司	设郎中三员、员外、主事各四员	掌直省监狱、警察、习艺所、罪犯名册、衣粮费用，编纂牢狱之规则，统计书表事项
会计司	设郎中三员、员外、主事各四员	掌本部出入经费、一切预算决算款项及纳赎收赎罚金、充公赃物财产、罪犯习艺成绩、贩卖讼费及各项之统计书表报告事件

第一章 中国近代司法行政机构的设置及其权限

续表

机构	职官	职掌
都事司	设郎中三员，员外、主事各四员	掌翻清译汉誊缮专折、值日递折递牌、典守堂印、誊缮汇奏速议核各省折件
收发所	设员外、主事各二员	掌收发定罪人犯境外来往文件折奏、逾限之统计书表、赏罚书、手皂、差禁卒，宣告各项示谕，发收、修造刑具暨阍署工程各事项

在地方上，1907年，奕劻奏将按察司改名提法司，专管司法上之行政，监督各级审判。设提法使一员，秩正三品，为原设提刑按察司使改设。受本管督抚节制，管理该省司法行政上之事务，监督各审判厅，并调度检察事务。然而考虑到各省"风俗之不齐，人民知识之未瀹，措手不易，扞格必多"，不仅是人才与经费的问题，诸多改革"若必同时并举，其势有所不能"。因此，全国可以东三省为先。东三省为"根本重地，经画宜先，且一切规模，略同草创，或因或革，措置亦较易为功"。又"直隶江苏两省，交通较便，风气已开，亦宜及时举办"。至于其他各省，则分年分地逐渐推行，即使一省之中，何处宜先，何处宜缓，并由该省督抚体察情形，斟酌办理。"惟须于十五年内，务令一律通行"。[1]该奏折得上谕允准。因此，提法司作为统一管理全省司法行政和进行司法监督的机构首先在东三省设立，三省中又以奉天为先。因一切省级官制改革以东三省为先，包括各级审判厅的筹办，设置提法司，其首要职责就是筹备各

---

[1] "总司核定官制大臣奕劻等奏续订各直省官制情形折"（附清单），光绪三十三年五月二十七日，故宫博物院明清档案部编：《清末筹备立宪档案史料》上册，中华书局1979年版，第505页。

级审判厅。而且，东三省在1907年设省之前，没有按察使司机构，故奉天及紧随其后的吉、黑两省在设置提法司问题上几无障碍，但是其他省的改革则窒碍难行。从1908年开始，法部就设置提法司问题同各省督抚商议，但是因法部坚持提法司所管事项应直接归法部管理，无需督抚转详，受到督抚的抵制，再加上人才匮乏，故多省提法司的建立未能顺利进行。[1]

根据东三省徐世昌所定官制，光绪三十三年（1907年）十二月二十四日，法部会同宪政编查馆会奏，拟定了提法使官制。并公布《提法司办事划一章程》。提法司分设总务、刑民、典狱三科，候各审判厅编后，得由提法司使将刑民科检为刑事、民事两科。[2]

至1909年，有御史奏："外省之审判、检察，必以提法司为之枢，乃可推行无弊。拟请谕令各直省，于三年内一律改设提法司，直隶于法部，而节制于督抚。更饬法部详议一切规制，庶高等以下各级厅可以次第设立，由省而府，而县，而乡，等级既备，纲目举张，散为万珠者，仍归于一贯，司法有独立之权，斯宪政有观成之日。"[3]主张提法司直隶法部，但要受督抚节制，待各级审判厅成立之后，仍由法部统一管理。在1910~1911年，清朝最后两年间，有浙江、湖北、陕西、江西、江苏、安徽、云南、贵州、直隶、广东、福建、山西、湖南等13省设

---

[1] "议定提法使之权限"，载《大公报》1908年5月25日；"实行司法独立之先声"，载《大公报》1908年8月14日；"统一司法权之计划"，载《大公报》1909年6月10日。

[2] "提法司办事划一章程"，湖北省司法行政史志编纂委员会：《清末民国司法行政史料辑要》，湖北省司法行政史志编纂委员会1988年版，第7页。

[3] "御史徐定超奏司法官制关系宪法始基应加例证统一折"，宣统元年二月二十七日，怀效锋主编：《清末法制变革史料》上卷，中国政法大学出版社2010年版，第416页。

立提法司。[1]

提法司是中国独有的机构，目的在于集司法权于中央，所谓"名为提刑所改建，实乃法曹之分司，其制虽为各国所无，而其集权中央之旨则一也"。[2]

二、民国时期的司法行政机构

辛亥革命之后颁布的宪法性文件《中华民国临时约法》规定了审判公开与独立原则，并将诉讼制度设计为普通诉讼与行政诉讼分流的制度。1912年3月，在北京就任的临时大总统袁世凯下令在民国法律未经议定颁布以前，暂行援用前清法律，与民国国体抵触者除外。前清之《法院编制法》亦被援用。[3]由此，北洋政府时期以大理院为中央最高审判机关，并行使统一解释法令的权力。司法行政归于行政体系下的司法部。至于行政诉讼，则于1914年颁布《平政院编制令》，规定由平政院掌理行政诉讼，并察理官吏纠弹案件。

按照1912年颁布的《临时大总统令公布各部官制通则》，民初政府设外交、内务、财政、陆军、海军、司法、教育、农林、工商、交通部，1913年修正各部官制后，合并农林、工商为农商部，共九部。各部置总次长一人。总长为国务员，就主管事务，依其职权，或特别委任，得发部令；对于地方长官，得发训令及指令，于地方长官之命令或其处分，认为违背法令或逾越权限者，得停止或撤销之。各部总长统辖所属职员，简

---

[1] 潘鸣："清末省级行政机构改革研究"，首都师范大学2007年硕士学位论文。

[2] "宪政编查馆奏考核提法使官制折"，清宪政编查馆编，本刊影印室辑：《清末民初宪政史料辑刊》第3册，北京图书馆出版社2006年版，第49、50页。

[3] 黄源盛：《民初法律变迁与裁判》，台湾政治大学法学丛书编辑委员会2000年版，第22~23页。

任、荐任官之进退，会同国务总理呈请大总统行之，委任官之进退，则由总长专行之。次长为简任任职，辅助总长，整理部务，监督各职员，总长有事故时，除列席国务会议，副署及颁发部令外，得令次长代理职务。[1] 按司法部官制，司法总长管理民事、刑事非讼事件、户籍、监狱及出狱人保护事务，并他一切司法行政事宜，监督所辖各官署及司法官。

就机构设置，民初司法部同清末法部比较，又有所精简，只设一厅三司，即总务厅和民事、刑事及监狱三司。其具体职责如下：

北京政府司法部及其职掌[2]

机构	职掌
总务厅	掌管机要、典守印信、编制统计及报告、记录职员之进退、纂辑保存并收发各项公文函件、管理本部所管经费并各项收入之预算决算及会计、稽核会计、管理本部所管之官产官物，其他不属于各司及依各部官制规定属于总务厅事项。还负责如下五项事务：①关于法院之设置废止及其管辖区域之分划变更事项；②关于司法官及其他职员之考试任免事项；③关于律师事项；④关于稽核罚金赃物事项；⑤关于司法经费事项
民事司	①关于民事事项；②关于非讼事件事项；③关于民事诉讼审判及检察事务事项；④关于公证事项；⑤关于户籍登记事项

---

[1] "临时大总统令公布各部官制通则"，1912年7月18日颁布，1913年2月22日修正，殷梦霞、邓咏秋选编：《民国司法史料汇编》第15册，国家图书馆出版社2011年版，第210页。

[2] "临时大总统令公布司法部官制"，1912年7月24日颁布，1913年12月22日修正，殷梦霞、邓咏秋选编：《民国司法史料汇编》第15册，国家图书馆出版社2011年版，第212页。

第一章 中国近代司法行政机构的设置及其权限

续表

机构	职掌
刑事司	①关于刑事事项；②关于刑事诉讼审判及检察事务事项；③关于国际教父罪犯事项；④关于赦免减刑复权及执行刑罚事项
监狱司	①关于监狱之设置废止及管理事项；②关于监督监狱官事项；③关于假释缓刑及出狱人保护事项；④关于犯罪人异同识别事项

1927年，南京国民政府成立，改北洋政府时期大理院为最高院，一方面为全国民刑案件终审机关，另一方面行使法律解释之权，为当时最高司法机关。同时设司法部，掌理全国司法行政。

1928年10月，国民政府第三次修正颁布《国民政府组织法》。根据孙中山先生五权宪法学说，国民政府设置行政、立法、司法、考试、监察五院。该组织法规定，司法院为国民政府最高司法机关，掌理司法审判、司法行政、官吏惩戒及行政审判。1928年10月，国民政府公布《司法院组织法》，第1条规定："司法院以下列各署及委员会组织之司法行政署、司法审判署、行政审判署、官吏惩戒委员会。"同年，11月17日修正为："司法院以下列机关组织之：司法行政部、最高法院、行政法院、公务员惩戒委员会。"[1] 把最高法院归属于司法院，而司法审判署、官吏惩戒委员会仍然存在，其余两署改为司法行政部与行政法院。

在司法院体制下，司法行政部的隶属一直处于不稳定状态。1932年1月，司法行政部移至行政院，并于1934年10月再次回归司法院。1939年12月12日，蒋介石宣誓就任国民政府行政院院长，以该部带有"行政"字样，1942年12月12日，《国

---

[1] 夏新华等整理：《近代中国宪政历程：史料荟萃》，中国政法大学出版社2004年版，第788、857页。

民政府组织法再次修正》，1943年1月，司法行政部再行移至行政院，以后遂成定制。[1]司法院的司法行政权改由司法行政部管理，司法行政权完全由行政权主宰，与司法院彻底脱离关系。在20年中，司法行政部前后三次反复改隶。

第三节　司法行政机构的权限厘定

一、清末的"部院之争"

关于"部院之争"，学界有狭义与广义之分。从狭义上讲，部院之争指光绪三十三年（1907年）四月初三至四月十二日间所发生的法部与大理院之间的权限之争。在朝廷的平衡术与高压之下，部院在此之后迫于压力拿出"和衷妥议"方案，部院之间战火平息。但部院之争只是暂告休战，在四月二十日之后，部院之间的权力之争由明转暗，直至清朝灭亡，最终在司法行政权与司法审判权的划分问题上有了一个制度上的交代。这可称之为广义上的部院之争。[2]部院之争的核心问题即"如何划分司法审判权与司法行政权"。

1. "部院之争"是中国首次就司法权问题在理论上的争论。清末的"部院之争"主要为权限之争，故而，司法行政权与司法权的含义是其此次争论应有之义。庆亲王奕劻在其《法部职掌节略》中界定了法部的性质及其职权。[3]按照奕劻的意见，

---

〔1〕 谢振民：《中华民国立法史》上册，中国政法大学出版社1999年版，第376页。管欧：《法院组织法》，台北三民书局1990年版，第34页。

〔2〕 张从容：《部院之争：晚清司法改革的交叉路口》，北京大学出版社2007年版，第2~3页。

〔3〕 "法部职掌节略"，（清）奕劻等：《厘定官制参考折件汇存》，广州市孙中山文献馆藏。

第一章　中国近代司法行政机构的设置及其权限

其一，代表司法独立的机构为裁判机构，法部为司法行政机构，因而属于行政机构，为内阁组成部分；其二，大理院处于法部监督之下，死刑案、秋朝审大典的覆核及恩赦特典等均由法部负责；其三，司法的改革，要在于体现"生杀大权操于君上之意"。如此，法部其实仅将过去刑部职权中的裁判权让出，其它一切大权几乎全部保留。[1]

其后，法部尚书戴鸿慈上书，认为刑部更名法部，其权力不仅没有萎缩，反而增加。"现今易名法部，其范围更广，其组织更难"，并按奕劻所奏拟定了一份权限清单。[2] 对于司法行政权，戴鸿慈在其后的奏折中又作了更为明确的阐释："夫所谓司法者与审判分立，而大理院特为审判中最高之一级，盖审判权必级级独立，而后能保执法之不阿，而司法权则必层层监督，而后能防专断之流弊。考之东西各国，莫不皆然，此之谓司法行政权。"[3]

戴鸿慈是如何理解"司法行政权"的呢？他认为，司法行政权包含两种权力："一为司法，即王大臣原奏法部节略所称，大辟之案，由大理院或执法司详之法部，以及秋朝审大典，均听法部覆核，此外恩赦特典，则由法部具奏等语。此臣部所有司法权之明证也。一为行政，即王大臣原奏法部官制清单第一条所开，法部管理民事刑事牢狱，并一切司法上之行政事务，监督大理院、直省执法司、高等审判厅、地方审判厅、乡谳局，及各厅局附设之司直局，调度检察事务等语。此臣部所有行政

---

[1] 公丕祥："司法与行政的有限分立——晚清司法改革的内在理路"，载《法律科学》2013年第4期。

[2] "法部奏核拟法部官制并陈明办法折"（并清单），光绪三十二年十二月十八日，怀效锋主编：《清末法制变革史料》，中国政法大学出版社2010年版，第239页。

[3] "法部尚书戴鸿慈等奏酌拟司法权限缮单呈览折"（附清单），故宫博物院明清档案部编：《清末筹备立宪档案史料》，中华书局1979年版，第825页。

权之明证也。由行政权复析之曰区划权，曰调度权，曰执行权，曰任免权，即臣等核议官制奏称，司法官吏之进退，刑杀判决之执行，厅局辖地之区分，司直警察之调度，皆系法部专政之事等语是也。"[1]

从以上奕劻和戴鸿慈的上书可以看出，他们对法部作为司法行政部门的权力认识和传统刑部的认识并无实质性改变，因此对法部的职责确定也仅是将刑部的审判权分离出来。

对于法部的职能权限，以大理院正卿沈家本为代表的一派据理力争，其理解司法权主要是审判独立。而且他们强调，这次法制改革，"非谓从前刑部现审办理不善故事更张也"，"司法独立，为异日宪政之始基"，"宪法精理以裁判独立为要义"。因此，法部虽有司法行政之权，但在人事、秋朝审核定、死罪覆核等方面，应将权力赋予大理院。一者保障大理院独立审判之权；二者，人事任免虽属行政权，西方各国也将人事权归于司法行政部门。但是，西方已有独立成熟的法学专业，教育后备人才充足，中国传统无此职业化教育。而且，从传统观念讲，读书人不愿充任刑官。故而，大理院筹备过程中，必须从各部院临时抽调人才充实大理院。因此，人事权归于法部应待法学教育完善之后。[2]

2."部院之争"对近代司法改革的意义在于实现了司法与行政的有限分立。实现君主立宪，实行三权分立，是清末法律改革的目标。但基于当时的情势，司法权与行政权的分离，成为关注之重点。"盖今世列强，无论其国体何若、政体何若，而

---

[1] "法部尚书戴鸿慈等奏酌拟司法权限缮单呈览折"（附清单），故宫博物院明清档案部编：《清末筹备立宪档案史料》，中华书局1979年版，第825页。

[2] "修订法律大臣沈家本等奏酌定司法权限并将发布原拟清单加具案语折"（附清单），故宫博物院明清档案部编：《清末筹备立宪档案史料》，中华书局1979年版，第827页。

第一章 中国近代司法行政机构的设置及其权限

三权分立实已垂为定制。中国旧时三权混合为一，以皇帝一人握至高无上之权力，其关于司法事件类置于行政范围内，由行政官员自由办理。迨清季末年，居然觉悟仿列强通例，司法由行政内分出，遂为司法独立之动机。"[1]"司法与行政两权分峙独立，不容相混，此世界近百余年来之公理，而各国奉为准则者也。盖行政官与地方交接较多，迁就瞻徇，势所难免，且政教愈修明，法律愈繁密，条文隐晦，非专门学者不能深知其意。行政官既已瘁心民事，岂能专精律文，故两职之不能相兼，非惟理所当然，抑亦势所当尔……臣等谓宜采各国公例，将全国司法事务离开独立，不与行政官相丽。"[2]"司法独立之精义，在以法律保障人民，法律以确定为宗，而政治则贵敏活。此司法与行政之所以异其趣也。"[3]

行政司法混一的弊端，在清末朝野上下已有一定的共识。"今日积弊难清，由于权限不分……以行政官而兼有司法权，则必有循平时之爱憎，变更一定之法律，以意为出入。""以大理院为全国最高之法院者，即为全国审判官与一切行政官对峙分立之基础。""中外有识之士，皆谓此次厘定官制，惟司法分立一事，最得预备立宪之本原。"[4]"行政权因地方之便利，可假

---

[1] 张一鹏：“中国司法制度改进之沿革”，载《法学季刊》第1卷第1期，1922年2月。转引自何勤华、李秀清主编：《民国法学论文精粹·诉讼法律篇》第5卷，法律出版社2004年版，第451页。

[2] "出使各国考察政治大臣戴鸿慈等奏请改定全国官制一为立宪预备折"，光绪三十二年七月初六日，故宫博物院明清档案部编：《清末筹备立宪档案史料》（上册），中华书局1979年版，第379页。

[3] 汪庆祺编，李启成点校：《各省审判厅判牍》，北京大学出版社2007年版，第463页。

[4] "御史吴钫奏厘定外省官制请将行政司法严定区别折"，光绪三十二年十二月二十一日，故宫博物院明清档案部编：《清末筹备立宪档案史料》（下册），中华书局1979年版，第821页。

权宜行之,犹之道路车马,得以自由行动。司法权非以法律为准绳,不能维持裁判之信用,犹之汽车必须循守轨途,斯无倾轶之虞。况行政官之性质,以服从上官之命令为主,阿谀希旨,即缘之而起。若司法官同此性质,意有瞻顾,断难保裁判之公平。"故而如日本,"对于裁判事务,无论巨细,司法大臣不得干涉。司法省虽有监督权,不过监督行政之一部,例如训令、谕告及惩戒之类是也"。[1]

修律大臣沈家本对行政官兼任司法之害亦有具体的说明:一,官无专职。以科举、捐纳而入仕途,如"盲者登途,方位罔辨,其克副明允之选者几希"。即使有志修习,尽职尽责,然律义简奥,"既非浅涉所能领悟"。更何况州县事务纷繁,以"一人之身,其智力亦有所不逮,学无专精"。二,行政官易司法官难。行政官事务繁杂,交接酬酢之事多,而司法官需潜心律义,细微剖析,行政官岂能躬亲治狱?孰又肯舍易趋难?故州县官必委事于人,奸胥、劣幕遂得因缘作弊,愚弄本官,坐使审判大权落于其手,永为若曹累叶衣食之需。三,勘转之制,本为慎重刑狱,而上官遇事驳诘,则极严株累等弊在所难免。以致中国幅员二十倍于日本,但送达刑部之案不及日本之十分之一,"令朝廷成宪等于弁髦"。四,领事裁判权限。外人以审判不同之故,夺我法权,贻蔓草难图之祸。[2]

御史吴钫的观点也颇具代表性,从中亦可窥见当时在司法独立问题上的中国立场。对于司法与行政权分立,囿于成见,安于所习,反对之声亦不乏人,主要出于三个方面的理由:一

---

[1] 何勤华、魏琼编:《董康法学文集》,中国政法大学出版社 2005 年版,第 643 页。

[2] 何勤华、魏琼编:《董康法学文集》,中国政法大学出版社 2005 年版,第 642 页。

第一章 中国近代司法行政机构的设置及其权限

曰国民程度之未及,一曰审判人才之不足,一曰行政官权力之寖微。对此,吴钫一一予以驳斥,并强调"司法分立关乎时局安危者甚大,而有万不可以再迟者"。其理由有二:一则关乎外交,拥有在华领事裁判权各国以"中国审判尚未合东西各国文明之制,故遂越俎而代谋"。"法权既失,主权随之……若复因循苟安,坐待法权之侵夺,则逃犯不解,索债不偿,赴愬多门,人心大去,无论治外法权不能收回,恐治内法权亦不可得而自保矣。"二则关乎内政。吴钫认为中国古代致乱之故有二:民财之穷尽与讼狱之不平。尤其是因讼狱不平激成变故,"则郁怒猝发而不可收"。吴钫对中国传统司法之弊的描述,亦入木三分:"中国审判向由州县兼司,簿书填委,积弊丛生,非延搁多时,即喜怒任意,丁役视为利薮,乡保借为护符。往往一案未终而家产荡尽,一差甫出而全村骚然,遂致驱民入教,干涉横生,民教相仇,变起不测,匪徒乘机煽惑,酿为厉阶,是国家欲籍州县官以宣德达情,而州县官以滥用法权,反致民离众叛。"对于此之形成原因,吴钫认为是州县官事务繁杂,行政兼司法,"跋前疐后,两无所居",因此,"贤者竭蹶不遑,不肖者虽恣睢自逞"。而且,司法专业性强,非"平日谙熟法律"之人,难能胜任。州县官以"日不暇给之躬",必然"授权幕友,假手书差",则"枉法滥刑,何所不至"。同时,制度上"层层节制,顾忌良多,未免曲循人情,无独立不挠之志"。因此,司法、行政分立,使"行政官得专意爱民之实政,而审判官惟以法律为范围,两事既分,百弊杜绝"。"司法分立之宗旨万不宜为浮说所摇。"[1]

---

[1] "御史吴钫奏厘定外省官制请将行政司法严定区别折",光绪三十二年十二月二十一日,故宫博物院明清档案部编:《清末筹备立宪档案史料》下册,中华书局1979年版,第821页。

吴钫之论，不脱制度改革层面，重点在于司法机关与行政机关分立，各司其职，各尽其责，未达宪政层面的三权分立。但是，其对外交内政鞭辟入里的分析，亦是中国当时进行司法改革迫切需要解决的现实问题。即使不谙西方宪政理论，中国的司法制度改革，若能从解决现实问题入手，逐渐形成一支独立的司法力量，辅之以现代司法理论，或许自能闯出一条路来。

而且，当时如吴钫等主张司法独立之官，其对司法独立之理解，亦非真正建立在对西方宪政理论与历史的理解上，而是返求诸古的结果，所谓"司法独立，名词则新，而意义则古"。认为只是中国古代"皋陶惟知执法，秋官设属，乡遂俱有专司"。而各司其职的原因则在于"诚以教养事繁，不能兼治狱讼"。[1]

在法部与大理院的这场较量中，也许并没有完全的获胜者。大理院毕竟交出了司法改革的领导权，并且在重案复核上暂时接受了法部的领导；而法部虽然确立了司法改革的领导权，但其在审判事务上的权力则随之逐步削减。经此一役，法部取得了一时之优势，但与此同时，也明确与重申了大理院作为最高审判机关应有的地位与尊严。更为重要的是，部院之争提出的"审判独立"这一改革主题，超越了部门利益，指出了司法改革的正确方向。这意味着，无论部院在权力纷争中取得何种优势，都不可能再走行政兼理司法的老路，行政权与审判权之间必须保持一定的距离。[2]可以说，这是部院之争对近代司法改革最

---

〔1〕 "山东巡抚袁树勋奏山东筹办审判厅并请变通府县审判厅办法及初级审判厅权限折"，宣统元年五月二十七日；"浙江巡抚增韫奏浙江筹办各级审判厅情形折"，宣统元年六月三十日，故宫博物院明清档案部编：《清末筹备立宪档案史料》（下册），中华书局1979年版，第873、876页。

〔2〕 张从容：《部院之争：晚清司法改革的交叉路口》，北京大学出版社2007年版，第184页。

第一章 中国近代司法行政机构的设置及其权限

为重要的贡献。如果没有这场争论，司法改革不可能推进到这一层面，也不可能使审判独立成为近代司法改革的重心。

3. 部院之争不仅为权限之争，同时也是权力之争，故而出现了司法行政权扩大化与司法审判权扩大化两种针锋相对的倾向。[1]1906年，清朝将刑部改为法部，"专任司法"，将大理寺改为大理院，"专掌审判"。同时官制改革方案规定法部制约大理院，尤其法部有权覆核包括经由大理院审理的全国重罪死罪案件；其中死刑案件上报，由皇帝钦定。[2]这一仍带有浓厚传统司法制度色彩的改革方案，预示了在其后法部与大理院之间纠缠不清的权限之争。法部基于传统刑部的集权积极向审判领域扩张，一度在司法行政权制约审判权的道路上越走越远。而大理院在备受法部掣肘之际，另辟蹊径，通过广泛深入地参与司法行政事务而确立自身的领导地位，并试图在京师建立行政化审判机构，以对抗法部，从而形成了司法行政权扩大化与司法审判权扩大化这两种针锋相对的倾向。从中亦可看出，激烈的"部院之争"的双方实际上主要仍是在借助行政权力而谋求自身部门的发展，而非借助司法本身的权威及理论的正当性。究其原因，概源于清末的司法改革带有强烈的"理论建构主义"倾向。与西方国家"经验演进型"不同的是，它先将一种理论引入，认可，再将此种理论应用于实践。此时的"三权分立"作为一种思想观念，是一种无形资本，这种无形资本的共享性和延展性能够带来一种观念上的共识。而涉及具体利益的政治权力则是一种有形资本，这种有形资本往往是有限的，难以共

---

[1] 张从容：《部院之争：晚清司法改革的交叉路口》，北京大学出版社2007年版。张从容："晚清中央司法机关的近代转型"，载《政法论坛》2004年第1期。张从容："晚清司法改革的两种倾向，载《法律文化研究》2005年第1辑。

[2] "法部职掌节略"，（清）奕劻等：《厘定官制参考折件汇存》，广州孙中山文献馆藏。

享的，因而具有排他性。[1]因此，在思想上容易达成共识，但落实到对政治资源的配置上，便会矛盾重重。

在清末预备立宪的过程中，清政府对于司法改革寄予厚望。预备立宪是中国首次全面引入西方宪政理论与实践的过程，而宪政体制之核心为分权制衡。近代国家第一要求法治政治，而实现法治政治的方法则为权力分立，即把国家的权力分作立法、行政、司法三种，分属于三个机关，由各权力的制衡来确保人民的权利，并预防专制政治的出现。[2]但是对于仅希望通过立宪以达到外争法权，内保皇权，大权仍统于朝廷的清政府而言，行政权与立法权的分离既无必要，也未到时机。因此，三权之中，司法权与行政权的分离成为唯一可行的领域。为此，在设置法部与大理院两个重要的司法机构过程中，清末在司法权、司法行政权以及审判权方面，也做了一些理论上的探讨与准备。

二、民国司法行政权争论的延续

民国时期，司法行政部门或归行政院，或归1928年成立的司法院。司法行政权在民国时期归属问题的反复与争议，从侧面反映出司法行政权在司法改革中的意义。司法行政与其他公权力的行政核心目的不同，在同属于公共行政形式之下，"以审判权为核心的司法行政，因为所要实现的审判权（狭义的司法权）必须受到审判独立原则的限制，而与其他领域的行政呈现很大的不同……每一种行政面向，直接或间接都可能影响审判权的运作，才使得司法行政要作一些必要的调整，以确保审判

---

[1] 李鼎楚："'变法'与'斗法'：解读清末地方司法独立制度构建中的权力争斗"，载《湘潭大学学报》2010年第6期。
[2] 萨孟武：《政治学与比较宪法》，商务印书馆2013年版，第366页。

第一章 中国近代司法行政机构的设置及其权限

的独立性"。[1]而司法行政权,特别是其中的人事行政权与预算权,对于法官独立审判可能构成很大的威胁。而我们在探讨司法改革问题时,亦将司法独立视为司法改革的前提,不维护司法权的独立性,进行任何形式的司法改革都将毫无意义。而且,司法权范围的确定,必须紧紧围绕是否有个人基本权益需要司法救济和保障,以及是否有某种国家权力,尤其是行政权力,需要司法审查和控制这两项标准来进行。[2]以此理论为标准,民国时期关于司法行政权及其归属问题的讨论是否以此为基准呢?

1. 司法行政部门的职责。司法行政部门的职责在民国时期相对比较确定,变化不大。民国政府初创时期,《临时约法》规定:"司法部管理民事刑事非讼事件、户籍、监狱及出狱人保护事务,并其他一切司法行政事宜,监督所辖各官署及司法官。""大理院为最高审判机关,设民事科与刑事科,视事之繁简,酌分民事刑事庭数,设院长一人,总理全院事务,并监督其行政事务。"[3]北洋政府时期对司法部职责略有调整:"司法部管理民事、刑事、非讼登记、公证监狱、幼年犯感化、出狱人保证、犯罪预犯,督促法典完成,监察法令执行,及其他一切司法行政。"国民政府初期,统治未及全国,故司法制度或沿袭旧法,或因机制宜,要无明确制度可言。[4]

2. 司法院的职责与性质。1928年10月,国民政府第三次

---

[1] 苏永钦:"司法行政组织的发展趋势——从审判独立与国家给付司法义务的紧张关系谈起",载《法制与现代行政法学:法治斌教授纪念论文集》,台北元照出版公司2004年版,第45页。

[2] 陈瑞华:"司法权的性质——以刑事司法为范例的分析",载《法学研究》2000年第5期。

[3] 钱端升等:《民国政制史》,上海人民出版社2011年版,第31、64页。

[4] 钱端升等:《民国政制史》,上海人民出版社2011年版,第185页。

修正颁布《国民政府组织法》，根据孙文五权宪法学说，国民政府设置行政、立法、司法、考试、监察五院，该组织法规定，司法院为国民政府最高司法机关，掌理司法审判、司法行政、官吏惩戒及行政审判。1928年10月，国民政府公布《司法院组织法》，第1条规定："司法院以下列各署及委员会组织之：司法行政署、司法审判署、行政审判署、官吏惩戒委员会。"同年11月17日修正为："司法院以下列机关组织之：司法行政部、最高法院、行政法院、公务员惩戒委员会。"把最高法院归属于司法院，而废司法审判署，官吏惩戒委员会仍然存在，其余两署改为司法行政部与行政法院。

关于司法院的性质，如司法行政部隶属于司法院，司法院为国民政府最高司法机关；如司法行政部隶属于行政院时，《国民政府组织法》则规定司法院为最高审判机关。在1943年9月《国民政府组织法》修改以前，司法院独立行使司法权，并独自对中央执行委员会负责。1943年9月以后，司法院长改向国府主席负责。司法院之职权，除司法审判、公务员惩戒及行政审判分别由各不相涉之最高法院、公务员惩戒委员会及行政法院等机关执掌外，其本身所余之权，不外下列数项：其一，司法院关于主管事项得提出议案于立法院。其二，关于特赦、减刑及复权事项，由司法院院长依法提请国民政府主席署名行之，但过去因国府主席不负实际政治责任，故实际上院长送交后，主席即为署名。其三，司法院院长经最高法院院长及所属各庭庭长会议，议决后行使统一解释法令及变更判例之权。[1]此外，司法院对于私立法政学校之设立，有特许权。对国立大学法律

---

[1] 关于司法行政上之请求解释，前属于司法部；关于司法审判上之请求解释，前属于最高法院；自1929年2月起，始由司法院院长行使统一解释法令，借资统一。钱端升等：《民国政制史》，上海人民出版社2011年版，第306页。

第一章 中国近代司法行政机构的设置及其权限

科,有监督权。[1]至于治权行使之规律案所规定,人民生命财产与身体之自由,皆受法律之保障,非经合法程序,不得剥夺;其未经合法程序而剥夺者,司法院及其所属有提出质询之责;其非法剥夺者,以越权论;司法院及其所属不提出质询者,以废职论。亦可视为司法院职权之一,但事实上则等于具文。[2]

由上文可知,国民政府时期,司法院被视为最高司法机关,抑或最高审判机关决定于司法行政部的归属。如若将其视为最高审判机关,而其下还有最高法院。所以有论者认为,如若不将司法行政归入司法院,则司法院实则无责可负。[3]而且,国民政府几部宪法草案,均将司法行政权纳入司法院的权限范围。[4]但是,若将司法行政部归属司法院,这两者在司法院的内部如何配置,将直接影响到司法独立。且后来的宪法草案中对司法行政部之权均未做明确规定。因此,尽管现代学者在研究司法行政部的归属问题时,更倾向于将其归属司法院,似乎

---

〔1〕《司法院特许设立私立法政学校设立规程》与《司法院监督国立大学法律科规程》皆于 1929 年由国民政府公布,1930 年 4 月 7 日修正。钱端升等:《民国政制史》,上海人民出版社 2011 年版,第 306 页。

〔2〕钱端升等:《民国政制史》,上海人民出版社 2011 年版,第 250 页。

〔3〕"五院皆对国民大会负责。司法院对国民大会所负,应为司法行政之责,而非审判之责,因法官依法律独立审判,只对法律及良心负责。如司法行政不归司法院掌理,则司法院将无责可负。"参照牟宪魁:"国民政府时期的司法权与宪法解释制度研究——'五五宪草'上的司法释宪模式之检讨",载《法学》2013 年第 4 期。

〔4〕《五五宪草》给出的理由如下:其一,孙中山手订《建国大纲》内列举行政院各部,其中并无司法部或司法行政部之名,而其在广州革命政府时期所设最高法院即监管司法行政,可见司法行政由司法院掌理乃"国父之本意";其二,依孙文遗教,五院皆对国民大会负责,司法院对国大所负应为司法行政之责,而非审判之责,因为法官依法独立审判不对国大负责;其三,司法行政如交由行政院,可能影响法官审判独立。参照聂鑫:"民国司法院——近代最高司法机关的新范式",载《中国社会科学》2007 年第 6 期;牟宪魁:"国民政府时期的司法权与宪法解释制度研究——'五五宪草'上的司法释宪模式之检讨",载《法学》2013 年第 4 期。

如此就能保证司法权的独立,当时主张司法独立者亦有此态度。但是,也有学者认为:"从形式上稍稍观之,将原本应保持完全独立的司法行政机关和裁判机关两者一起设置于司法院之中,似乎不太可行。在这一点上,试图将司法权独立于其他国家权力的五权宪法理论,与崇尚审判权独立的权力分立论应该同其趣旨。"〔1〕实际上对司法院的性质问题,国民政府时期一直较为模糊。时有论者以为司法院有陷于重床叠屋之病。不仅有将司法行政部归行政院或废除之议,还有将最高院裁撤而由司法院代行之议。〔2〕直至1946年,以搁置司法行政权归属问题的方式,在《中华民国宪法》中对司法院予以最后定位,为最高司法机关。〔3〕

3. 司法权与司法行政权。孙中山先生的建国理论中,对于司法权部分的论述,并不明确。然就前述司法院的职责及其性质而言,国民政府时期是将司法行政权纳入司法权之中,而非将司法权仅视为审判权。居正就认为,司法院设置的目的在于"充分实现司法独立。可是不能说没有设置司法院以前,在国民政府之组织中司法是不独立的。不过设置司法院之特质,在把司法行政脱离行政部之组织,而划入司法方面组织之内,使司法独立于'自主'之范畴下,得以达于更'完善'之域。虽然二十年之廿三年间,司法行政部曾一度改隶行政院,然此不过偶然之变化。廿三年十月之改制及已公布之宪法草案,皆一遵

---

〔1〕[日]宫泽俊义、田中二郎:《中华民国宪法确定草案》,有斐阁1936年版,第220页。转引自牟宪魁:"国民政府时期的司法权与宪法解释制度研究——'五五宪草'上的司法释宪模式之检讨",载《法学》2013年第4期。

〔2〕范忠信、尤陈俊、龚先砦选编:《为什么要重建中国法系——居正法政文选》,中国政法大学出版社2009年版,第193页。

〔3〕聂鑫:"民国司法院——近代最高司法机关的新范式",载《中国社会科学》2007年第6期。

第一章 中国近代司法行政机构的设置及其权限

《建国大纲》与大元帅政府之遗规。"[1]

然民国时期,对司法权之认识却难脱传统与革命观念的束缚。多年任司法院长的居正曾有如下观点:"司法独立,原出于三权分立之思想。然自议会政治、政党政治施行以来,所谓三权分立之制度,早已由分权而变为'分职',即由权力之对立而变为职务之分配。司法院制度在五权宪法之原则下一样是分职而不是分权。""用人民的四个政权,来管理政府的五个治权","五权虽然是由政府五个不同部门来掌管,然而它们并不是无所统属权而绝对对立的。他们通通隶属于人民的整个政权之下(四种政权乃是四种不同的作用,然其权之本身只是一个)。所以,司法独立在总理五权宪法学说中,并不是与其他政权成为权力的对立,而只是在同一政权支配下的职务分配。在宪法草案中也一样明显地表现出来。"[2]这种理论不能不说是西方分权学说的中国式解释,也概因于此,任司法院长长达十六年之久的居正认为司法院为一"枯冷的位置"。[3]同时,基于上述认识,居正后来也成为司法党化的重要代表人物。

徐谦是最初明确提出"司法党化"这一主张的呼吁者。他于1926年9月在《民国日报》发表《对改造司法之主张》一文,其中写道:"现行司法制度乃非党的与不革命的……旧时司法观念,认为天经地义者,曰'司法独立',曰'司法官不

---

[1] 范忠信、尤陈俊、龚先砦选编:《为什么要重建中国法系——居正法政文选》,中国政法大学出版社2009年版,第190页。
[2] 范忠信、尤陈俊、龚先砦选编:《为什么要重建中国法系——居正法政文选》,中国政法大学出版社2009年版,第191页。
[3] 范忠信、尤陈俊、龚先砦选编:《为什么要重建中国法系——居正法政文选》,中国政法大学出版社2009年版,第13页。

党',此皆今日认为违反党义与革命精神之大端也。"[1] 1927年又讲:"政治要革命,司法是政治的一部分,也就在革命里头,所以司法也应革命。以前的革命只是政治的革命,司法向来没有随着政治而革命,故司法向来就不彻底。""要组织革命的司法,第一要党化。"[2]这一将司法党化与司法革命相联系的主张,后来得到了王宠惠的赞同与响应。在1929年国民党三届三中全会上,司法部部长王宠惠代表司法院作了《关于司法改良计划事项十八年三全会大会之司法院工作报告》,提出了今后司法改良的方针。其中第一条就是"司法官要党化",[3] "司法党化"的序幕亦由此拉开。[4] 居正担任司法院院长之后,对王宠惠的"司法党化"观作了进一步的阐发,形成了富有个人特色的"司法党化"思想,这一思想集中体现在其1934年发表的《司法党化问题》一文中。

基于对司法权的上述认识,国民政府时期的司法行政的归属问题或者并不直接关乎司法独立。一,最高审判权与司法行政权是否合一的问题是民国制宪时反复争论的问题之一。但事实上司法院长并不直接从事审判工作,所以,即使司法行政部归属司法院,最高审判权与司法行政权可能正如学者所论,从

---

[1] 徐谦:"对改造司法之主张",载《民国日报》1926年9月20日。范忠信、尤陈俊、龚先砦选编:《为什么要重建中国法系——居正法政文选》,中国政法大学出版社2009年版,第33页。

[2] "司法部长徐谦报告改革司法工作",载《汉口民国日报》1927年3月,湖北省司法行政史志编纂委员会:《清末、民国司法行政史料辑要》,湖北省司法行政史志编纂委员会1988年版,第19页。

[3] 王宠惠:"今后司法改良之方针之一",载《法律评论》1929年第6卷第21号。王宠惠著,张仁善编:《王宠惠法学文集》,法律出版社2008年版,第285页。

[4] 江照信:《中国法律"看不见中国"——居正司法时期(1932~1948)研究》,清华大学出版社2010年版,第75页。

第一章　中国近代司法行政机构的设置及其权限

未真正合一。[1]二，以司法权为治权而论，则司法行政部归属行政院抑或司法院，实质上均无关乎司法独立能否实现的问题。

小　结

近代司法改革是在中西法律文化的碰撞与反击的背景下启动的。司法改革同近代司法主权乃至国家主权的恢复密切相关，因而，近代司法改革承载了远远超于司法的责任。

领事裁判权的问题是近代司法改革和整个法律改革的直接动力，也被近代司法行政部门视为首要职责。而该权力的收回不仅需要司法的全面改革，更事关国家主权，这显然不是司法机构能够独立完成的职责。因此，借助行政权力成为司法改革的应有之义。故而，从此意义上讲，司法行政部门在近代监狱改良、司法职业的发展、地方司法机构的建设等诸多方面起着无可替代的作用，甚至一度是领导司法改革的机构，自然其存在的意义不容忽视，近代中国的司法现代化也就与西方司法发展有着不同的历史责任。

同时，南京国民政府执政以后，国民党作为执政的革命党，司法革命化与党化的主张开始逐渐成为执政者与司法者的主流思想。加之20世纪30年代兴起的民族主义思想，孙中山先生关于五权宪法的理论中司法权问题的模糊，中华法系的既有传统在一度被抛弃之后重新被关注，使得近代司法改革问题更为复杂。

"一种设置合理的司法权究竟具有哪些功能，使得它对社会

---

[1] 聂鑫："民国司法院——近代最高司法机关的新范式"，载《中国社会科学》2007年第6期。

生活的介入是合理和正当的。"[1]这是司法权设置无法回避的问题。但中国近代司法改革却无法将之视为改革思考的中心问题。清政府为挽救其统治,各种力量或为清政府,或为危亡之下的国家促成了清末的新政,最后归结于法律制度甚至政体的变革。故而,中国在一开始接受西方之宪政与权力分立思想之时,已与这些思想产生之目的发生了背离,承载了其所不能承担的责任。在相关改革中,既有司法改革自身的问题,也有超乎司法改革的问题。而且因为近代中国时时处在国家危亡之际,司法改革中最重要的基本问题往往不是论者关注的核心问题。同时,中国的改革不是自身历史经验型的,也无法在强大的西方文化的冲击下有足够的时间去积累自己的经验。所以,既有的非现代的司法传统同引入的外来理论与制度之间的冲突在所难免,名实不符的现状也成为近代司法改革甚至所有改革的真实状态。虽然这样的现状令改革者和后来研究者有扼腕之痛,但或者也可以说,这种变革时期的名实不符不仅是历史的真实状态,亦是我们寻求现代之路无法回避的现实。

因此,近代司法行政部门要承载历史赋予的司法改革之责,这绝非负有审判权之法院所能承担的责任。但是,因其行政性与对历史司法行政合一传统的回避,使其部门设置与权限问题成为近代司法改革或者实现司法独立首先关注的问题,甚至是关系国民政府时期司法院性质的关键机构。而时人的思想与现代对司法院的研究,已给我们一个初步的印象。司法行政部的归属看似影响司法院的性质或审判的独立,但实际上司法院与司法行政部在职责上有异曲同工之处。从制度设计上,司法行政机构对司法部门人事与经济权的牵制不可否认,但最高法院

---

[1] 陈瑞华:"司法权的性质——以刑事司法为范例的分析",载《法学研究》2000年第5期。

第一章　中国近代司法行政机构的设置及其权限

之审判权的独立从来不容置疑，其受到的行政干预或者根本不是来自司法行政部。同时，国民政府以暂时搁置司法行政部的归属问题来确定司法院的最高司法机关的性质，可能恰恰反映出近代中国司法改革以西方司法理论无法解释的困境，以及将司法院建成一个"包山包海"的最高司法机构的中国式司法思维。[1]中国近代的全部改革在启动之初就天然具有了古今与中西问题缠绕的复杂性——既有来自西方现代司法的一些元素，也有中国传统司法元素。二者相互冲击，相互影响，相互交融。这种复杂性也决定了近代中国司法改革的艰难与曲折，因此，中国悠久的传统曾一度被视为包袱甚至障碍。当代中国的法律与法治，被认为贯彻了一种政治与法律密切相连的政法传统。新中国的法律传统与共产党的国家政权建设密切相连，形成了政法不分，互相配合的政法传统，还造成了各地政法委通过案件会商、协调等方式侵蚀司法独立审判的情形。

但现代的经验可能也在暗示我们，我们的传统或许也不仅仅是包袱。福山在《政治秩序的起源》里写道，今日最成功的非西方国家往往是在与西方打交道之前就建立起自己的制度、治理模式的国家。其意在表达，中国、日本、韩国这样的亚洲国家建立起与欧洲平行的现代国家，这是它们今日成功的重要基础。有了这个基础，这些亚洲国家的命运才不同于撒哈拉非洲国家的命运。[2]

---

　　[1]　聂鑫："从三法司到司法院——中国中央司法传统的断裂与延续"，载《政法论坛》2009年第1期。
　　[2]　"各走各路去丹麦——政治学家福山的理想国新样本"，载《南方周末》2014年12月4日。

第二章
收回领事裁判权

在"救亡"压倒"启蒙"的近代,[1]内外现实的逼仄,令近代的一切变革都有些急急火火的味道。任何希望,哪怕是一线曙光,都可能被无限放大。收回领事裁判权曾是执着于近代司法改革的先行者们的目标与理想,也一度成为推动近代司法改革的主要推手。然而,收回法权的迫切同司法改革所需的渐进式改良存在着内在的冲突,在近代中国,两者彼此牵绊,却又相互成就。也因此,本应以审判为中心的现代司法改革却以司法行政事务作为改革的重心,司法行政机构也自然成为近代司法改革的领导核心。在一个没有司法独立传统的国家,既无专业人才,经费又匮乏的情况下进行司法改革,不仅要解决传统司法痼疾,又要以西方的司法体制为模范,接受西方的司法理念。而且,因为治外法权问题的存在,这场司法改革甚至关乎民族独立与国家主权,这确乎不是一般意义上的司法改革。

---

〔1〕 李泽厚:《中国现代思想史论》,天津社会科学出版社2003年版,第19~36页。

第二章　收回领事裁判权

第一节　收回领事裁判权与近代法律改革的启动

领事裁判权，就是一国人居留于他国领土之内，不受其居留国法律的管辖和法庭的审判，而仍受其本国的法律支配，与其驻在居留地本国领事的裁判。[1]换句话说，就是甲国对于寄居于其领土内的乙国侨民，不能用自己的法权去裁判他们，必须由乙国驻在甲国的领事，用他本国的法律去裁判。因此，根据领事裁判权制度，凡在中国的有约国民，关于民刑诉讼，不论其侨民间发生诉讼，或外籍侨民居于被告地位而与中国国民发生诉讼时，统归外籍侨民所属的领事裁判，而不受居留地中国法权所管辖。领事裁判权发生的原因，大抵有两种情况，或由于相对国的要求，如战败后的缔结条约得来；或由于驻在国的放弃，如中古时属人主义的结果。这完全为一种片面的权利义务关系。直接行使这种裁判权的国家，叫做权利国；而容许行使这种裁判权的国家，叫作义务国。[2]

对于近代法律改革同领事裁判权的关系，学界主要有两种观点。较为普遍的观点认为，收回领事裁判权是中国法律近代

---

[1]《牛津法律大辞典》对该词的解释为："一国通过条约给予居住在该国的另一国臣民的贸易特权，给予当地法院管辖的豁免权和由其本国法院对他们行使司法管辖权的特权。"这种特权自公元前2000年即有所闻，并于中世纪早期实施。著名的例子有：奥斯曼苏丹给予法国人自1536年起在土耳其的权利，允许由法国领事根据法国法审理法国人在土耳其的民事、刑事案件，并可要求苏丹的官员协助他们执行其判决。此后，几乎所有欧洲国家都在土耳其得到这种特权。这种特权直到20世纪还在中国、埃及、土耳其和摩洛哥等地存在。随着东方国家法律制度的进步和这些国家独立意识的出现，种特权归于消失。

[2]《领事裁判权的撤废问题》，中国国民党广东省宣传部1930年印。

化的最重要的诱因。[1]其被广泛提及的依据在于光绪二十八年八月四日（1902年9月5日）签订的中英《续议通商行船条约》（亦称《马凯条约》）第12款，其中有这样一段文字："中国深欲整顿本国律例，以期与各西国律例改同一律；英国允愿尽力协助以成此举。一俟查悉中国律例情形及其审断办法及一切相关事宜皆臻妥善，英国即允弃其治外法权。"[2]清末及后来的中国法学家、外交家和政治家，在谈及造成列强在中国享有领事裁判权的原因时，均认为是因清朝法律不良，刑罚苛酷，监狱恶劣，司法、行政不分，司法制度野蛮、黑暗，中国官吏歧视外人，法律上不予以平等待遇等原因造成。[3]因而他们相信如若我国改良法律，司法独立，列强自会放弃领事裁判权，并形成相对于"科学救国""教育救国""实业救国"等救国思想的"法律救国"思想。其中尤以沈家本等法学家为代表。[4]另一观点则对此提出质疑，认为"清末十年法律改革的起伏是与国内政治改革的进程同步的，而与对外如何收回领事裁判权无关"。首要论据在于无论朝廷发布的变法诏令还是刘坤一、张之洞的《江楚会奏变法三折》，均早于《马凯条约》，其内容亦

---

[1] 李贵连："清季法律改革与领事裁判权——兼论沈家本法律救国思想"，载《中外法学》1990年第4期；张晋藩："综论中国法制的近代化"，载《政法论坛》2004年第1期；陈亚平："《中英续议通商行船条约》与清末修律辨析"，载《清史研究》2004年第1期；赵晓耕："近代不平等条约与清末法制的变革"，载《浙江社会科学》1999年第1期；夏锦文：《社会变迁与法律发展》，南京师范大学出版社1997年版，第221页；李启成："领事裁判权制度与晚清司法改革之肇端"，载《比较法研究》2003年第4期；张德美：《探索与抉择———晚清法律移植研究》，清华大学出版社2003年版，第150~162页。

[2] 王铁崖编：《中外旧约章汇编》第2册，生活·读书·新知三联书店1959年版，第109页。

[3] 东方杂志社编印：《领事裁判权》，商务印书馆1923年版，第15页。

[4] 李贵连："清季法律改革与领事裁判权——兼论沈家本法律救国思想"，载《中外法学》1990年第4期。

与领事裁判权无任何直接或间接的关系。张之洞在参与谈判中有关提议则另有深意,即制造一面"政治盾牌",他"所追求的,主要是其政治意义而非其实际价值"。[1]也正因此,中英双方均无关于此目标实现的具体措施和文字说明。尽管如此,执此观点的学者并不否认收回法权同修律的紧密关系。

《辛丑条约》签订以后,西方列强审时度势,放弃了瓜分中国和推翻慈禧政权,转而推动清政府进行变法,以收拾残局。慈禧下诏:"就现在情形,参酌中西政要,举凡朝章国故、吏治民生、学校科举、军政财政,当因当革,当省当并,或取诸人,或求诸己……各举所知,各抒所见。"[2]其后,刘坤一、张之洞的《江楚会奏变法三折》成为清末新政的纲领性文件。清末修律亦为新政之一部分,并服务于此目的,发动修律与收回领事裁判权并无关系。但在《马凯条约》之后"而议律者,乃群措意于领事裁判权",二者关系愈发紧密。[3]对此,可能有如下原因:其一,从清政府的角度讲,以收回法权为目的,可使其不失体面,还暗含其国际地位的提高,并回应革命党人"洋人朝廷"的谴责;其二,以爱国主义的旗帜收拾人心,统一思想,减少改革阻力;其三,中外条约中允弃领事裁判权的条款可能让中国人真正认识到了领事裁判权的危害,而修律才能够达到恢复司法主权的目的,客观上"刺激了清政府修律的热情";[4]其

---

[1] 高汉成:"晚清法律改革动因再探——以张之洞与领事裁判权问题的关系为视角",载《清史研究》2004年第4期。

[2] 中国人民大学清史研究所编:《清史编年·第十二卷·光绪朝下》,中国人民大学出版社2000年版,第239~240页;《清实录·德宗实录》卷476,中华书局1987年版,第273~275页。

[3] (清)赵尔巽等撰:《清史稿·卷一百四十二·刑法一》第15册,中华书局1976年版,第4187页。

[4] 张晋藩:《中国法律的传统与近代转型》,法律出版社1997年版,第437页。

四,条约令修律与收回领事裁判权本不相关的两件事反而关系密切起来,并推动了国内对此问题进行更为理性的思考和对自身制度的反思。[1]20世纪初逐渐繁荣起来的报刊媒体也起到了推波助澜的作用。[2]这可能是订约双方均未曾预料到的。

辛亥革命爆发,中华民国成立,这是中国历史的重大转折点,但在对外关系上,却并未带来实质上的变化。同时,为推翻满清政府的需要,革命党在革命期间,为了防止西方国家支持满清政府,他们对"帝国主义显出了毫不设防的天真态度"。[3]故而,在革命期间,"没有任何反帝的口号,以及恢复被列强践踏了的中国主权的要求"。[4]虽然,在辛亥革命期间,孙中山曾宣布新政府成立后,当取消领事裁判权。[5]但在国民政府成立后相当长的时间内,既未就收回国家司法主权制定切实可行的对策,也未与列强就此展开外交交涉,任由其在这个已名义上拥有主权的国家里享有司法权。

一战后,世界形势瞬息万变,德奥俄三国在华领事裁判权

---

[1] 高汉成:"晚清法律改革动因再探——以张之洞与领事裁判权问题的关系为视角",载《清史研究》2004年第4期;安国胜:《外国在华领事裁判权史稿》,中国政法大学出版社2014年版,376~382页。

[2] 如《外交报》在1903年刊登的两篇文章《论外交治本之法》和《论主权与民心的关系》。分别见于张枬、王忍之主编:《辛亥革命前十年间时论选集》第1卷,生活·读书·新知三联书店1960年版,第322页;任云仙:"二十世纪外交评论视野下的领事裁判权",载《兰州学刊》2008年第7期;"政府谋收回治外法权",载《东方杂志》1904年第6期。

[3] 胡绳:《帝国主义与中国政治》,生活·读书·新知三联书店1949年版,第192页。

[4] [苏联] C.乔赫文斯基:"孙中山的外交观点与实践(1905~1912)",载国外中国近代史研究编辑部编:《国外中国近代史研究》第4辑,中华社会科学1983年版,第2~3页。

[5] 吴梦雪:《美国在华领事裁判权百年史》,社会科学文献出版社1992年版,第127页;李育民:《中国废约史》,中华书局2005年版,第436页;安国胜:《外国在华领事裁判权史稿》,中国政法大学出版社2014年版,第400页。

第二章 收回领事裁判权

相继废除。[1]此结果虽非中国政府有计划、有步骤恢复司法主权之行动，却极大地刺激了国人收回领事裁判权的热情。"法权讨论委员会"的成立即是这一阶段的成果。1919年巴黎和会期间，中国认为国内司法改良已然取得一定成绩，故提出撤销领事裁判权案。[2]并于1920年11月6日公布实施《法权讨论委员会条例》，宣布设立"法权讨论委员会"，"掌讨论关于收回法权之准备实行及善后事宜"。[3]该委员会成立后主要从事了如下工作：将中国已颁行的各项法律译成英文和法文出版；[4]进行中外司法调查，考查司法现状，整理成书。比较有代表性的如1923年由在该委员会担任秘书的郑天挺先生执笔并以该会名义出版的《列国在华领事裁判权志要》《考查司法记》等；重视演讲，发表演说，加强内外宣传，以推动废除领事裁判权运动。[5]

---

[1] 一般认为北洋政府于1917年8月14日正式对德奥宣战，宣告德奥在华领事裁判权的废止。北洋政府外交部：《外交文牍·参战案》第12份，（北洋政府）外交部1921年印，第5页；另见王芸生辑：《六十年来中国与日本》第7卷，大公报馆1932年版，第91页。1924年，北洋政府与苏联签订《解决悬案大纲协定》，宣布俄国在华领事裁判权撤废。参照王铁崖：《中外旧约章汇编》第3册，生活·读书·新知三联书店1962年版，第425页；安国胜：《外国在华领事裁判权史稿》，中国政法大学出版社2014年版，第406~423页。

[2] "中国提出巴黎和会请求撤销领事裁判权案"，载《司法公报》1920年第118期。

[3] 《法权讨论委员会条例》，参见《司法公报》1920年第127期。

[4] 翻译成英、法文的中国法律及司法制度的书籍有20余种。北京图书馆编：《北京图书馆现藏中国政府出版品目录》第1辑，北平图书馆1928年版，第50页。参照董彦斌：《追寻稳健宪政：民国法律家张耀曾的法政世界》，清华大学出版社2013年版，第257页。

[5] 法权讨论委员会秘书处编纂：《考查司法记》，法权讨论委员会事务处1924年铅印本，"杭州学界讲演会演词（1922年12月21日在杭州教育会）"。殷梦霞、邓咏秋选编：《民国司法史料汇编》第13册，国家图书馆出版社2011年版，第35页。

继北京政府之后，南京国民政府在全国上下空前高涨的废除不平等条约呼声中不得不高举废约大旗，以取得民众支持。按照南京政府的时间表，1929年或1930年为进行撤废领事裁判权之期。1929年12月27、28、29日三天，中央临时政治会议连日决议撤废领事裁判权办法。主要有两项内容：一，由国民政府即日明令公布，自1930年1月1日起，凡侨居中国之外国人民，现时享有领事裁判权者应一律遵守中国中央政府及地方政府依法颁布之法令规章；二，对于管辖外国人民诉讼之实施办法，由国民政府从速颁布施行，以资遵守。1929年12月28日，国民政府发布《撤废领事裁判权令》，12月30日，国民政府外交部发布《撤废领事裁判权宣言》。[1]在此期间，政界、外交界以及学界，都对此有高度的关注。如胡汉民在1929年12月28日在首都各界撤废领事裁判权运动大会发表讲演，其题目为"领事裁判权撤废与否是我们民族的生死关头"。王宠惠在1930年1月9日中央招待新闻记者会发表"撤废领事裁判权势在必行"的讲演。[2]而且，这些讲演都将领事裁判权放到非常重要的位置。"我们为中国的地位，为中国的民族，为促世界经济的发展，为求世界的和平起见，我们非废除领事裁判权不可……关税争得自主，但这不过是对内对外贸易上关系，远不如政治上法律上有关系的领事裁判权。"[3]

虽然南京政府在执政之初发起的裁撤领事裁判权运动轰轰烈烈，然而却事与愿违。在1929年的法权交涉中，英美等国采

---

[1]《实行撤废领事裁判权的意义与认识》，中国国民党中央执行委员会宣传部1930年印，第53页。

[2]《实行撤废领事裁判权的意义与认识》，中国国民党中央执行委员会宣传部1930年印，第49页。

[3]"撤废领事裁判权与中国革命"，载《撤废领事裁判权运动》，中国国民党北平特别市党务指导委员会宣传部1930年印，第11页。

取拖延策略,南京政府又无与列强破裂的决心,故而多次照会却无实质性进展。九一八事变也让中国通过和平谈判收回国家司法主权的希望彻底化为泡影。然而,峰回路转,1943年之后,英美日等国几乎是竞相与中国签订了放弃治外法权的条约,中国陆续收回各国在华领事裁判权。但这既不是中国司法改革与世界改同一律的自然之花,也不是外交谈判的胜利,而是太平洋战争爆发,英美日在华利益角逐以及形成抗击法西斯联盟的结果。

在谋求收回领事裁判权的过程中,也伴随着中国司法主权意识的觉醒。但是在清末,具有主权意识的范围还主要局限在少数封疆大吏和朝廷主管司法的官吏,还未形成普遍强烈的意识。北洋政府时期,尤其是一战之后,国人主权意识增强,司法主权觉悟亦随之提高。这其中,留学归来的法律人的作用与影响不容小觑。20世纪20年代后,随着民族主义的高涨,司法主权意识更是同国家主权意识密切相连,将清末出现的无法权则无主权的思想进一步普及。

诚然,领事裁判权的存废,首要是主权问题,是外交层面的问题,其次才是法律的良窳。[1]张之洞在清末"礼法之争"过程中,即一针见血地剖析,"各国侨民,所以不守中国法律者,半由于中国裁判之不足以服其心,半由于中国制度之不能保其身家财产"。同各国签订的商约中,均有"一切相关事宜皆臻妥善"之语,"包括甚广"。"其外貌则似指警察完备,盗风敛戢,税捐平允,民教相安等,其时则专指视国家兵力之强弱,战守之成效。"[2]一战之后,国人更逐渐明了西方"公理战

---

[1] 张仁善:《近代中国的主权、法权与社会》,法律出版社2013年版,第14~24页。

[2] 《张文襄公全集》卷69,转引自李贵连:《沈家本传》,法律出版社2000年版,第302页。

胜"的正义原则的虚伪,强权政治的风行。但是,在国家虚弱,政府不固的背景下,无法实现单方面宣布废除一切不平等条约。因此,内政的改革更加迫切。"在华各国领事裁判权之能否如愿撤废,亦当以中国内政之能否整饬而定。若内政不能整顿,即使外交侥幸胜利,而危机还是不能免除。"[1]从此意义上讲,司法主权的得失,也取决于国内的司法境况。故更激发了法律人士进行司法改革的斗志:"今日之政府不固,军士横暴,生命财产,既无日不处于危险之中,而法典……凌乱,司法腐败,所以为生命财产保障之具者,又不可恃,如是而欲博得外人之信托,殆属难能之事。故以学理言,以利弊言,领事裁判权应即收回者也;以事实言,其能否收回,则又难言者矣。吾人苟欲收回领事裁判权,必须努力振作,自求改进,使外人无不足于我,而后无辞以拒吾之要求。"[2]"要求外人,只能求其敛戢野心,抛弃特别权利,与我以平等待遇,而不能求其牺牲利益,冒犯危险,一意迁就我国之主张。故我要求外人抛弃领事裁判权,尚可商量,若要求外人在我不良司法制度之下,受不正当不完全之裁判制裁,则绝非外人所能承认。故我国司法制度及实行情形,若无切实改良,与外人以满足,则撤销领事裁判权,实少希望也。"[3]如王宠惠所讲:"遇外人讥中国内乱不息及军阀靡费时,每无言以对,此则引以为深耻耳……希望国民速起

---

[1] 《撤废领事裁判权运动》,中国国民党北平特别市党务指导委员宣传部1930年印,第122页。"领事裁判权,实少寻常外交问题可比,……系一最重大之内政问题。"同上书,第9页。

[2] 吴炳文:"领事裁判权问题(2)",载东方杂志社编印:《领事裁判权》,商务印书馆1923年版,第48页。

[3] 法权讨论委员会秘书处编纂:《考查司法记》,法权讨论委员会事务处1924年铅印本。殷梦霞、邓咏秋选编:《民国司法史料汇编》第13册,国家图书馆出版社2011年版,第39~40页。

奋勉,盖二十世纪之国家,非外交所能收回已失权利,而全赖国民自勉也。"[1]

第二节 近代司法行政机构的任务

一、清末民初以收回领事裁判权为宗旨的司法改革

20世纪初,在八国联军炮口下逃出北京的西太后以光绪皇帝的名义下诏变法,开始了晚清最后十年的"新政"。面对庚子以后的社会危机和日益迫近的革命,它明显地带有王朝自我挽救的意味。变法上谕中虽声称三纲五常为万世不易之理,却没有"一成不变之治法","一切政事尤须切实整顿,以期渐图富强"。[2]1901年4月,政府创立政务处,[3]成为政府改革规划的指挥部。在"妥议速奏,实力奉行"的上谕召唤下,应诏而议变法的奏折中,刘坤一、张之洞联名发出的《江楚会奏变法三折》最终获首肯。[4]由此,"变法三折"成为清末十年新政的纲领性文件。其中所含法律内容,亦可视为清末修律的大纲。

"变法三折"中第二折,主在整顿中法,对司法改革多有涉及。在奏折中,就中外司法差异,有如下文字:"外国人来华者,往往亲入州县之监狱,旁观州县之问案,疾首蹙额,讥为贱视人类。……盖外国百年以来,其听讼之详、慎刑罚之轻、简监狱之宽舒,从无苛酷之事,以故民气发舒,人知有耻,国

---

[1] 王宠惠著,张仁善编:《王宠惠法学文集》,法律出版社2008年版,第327页,"太平洋会议之经过(1922年1月10日在上海总商会演讲)"。
[2] 《清实录·德宗实录》卷476,中华书局1987年版,第9页。中国史学会主编:《义和团》第4册,上海人民出版社1957年版,第81~82页。
[3] 《清实录·德宗实录》卷481,中华书局1987年版,第4页。
[4] 《清实录·德宗实录》卷486,中华书局1987年版。

势以强。夫中外情形不同，外国案以证定，中国案以供定。若照众证确凿，即同狱成之例，罕有不翻控者。故外国听讼从不用刑求，重罪罕至大辟。"基于此，在本折中提出的十二条建议中，有"恤刑狱"一篇，含禁讼累、省文法、省刑责、重众证、修监羁、教工艺、恤相验、改罚锾、派专官等事关司法的内容。[1]张之洞期于此项改革的直接目的，就其奏折内容看，主要是"庶可以仰裨圣朝尚德缓刑之治，而驱民之入教之患可渐除矣"。[2]

从这些内容看，张之洞最初对司法改革的设想，主要是改良监狱，废除刑讯，据证定罪，设置罪犯习艺所等。至于修律，在第三折"论采用西法"中，考虑到此后"内地各处矿务、铁路，洋人无处不有"，华洋商务往来日增，中外"交涉杂案及教案尚未酿成大事"之刑案，均需相关法律，故建议"电致各国驻使，访求各国著名律师，每大国一名，来华充当该衙门编纂律法教习，博采各国矿务律、铁路律、商律、刑律诸书，为中国编纂简明矿律、路律、商律、交涉刑律若干条，分列纲目，限一年内纂成，由该衙门大臣斟酌妥善，请旨核定，照会各国，颁行天下，一体遵守"[3]等。

在此纲领指导下，1902~1905年的法律改革主要是改良监狱，删除旧律，改革阻力相对较小。转折发生在光绪三十二年（1906年）。七月十三日，清廷下诏"预备仿行宪政"，要求"将各项法律详慎厘定"，并"参用各国成法，妥议立宪实行期限"。[4]自此，清末法律改革向纵深发展，触动旧式王朝统治的根基已在所难免，新旧之争更趋激烈，也直接影响了司法改革

---

[1] 参见《张文襄公奏稿》卷32。
[2]《张文襄公奏稿》卷32。
[3]《张文襄公奏稿》卷32。
[4] 李文海主编：《清史编年》第12卷，中国人民大学出版社2000年版，第423页。《清实录·德宗实录》卷562，中华书局1987年版，第438页。

的方向与内容。

1906年,清政府宣布"筹备立宪"后,政治体制改革被纳入到宪政的轨道,明确宣示预备立宪"先行厘定官制"。任命官制编纂大臣,成立"编制馆",由奕劻、孙家鼐、瞿鸿禨三人总司核定。不久,编制馆以"厘定中央各衙门官制缮单"进呈,要求按照立法、行政、司法三权并峙的原则,改革中央机构。其中,"司法之权则专属法部,以大理院任审判,以法部监督之。均与行政官相对峙,而不为所节制"。[1]此草案在朝廷引起轩然大波,慈禧太后基于对君上大权和皇亲贵胄特权的考虑,依循"五不议"官制改革原则,[2]于11月6日颁布上谕,明令"内阁军机处一切规制,著照旧行",改组中央各部。法部、大理院专任司法与审判,同上述奏折相比,仍隶于内阁军机处之下。[3]此次官制改革虽未完成三权分立之建制,但是,谋求司法独立开始进入近代司法改革的视野。同时,时人开始将司法独立同撤废领事裁判权联系在一起。

因部院之争而被调离大理院正卿的沈家本,离任之前,进呈调查日本裁判监狱情形,其中谈道:"司法独立与立宪关系至为密切。日本开港之初,各国领事俱有裁判之权。逮维新以来,政府日孜孜于裁判统一,不数十年,卒使侨民服从其法律之下。论者谓,国力之骤张基于立宪,其实司法独立隐收其效。方今厘定官制,钦奉懿旨,以法部专任司法,大理院专掌审判。此为司法独立之征兆,亦即制定宪法之权舆。"且"法权所在,即

---

[1] 故宫博物院明清档案部编:《清末筹备立宪档案史料》(上),中华书局1979年版,第463~464页。

[2] 即军机处不议、内务府事不议、八旗事不议、翰林院事不议、太监事不议。

[3] "裁定奕劻等核拟中央各衙门官制谕",故宫博物院明清档案部编:《清末筹备立宪档案史料》(上),中华书局1979年版,第471~472页。

主权随之"。因此,"司法独立为及今刻不可缓之要图"。[1]"夫国家主权所在也,法权所在,即主权所在,故外国之人入他国者,应受他国法堂之审判,是谓法权。……中国通商以来,即许各国领事自行审判,……其所援为口实者,则以中国审判尚未合东西各国文明之制,故遂越俎而代谋。更以东三省今日情形言之,长春以南徧地有日人,长春以北徧地有俄人,既徧往日、俄之人民,势将设日、俄之法院,民习于他国之法律,遂忘其为何国之子民。法权既失,主权随之,言念及此,可为寒心。"[2]

因此,清末形成了这样的认识:要立宪,则必司法与行政分离;要收回法权,则必要强国,必要将法律同西方法律接轨;要强国,则必立宪。立宪、领事裁判权、司法独立三者关系紧密,互为因果。

清末司法改革在1906年后的转变在于,由对传统司法问题的修补而至追求司法独立。在这期间,领事裁判权问题成为改革者推动司法改革,号召民众关注司法之效的一个绝佳旗帜。清朝灭亡后,以西法为范本进行法律改革,以期收回领事裁判权的目标仍是推动司法改革的主要动力,并以此作为中国司法改革的方向。

北洋政府时期,收回领事裁判权仍然是推动司法改革的主要动力之一。民初司法总长伍廷芳认为,虽然外国在中国攫取领事裁判权有中国"不谙外情"之客观现实,但是,"中国法律腐败、审判糊涂","不餍足外人之心","实职其咎"。故而,必须切实改良法律及审判制度,示以采用"大同主义铁证,使

---

[1] 何勤华、魏琼编:《董康法学文集》,中国政法大学出版社2005年版,第641页。

[2] "御史吴钫奏厘定外省官制请将行政司法严定区别折",故宫博物院明清档案部编:《清末筹备立宪档案史料》下册,中华书局1979年版,第821页。

各国报纸表扬而赞美之,随即编纂完美之法律昭示中外,然后有所挟持以与谈判,庶于收回领事裁判权一事,始有希望"。[1]

司法总长许世英在其改进司法计划书中说:"民国肇造,政体更新,潮流所趋,万方同轨,国民心理渐次改观,将欲絜中外而纳于大同,其必自改良司法始。""列强竞争,吾国之所以劣败者,虽由于海陆军不能振兴,亦由于法律之不完善,且由于施行法律者,不知文明各国法官之威信,法庭之整备,公开之秩序,审讯之周详,与夫一切松松手续之繁密,故治事多与法理相违,恒为外人所蔑视。又况监狱学问,日新月异,较诸吾国牢狱,实有霄壤之分,若仅凭法制而未觇先进国之实施,终多隔阂。有此种种,则吾料领事裁判权,永无拒回之期,领事裁判权既不能拒回,则国家永无强立之望。"为此,许世英的司法改革着重于组织法庭、培养法官及监狱官人才、改良监狱、履行律师制度、建立幼年法庭及感化院、创设监狱协会等。而所有这些改革,经费是无可回避的问题,对此,许世英寄望于逐渐实现中央统一预算。实现司法改革计划,不仅达到收回领事裁判权之效,更希望"庶中华之名誉可以抗衡欧化之文明,逼处之强邻,不至狭小汉家之制度,采大同之主义,增人民之幸福","内谋秩序之安全,外审环球之趋势,主动者强,得全者昌"。对司法改革,要"抱积极之宗旨,行稳健之手段"。[2]

上述观念至南京国民政府时期,仍是主流。近代司法改革,对内负有"促进法治国之责任,对外又须应付领事裁判权之撤

---

[1] "1912年3月19日四复沪军都督书",佚名辑:《伍稚庸公牍》下卷,收录于沈云龙主编:《近代中国史料丛刊》第69辑,台北文海出版社1966年版,第69页。

[2] "司法总长改进司法革新狱制计划书",湖北省司法行政史志编纂委员会:《清末、民国司法行政史料辑要》,湖北省司法行政史志编纂委员会1988年版,第82~95页。

销"。因此,中国负责司法改良者,既要熟知各国司法之状况,又当熟筹本国司法之改良,"二者盖相因而又相成者也"。[1]民国司法院长居正也多次谈到领事裁判权的存在对中国司法的影响:"在中国司法系统中,有一最畸形之物,便是领事裁判权。"[2]中国司法现象最感不安的方面有三点:领事裁判权未撤销、新式法院设立未普遍、司法效能未能办得完全"妥"与"速"。而其中第一件急务就是要从速实行撤销领事裁判权,以实现法权之完整。[3]因此,民国历任政府所发动的司法改革,收回领事裁判权仍是其主要目的之一。"辛亥革命以还,中国所以未能进于法治之域者,由于内有专制主义之残余,司法未能完全脱离行政而独立;外有不平等条约之束缚,帝国主义借口于所谓领事裁判权,破坏中国法权之完整。"故而"国民政府之司法建设,即在于祛除此两大障碍,而恢复完整之法权与建树独立之司法"。[4]

二、司法行政机构的历史使命

近代司法改革同收回领事裁判权关系如此密切,自然西方对中国司法的印象也会深刻影响中国司法改革之方向。如前所述,西方人对中国有法律不良,刑罚苛酷,监狱恶劣,司法、行政不分,司法制度野蛮、黑暗,中国官吏歧视外人,法律上

---

[1] 王宠惠著,仁善编:《王宠惠法学文集》,法律出版社2008年版,第285页。

[2] 范忠信、尤陈俊、龚先砦选编:《为什么要重建中国法系——居正法政文选》,中国政法大学出版社2009年版,第338页。

[3] 范忠信、尤陈俊、龚先砦选编:《为什么要重建中国法系——居正法政文选》,中国政法大学出版社2009年版,第321页。

[4] 范忠信、尤陈俊、龚先砦选编:《为什么要重建中华法系——居正法政文选》,中国政法大学出版社2009年版,第343页。

不予以平等待遇等批评。因此,清政府将中国的法律改革重心放在了改良法律,行政司法分立,改良监狱方面。而其中关于司法的改革,是建立独立的司法体制,包括司法机构独立于行政系统之外,并制定、实施与实体法相对应的程序法,从而在司法制度上实现传统法律的近代转型。因此,结合对西方国家司法制度的考察以及对国情的综合考虑,清政府通过诉讼立法推进司法改革。清末诉讼立法,主要围绕着制定独立的诉讼法典和明确各级司法机构的审判权限,主要成绩包括三部诉讼法草案:《刑事、民事诉讼法草案》《刑事诉讼律草案》《民事诉讼律草案》;三部审判机构法律:《大理院审判编制法》《各级审判厅试办章程》《法院编制法》。根据这些法律,清末以确立司法行政分离,完善司法体制,实现司法独立为主要内容的司法改革渐次展开。

引进新的司法原则,包括司法独立、审判与检察职能划分、民刑案件分别审理、适用新的诉讼程序等是近代司法改革应有之义,是司法改革的实质性内容,亦推动传统司法体制向近代转型。而实现这一切的前提和基础,是自中央至地方各级新式司法机构的改革与筹建,所谓"司法独立特为宪政之纲,维审判厅即其精神之所寄也"。[1]"朝廷预备立宪,改良司法制度,俾各级审判厅分年筹备,依限成立,非独明罚敕法已也,而巩固国权之道亦在是。"[2]在新旧机构并存的阶段,"新机构新程序,旧机构旧程序",曾是清末司法改革在机构改革方面的方针。

---

〔1〕 "法部奏筹办外省省城商埠各级审判厅补订章程办法折",宣统元年七月初十日,怀效锋主编:《清末法制变革史料》上卷,中国政法大学出版社2010年版,第421页。

〔2〕 "浙江巡抚增韫奏浙江筹办各级审判厅情形折",宣统元年六月三十日,怀效锋主编:《清末法制变革史料》上卷,中国政法大学出版社2010年版,第419页。

刑罚苛酷，监狱恶劣，是清末备受西方人诟病之处，故国人出洋考察，对西方新式监狱极为关注，并形成"觇其国监狱之实况，可测其国程度之文野"的观点。而且，"监狱与司法、立法鼎峙而三，纵有完备之法典与明允之法官，无适当之监狱，以执行刑罚，则迁善感化，犹托空言"。[1]"监狱不良，则刑罚不中，虽改良刑罚亦属空文。"因此，清末改良司法制度，为收回领事裁判权，三个方面应特别注意：第一，改良法律；第二，改良审判；第三，改良监狱。而外人观察所在，尤在监狱。[2]故而清末司法改革过程中，新式监狱的修建与旧式监狱的改良备受关注。

无论是新式审判厅还是新监狱机构，还是新法律的实施，都需要新式法律人才，因此，新式法律人才的培养是实现司法改革的又一关键。"法官为人民生命、财产、名誉、自由之所寄托"；[3]典狱看守长为执行自由刑之官吏，"改良监狱，尤在看守得人。盖改良刑法制实际在监狱改良。监狱之内容，则在管理法，实行管理法，则在管理及看守者之得人，是则不易之理也"。[4]在筹备新式审判厅和监狱过程中，人才的匮乏是自中央到地方需共同面对的问题。因此，清末民初，对旧式法律人才的培训和新式法律人才的培养，法官、监狱官的遴选、任用及相关制度的完善，亦是司法改革无法回避的问题。

---

[1] "修订法律大臣沈家本奏实行改良监狱宜注意四事折"，光绪三十三年四月十一日，怀效峰主编：《清末法制变革史料》上卷，中国政法大学出版社2010年版，第392页。

[2] "考察司法制度报告书"，汪庆祺编，李启成点校：《各省审判厅判牍》，北京大学出版社2007年版，第468页。

[3] "司法总长改进司法革新狱制计划书"，湖北省司法行政志编纂委员会：《清末民国司法行政史料辑要》，湖北省司法行政史志委员会1988年版，第83页。

[4] "考察司法制度报告书"，汪庆祺编，李启成点校：《各省审判厅判牍》，北京大学出版社2007年版，第469页。

第二章 收回领事裁判权

各级审判厅的筹建,监狱的建设与改良,人才的培养等方面的改革,还面临一个共同的问题——经费问题。司法经费的捉襟见肘,在近代司法改革过程中,一直是制约司法改革的痼疾。不仅清末民初经费支绌,司法改革难以为继,即使到南京国民政府时期,尤其是九一八事变后,财政困难,以致"一切关于撤销领事裁判权准备事项,均无力举办",为之搁浅。[1]"今日撤废领事裁判权之关键,不在国际条约而在国内财政。依情势变迁之原则,在今日中国法律粲然大备之下,更无存在之余地,吾人即欲一旦实行二十年五月六日之法律,在法理方面原无问题,惟关于专庭法官之人才及法庭与监狱之种种费用,必须由充裕之财政,而后运用得宜耳。"[2]

近代司法改革是重构司法体制的过程,是全方位的改革,但无疑上述几个方面是所有司法改革的前提和基础。尤其是面临收回领事裁判权的任务,需要给西方人以直观感受,故而,在收回领事裁判权之前,不仅是清末,民国时期亦将上述方面的改革视作司法改革的中心任务之一。

1920年11月6日公布实施《法权讨论委员会条例》,宣布设立"法权讨论委员会","掌讨论关于收回法权之准备实行及善后事宜"。[3]首任委员长为王宠惠,1922年6月15日,张耀曾被总统黎元洪特派为委员长。[4]国内政局动荡,司法部对各

---

[1] 范忠信、尤陈俊、龚先砦选编:《为什么要重建中国法系——居正法政文选》,中国政法大学出版社2009年版,第321页。

[2] 范忠信、尤陈俊、龚先砦选编:《为什么要重建中国法系——居正法政文选》,中国政法大学出版社2009年版,第339页。

[3] 《法权讨论委员会条例》第一条,参见《司法公报》1920年第127期。

[4] 张耀曾说:"此会创始于九年冬,出于王亮畴之计划,故亮畴首任委员长,罗文幹副之,民国十一年夏,亮畴任司法,以委员长让余。""求不得斋日记",1928年4月11日,杨琥编:《宪政救国之梦:张耀曾先生文存》,法律出版社2004年版,第233页。日记中对第一任副委员长记忆有误,应为张一鹏。

地司法状况缺乏了解。而要切实制定司法改革计划，仅凭开会讨论，虽大端方针不难确定，但空言制度无益，终难合乎实际。故而，1922年11月至次年1月，张耀曾一行在时任京师高等审判厅厅长沈家彝陪同下，考察了直隶等十省的司法状况，并发表多次演讲。[1]

考查结束后，张耀曾和沈家彝分别提交了报告。张耀曾亦主张，恢复领事裁判权的方法主要是改良司法与国家开放。至于改良司法，张耀曾认为主要集中于三个方面：改良法律、增设法院和改良监狱。[2]中华法系"别有特别精神，与世界潮流不甚吻合"，清末修律虽加整饬修订，但仍有不足。各级法院设置不足，地方审判厅更是存在"行政司法合一，房吏胥役舞弊依然"的弊病，需多设正式法院。中国"古时监狱，抱报复主义及威吓主义，为文明国所不取。世界各国均以监狱为感化作用之机关，不过为社会安全计，使罪人隔离居住。对于犯罪者，仍有怜悯之意，使其为世界上之善人。古时监狱如地狱，以惩罪人。今之监狱如学堂，以教化罪犯"。[3]

沈家彝向委员会提交了《沈顾问条陈视察直鲁等省司法事宜》，法权讨论委员会认为该条陈"均属切要之图"，将之函送司法部，以备拟定"切实办法"。该条陈列举了十余项改良建议，概括起来，主要包括新式司法人才的培训，法院人员配置，

---

[1] 法权讨论委员会秘书处编纂：《考查司法记》，法权讨论委员会事务处1924年铅印本。殷梦霞、邓咏秋选编：《民国司法史料汇编》第13册，国家图书馆出版社2011年版，第23页。

[2] 这一思想是当时比较有代表性的主张。参照东方杂志社编印：《领事裁判权》，商务印书馆1923年版。

[3] 法权讨论委员会秘书处编纂：《考查司法记》，法权讨论委员会事务处1924年铅印本。殷梦霞、邓咏秋选编：《民国司法史料汇编》第13册，国家图书馆出版社2011年版，第39~40页。

法庭硬件设施，司法经费甚至法庭内部管理细节，如簿册和卷宗格式，制服等。这篇条陈并未谈及"法院编制，法制改良，裁判内容"等司法改良的根本问题，原因在于"方今各国委员，行将莅止，领事裁判之能否撤销，即系于外人参观之是否满意，筹备进行，势难稍缓，事功之不能以旦夕期者，固应示人以基础，外观之必须整饬者，即应计日以程功"。[1]这和张耀曾所担心的"深恐筹虑不周，准备不妥，无以餍外人之观听而收已失之法权"如出一辙。[2]

1926年1月，"中国法权调查委员会"来华。5月10日从北京出发，至6月19日，按预设路线在各地考察，6月21日形成报告，9月16日向国联递交《调查法权委员会报告书》。其中，不放弃领事裁判权的理由主要有如下方面：①中国无完备的现代化法律；②中国新式法院及经受训练法官太少；③中国法官适用法律或有过严酷之处；④中国监狱待遇囚犯不善。[3]对于北京政府治下司法之缺憾，主要有两点：一则，法律不完备，特别是缺乏根本法——宪法，致使立法、司法常被军人所掌握之行政权左右，许多所谓法律，均由大总统制定公布，欠缺现代法律之意义。二则，新式法院全国不过139所，其中第一审法院仅有91所。按中国人数比例，即430万人才有一所。

---

[1] 法权讨论委员会秘书处编纂：《考查司法记》，法权讨论委员会事务处1924年铅印本。殷梦霞、邓咏秋选编：《民国司法史料汇编》第13册，国家图书馆出版社2011年版，第626页。

[2] 法权讨论委员会秘书处编纂：《考查司法记》，法权讨论委员会事务处1924年铅印本。殷梦霞、邓咏秋选编：《民国司法史料汇编》第13册，国家图书馆出版社2011年版，第23页。

[3] 范忠信、尤陈俊、龚先砦选编：《为什么要重建中国法系——居正法政文选》，中国政法大学出版社2009年版，第338页。

受有新式训练的法官,也只不过有 1200 余人,实不足分配。[1]

因此,南京国民政府在司法改革过程中,仍以上述任务作为重心。

国民政府的司法建设,仍以去除两大障碍为目标,即恢复完整之法权与建树独立之司法。为此,国民政府最初十年司法建设的重心仍在法典之颁布,新式法院之普设,法官人才之储备,缩减审级,改良监狱,收回法权,完成行政诉讼制度,完成公务员惩戒权之独立等八个方面。[2]"领事裁判权的收回,需要改良司法、完成各项法典,间塞外人之借口,以为进步之步骤。而当实施之际,外交折冲亦属重要,至完成法典又属立法范围,改良司法尤以财政充裕为根基,故撤废领事裁判,必须司法、外交、财政、立法各方面通力合作而后能成功。从司法方面,为达到上述目的,应着力实行如下方针:第一,扩充法院,增加庭数,以求办案迅速;第二,加紧法官训练,以增进法官的能力;第三,设立法曹研究会,可以通过全国各地法官继续研究;第四,召集全国司法会议,增进司法效能的方法。"[3]至1936年,六法具备,《训政时期约法》施行年,五权分立,不相逾越。同时,新式法院近 400 所,受有新式训练之法官 3000 有余。以至居正不无自豪地说:"十年以前还是一个毫无法

---

[1] 范忠信、尤陈俊、龚先砦选编:《为什么要重建中国法系——居正法政文选》,中国政法大学出版社 2009 年版,第 326 页。

[2] "十年来之司法建设——为国府成立十周年纪念",范忠信、尤陈俊、龚先砦选编:《为什么要重建中国法系——居正法政文选》,中国政法大学出版社 2009 年版,第 343 页。作为司法院长的居正多次关于司法建设的文稿中都有类似的内容,可见于同书中以下各篇:"一年来司法之回顾与前瞻","二十五年来司法之回顾与展望","十年来的中国司法界"。

[3] 范忠信、尤陈俊、龚先砦选编:《为什么要重建中国法系——居正法政文选》,中国政法大学出版社 2009 年版,第 321 页。

第二章 收回领事裁判权

律的社会,现在已经赫然一个现代化的法治国家了。"[1]

领事裁判权对司法改革的影响,还可从民国时期的几次司法会议的议题中看到。民国建立以后,分别于 1912 年、1916 年、1935 年、1947 年召开了四次司法会议,讨论司法改革的方向问题。其中,领事裁判权收回之前有三次,其主要议题如下:

民国三次司法会议主要议题简表

1912 年司法会议[2]	1916 年司法会议[3]	1935 年司法会议[4]
关于改良审判、检察、监狱事项	关于司法事务改良事宜	法院组织之健全
关于筹办审判、检察、监狱事项	关于司法机构推广事宜	司法经费之独立
关于司法教育并监狱教育事项	关于司法经费事宜	法律教育之改进
关于司法并监狱统计事项	关于司法及监狱统计事项	法规研究机关之创设
其他关于司法之必要事项	其他关于司法之必要事项	领事裁判权之撤废

上述议题反映出来民国时期的司法改革,为收回领事裁判权计,属司法行政范畴的基础建设仍是其主要内容。故而,直至民国,谈到司法改革之成就,亦主要从法律、法院组织、监

---

[1] 范忠信、尤陈俊、龚先砦选编:《为什么要重建中国法系——居正法政文选》,中国政法大学出版社 2009 年版,第 326 页。
[2] 《中央司法会议简章》(1912 年 9 月 21 日颁布),参见《司法公报》1912 年第 2 期。
[3] 《司法会议章程》第三条,参见《司法公报》1916 年第 68 期。
[4] 司法行政部编:《全国司法行政检讨会议汇编》,南京司法行政部 1947 年铅印本。殷梦霞、邓咏秋选编:《民国司法史料汇编》第 14 册,国家图书馆出版社 2011 年版,第 35 页。

所三个方面予以衡量。[1]以致1935年司法院长居正在对上年做年终总结之时，很无奈地讲，过去一年的司法状况，"关于司法组织各项，多属于司法行政范围"，而当时司法行政部并不隶属司法院。[2]从这一意义上讲，由司法行政机构主持司法改革亦是时势使然。

清末官制改革，奕劻等所奏《厘定中央各衙门官制缮单进呈折》中，对司法机构的设置预想，是以"司法之权专属法部，以大理院任审判，由法部进行监督"。[3]后来确定的官制方案，否定了其中司法独立于政治的意见，法部、大理院仍归内阁、军机处政务中枢管辖。有关法部与大理院设置的内容很简短："刑部著改为法部，专任司法。大理寺著改为大理院，专掌审判。"[4]此上谕下，确定了法部是司法改革的核心机构，大理院像是法部下专掌审判的附属机构。无论从职官地位还是权限讲，大理院都难以和法部抗衡。[5]其后，法部与大理院因权限问题引发部院之争，清政府下令大理院与法部"和衷商办，不准各执意见"，[6]并将大理院正卿沈家本调任法部右侍郎，调法部右

---

[1] 司法行政部编：《全国司法行政检讨会议汇编》，南京司法行政部1947年铅印本。殷梦霞、邓咏秋选编：《民国司法史料汇编》第14册，国家图书馆出版社2011年版，第35页。

[2] 范忠信、尤陈俊、龚先砦选编：《为什么要重建中国法系——居正法政文选》，中国政法大学出版社2009年版，第321页。

[3] "庆亲王奕劻等奏厘定中央各衙门官制缮单进呈折"，故宫博物院明清档案部编：《清末筹备立宪档案史料》（上），中华书局1979年版，第464页。

[4] "裁使奕劻等核拟中央各衙门官制谕"，故宫博物院明清档案部编：《清末筹备立宪档案史料》（上），中华书局1979年版，第471页。

[5] 张从容：《部院之争：晚清司法改革的交叉路口》，北京大学出版社2007年版，第33页。

[6] 《清实录·光绪朝实录》卷572。

侍郎张仁黼为大理院正卿，[1]从而从形式上消弭了部院之争。在部院之争过程中，法部在司法改革中的领导地位逐步确立并得到巩固，但也明确了大理院作为最高审判机关应有的地位与尊严，并将"审判独立"视为司法改革的方向。[2]

法部与大理院之间的上述关系，学者多从宪政改革、官制改革和司法改革需要出发加以厘清，并从"司法权""司法独立""审判独立"等概念上探讨近代司法改革的应然与实践，从而对法部的地位与权限多持否定态度。法部的地位，固然有权力博弈、历史惯性的因素，而此后在近代几十年的司法改革中，法部或司法部等司法行政部门长期占据司法改革的核心位置，引导司法改革，也同近代司法改革的方向与使命密切相关。

司法部大权在握，在清末民初的改革者心目中，与司法独立的追求并无矛盾。"法部职掌任官进退，悉依法律，即民、刑、监狱各设司局，亦不过于法令上谋统一，初非有干涉审判轻重罪囚之权。是又司法行政，维持司法独立之要义也。"[3]自预备立宪运动，司法为国家治体命脉所系。而司法独立为立宪国之要素，亦即法治国之精神。外人以我国行政官干预司法，为所轻视。改建法部，尊重司法，政府未尝不刻意讲求。[4]王宠惠认为，司法行政之所以特立，要在于谋求司法统一。司法经费出自中央，而后司法区域划分、司法制度之规定、司法官

---

[1] （清）朱寿朋编，张静庐等校点：《光绪朝东华录》第5册，中华书局1958年版，第5669页。

[2] 张从容：《部院之争：晚清司法改革的交叉路口》，北京大学出版社2007年版，第184页。

[3] 汪庆祺编，李启成点校：《各省审判厅判牍》，北京大学出版社2007年版，第463页。

[4] 丁贤俊、喻作凤编：《伍廷芳集》下册，中华书局1983年，第593~602页。

吏之任命，均不难由中央统一。而实行司法独立，为宪法之精义，三权鼎峙，司法为一权，故为人民之保障，绝对不受行政之干涉。司法行政之异于普通行政者，所以维持司法之独立。[1]故而，清末民初司法行政机构的主政者们均以谋求司法独立、司法统一，树立司法权威为己任。因为在他们看来，司法部的设置，本身就是政府尊重司法，意在推进司法统一和司法独立，谋求三权分立的努力。

清末民初在司法行政改革方面所取得的进步，为日后司法改革向实质方向发展奠定了一定的基础，也增加了收回领事裁判权的信心。"设备渐趋完善，审判亦日有进步"，"司法法令虽未臻完善，然历年以来逐次颁定，规模已具，自有准绳，加以司法行政之系统素未紊乱，指挥监督较易为力，故各省司法颇有成效可观"。[2]至抗战前夕，六法体系完备，新式法院较北京政府时期增加四倍，而县行政兼理司法占全国县份的50%，预期次年底（1937年）即将完全消灭，而且，全部审判机关即尽"入于受有训练的司法官掌握"。缓刑也业经三令五申，各级法院均切实遵照奉行，罪犯待遇也有提高。因此，"依据目前中国司法之进步状况，已证明领事裁判权再无存在之余地了"。[3]

---

[1] "王总长发表政见书"（1912年司法总长王宠惠赴参议院陈词），载《司法公报》1912年第1期。

[2] 法权讨论委员会秘书处编纂：《考查司法记》，法权讨论委员会事务处1924年铅印本。殷梦霞、邓咏秋选编：《民国司法史料汇编》第13册，国家图书馆出版社2011年版，第25~28页。

[3] "二十五年来司法之回顾与展望"，范忠信、尤陈俊、龚先砦选编：《为什么要重建中国法系——居正法政文选》，中国政法大学出版社2009年版，第339~341页。

第二章 收回领事裁判权

小　结

在《马凯条约》签订之前,领事裁判权对于大清朝野来说,虽然已识其危害,但还远未成为上下共同关注的焦点。随着"有条件放弃治外法权条款"赫然载诸四国商约,已然全面展开却受到重重阻力的修律活动旋获转机,以沈家本为首的怀"法律救国"思想者,将收回领事裁判权推到前台,带动近代法律改革,因而影响到整个中国的法制演进路径。近代法律改革以西方法律为模范,又仿日本改革模式,为收法权,加速前进,日益走进了表象化的陷阱,条文日益繁多,架构渐趋庞大,但作用也越来越小,中国开始进入了"有法律、无法治"的年代。[1]也正因为近代法律改革走了这样一条道路,司法改革亦以法律改良、筹设新式法院、改良监狱为要务,无暇顾及司法的根本问题。又面临司法经费严重不足,新式司法人才缺乏以及司法不统一之顽疾,故而,使带有浓厚行政色彩的司法行政机构成为近代司法改革的核心机构。虽然回顾近代司法改革,有论者将司法主权同法制建设并列,认为20世纪初中国在如此重大的抉择面前缺乏最基本的利益研判,[2]但在一个贫弱的国家刚刚被唤醒之时,而且还是一个曾经有着辉煌历史的民族,民族自信与主权的恢复无疑是最为迫切的问题。因此,借助固有的强大行政力量,观念先行,进行自上而下的改革,将注意力集中在与"国际接轨"的目标上,成为近代法律改革的宿命,而较

---

〔1〕 安胜国:《外国在华领事裁判权史稿》,中国政法大学出版社2014年版,第427页。

〔2〕 安国胜:《外国在华领事裁判权史稿》,中国政法大学出版社2014年版,第382页。

少关注中国政治与社会的自身逻辑与特殊性，[1]否则即被视为保守。毕竟，在面对"冲击——回应"中的艰巨任务时，统一行动的集权强项，更能胜任时代赋予的使命。[2]在这种背景下，以司法行政机构而不是法院为近代司法改革的核心也是势所必然。对此，笔者以为，虽然这种模式给现代中国司法带来诸多后遗症，但也不必过于介怀，毕竟在这个过程中，中国的司法改革即使步履维艰，却毫无疑问地在脱离固有之司法体制，向着一个我们亦无法判断但也绝非西方的现代司法前进。也是此缘故，尽管近代社会政权更迭，政局瞬息万变，但是，司法改革自清末启动至国民政府时期，却保持了惊人的连贯性和稳定性。这不能不说得益于司法行政机构及其人事的相对稳定性。

最后，借用庞德1947年在"全国司法行政检讨会议"中所讲的一段话结束本章，它也许恰适用于现代中国："你们应该信任你们自己。中国现在有干练的法学家，他们有充分的能力来根据现有的法典，发展中国法。抄袭模仿外国制度的时代已经过去，现在正是在你们现有的法典上树立一座中国法的坚实建筑物的时候。"[3]中国固有的司法传统，或许不仅仅是我们走向现代的桎梏，也是中国学人的学术视野、学术关切和研究视角。

---

[1] 于明：《司法治国》，法律出版社2015年版，第4页。
[2] 李鼎楚：《事实与逻辑：清末司法独立解读》，法律出版社2010年版，第177页。
[3] 司法行政部编：《全国司法行政检讨会议汇编》，南京司法行政部1947年铅印本。殷梦霞、邓咏秋选编：《民国司法史料汇编》第14册，国家图书馆出版社2011年版，第58页。

第三章
近代监狱改良

第一节 近代监狱改良之肇始

一、监狱改革之内在需求

关于中国监狱的起源,"皋陶造狱"说古已有之。据西汉史游所作《急就章》载:"皋陶造狱,法律存也。"《大宋重修广韵》载:"狱,皋陶所造。"又据《广韵》彭氏注:"皋陶作狱,其制为圜,象斗,墙曰圜墙,扉曰圜扉,名曰圜土。"在传说中,皋陶既是造律者,又是作狱者。至明清,监狱开始把皋陶奉为狱神。然虽有皋陶造狱之说,所造何狱,却史无可稽。故一般认为"三王始有狱"。[1]

三代时期,夏有夏台,[2]殷称羑里,[3]降及成周,则有灵台之狱,[4]又有圜土、囹圄。[5]"其时监狱命名之意,曰台,

---

[1] (东汉)应劭:《风俗通》。
[2] 见《水经注》及《续博物志》为帝癸二十二年桀拘汤之所。《竹书纪年》:癸二十二年,商侯履来朝,命囚履于夏台。又见(东汉)应劭:《风俗通》。夏台又有均台之称。《礼记》正文焦乔曰:"夏台:均台独断,言狱之别名"。
[3] 《续博物通志》为帝辛一十三年纣囚文王之所。《史记·殷本纪》:纣囚西伯于羑里。又《竹书纪年》:帝辛二十三年,纣囚西伯于羑里。又《续博物志》及《通鉴》所载均同。
[4] 《竹书纪年》:四十年,周作灵台。
[5] 《竹书纪年》:夏帝芬三十六年作圜土。《礼记》焦乔注,周曰圜土。囹圄,见东汉应劭《风俗通》及南朝顾野王《玉篇》。

言若游观之台，帝王常以台为民同乐之所；曰里，言若闾里；言囹圄，囹，令也，圄，举也，言令人幽闭思愆，改过为善之处。"[1]《尚书》曰："明于五刑，以弼五教"，又曰："刑期于无刑。"《吕刑》曰："士制百姓于刑之中，以教只德。"故近代学者亦有古人之意，以三王时代为理想之世。如张之洞言："监狱之设，虞画衣冠，周立圜土，然虞书之要旨曰钦恤，周书之要旨曰以教祗德。要无非先之以摩厉，继之以训迪，当其禁暴之时，已期耻格之效，用意深厚，古意昭然。"[2]沈家本亦认为周朝圜土之制是"以明刑耻之"，本"困悔之旨"。[3]三代而下，则真义尽失，刑罚采纯粹之威吓，"欲使天下知之以惩后"，致三代圣主之良善狱制，一变为专制帝王摧残庶民之工具，[4]监狱则沦为残酷而不可问。

秦汉两朝，中央和地方两级设置。秦朝，本李悝、商鞅之说，立法严刻，刑尚残酷，监狱数量庞大。据《汉书·刑法志》称秦始皇："兼并战国，遂毁先王之法，灭礼谊之官，专任刑罚……而奸邪并生，赭衣塞路，囹圄成市，天下结怨。"[5]据《汉书·刑法志》，（汉朝）"天下狱两千所"。中央监狱主要有廷尉狱与中都官狱。其中，中都官狱是设在京师诸官署的监狱，据沈家本《历代刑罚考·历代狱考》考证，有二十六所，可考

---

[1] 孙雄编著：《监狱学》，收录于河南省劳改局：《民国监狱资料选》（上），河南省劳改局1987年版，第27页。

[2] "张之洞奏新造模范监狱详定章程折"，怀效锋主编：《清末法制变革史料》，中国政法大学出版社2010年版，第396页。

[3] "修订法律大臣沈家本奏实行改良监狱宜注意四事折"，怀效锋主编：《清末法制变革史料》，中国政法大学出版社2010年版，第393页。

[4] 孙雄编著：《监狱学》，收录于河南省劳改局：《民国监狱资料选》（上），河南省劳改局1987年版，第27页。

[5] 高潮、马建石主编：《中国历代刑法志注译》，吉林人民出版社1994年版，第25页。

第三章 近代监狱改良

者凡十九所,主要以拘押对象不同而分类,如囚禁皇族的内宫狱、囚禁后妃宫女等女性罪犯的掖廷狱等。[1]

因中国古代自秦以降,皆未能沿三代之自由刑方向发展,生命刑、身体刑及劳役刑发达,故监狱主要为拘押未决犯及证人的机构,"不过供待质待决之用"。[2]待判决后,施以法定刑罚。

中国古代监狱条件之恶劣、狱吏待囚之残苛,罪囚命运之惨状,可谓史不绝书。虽然受恤刑思想影响,有悯囚、恤刑之制,如颂系、录囚等制,注意犯人医药、卫生、饮食,一定程度上改善了在监者的生活环境,减少了瘐毙的发生,但自秦至清,在狱政思想和管理模式上均无实质性突破,更无监狱改良之议。故而,中国旧式监狱在近代人眼中的形象是:"狭隘、污秽凌虐多端,暑疫、传染多致瘐毙……等之于地狱。"[3]

在近代风气日开的环境下,对传统监狱及刑制的批判与对西方监狱文明的向往,激发出国人对监狱改良的极大热情。在清末新政启动前后,各地相继出现了一些迁善所、教养院、自新所等各种形式的习艺机构。如1902年1月,鉴于江苏省无业游民日多的社会问题,江苏巡抚李兴锐奏请在省城设立工艺院一所,制定起居饮食、医疗卫生等章程,专收游荡之民及犯轻罪者,因人分配职业,教以工艺,付有报酬。记录平日表现,确定悔过自新者,即行资遣出院。[4]1902年3月,陈夔龙向朝廷奏

---

[1] 沈家本:《历代刑法考》。
[2] "修订法律大臣沈家本奏实行改良监狱宜注意四事折",怀效锋主编:《清末法治变革史料》,中国政法大学出版社2010年版,第393页。
[3] 张之洞、刘坤一:"江楚会奏变法三折"之第二折,怀效锋主编:《清末法制变革史料》,中国政法大学出版社2010年版,第16页。
[4] (清)朱寿朋编,张静庐等校点:《光绪朝东华录》第5册,中华书局1958年版,第4824页。

请在江苏设立种植牧养工艺公司，籍以安敢游民，消弭隐患。[1] 1903年2月，岑春煊奏报设立四川通省劝工局，分为工艺厂、迁善所、副厂以及养病院，以达教工养民，令其改过迁善之目的。同时，收留穷民、游民，治疗穷困病人，以预防犯罪。[2]

这些机构的出现，其动力应主要来自地方官员怀有中国传统仁政思想，对狱政弊病的现实观察，而新式监狱无疑为他们解决监狱之痼疾提供了解决之道。清末著名思想家郑观应即说，令罪囚劳动做工并发放工资的做法，与中国《周礼》"以圜土聚教罢民"之古义有着相同的意蕴，不仅可以解决罪囚回归社会，生活有所依凭的问题，而且，工作可令罪犯"练其精力，调其气血，励其精神，不致常处覆盆，易生疾病"。[3]

二、收回领事裁判权运动的推动

以撤废领事裁判权为目标的司法改革，将主要任务放在完善相关法律，筹建新式法院和改良监狱方面。而监狱改良在司法改革中又有举足轻重的位置。时人认为："泰西立宪诸国，监狱与司法、立法鼎峙而三，纵有完备之法典与明允之法官，无适当之监狱，以执行刑罚，则迁善感化，犹托空言。以故各国莫不从事改良监狱。"监狱之实况，可测一国文明之程度。[4] "入其国先视其监狱，则其国内政足见一斑，盖即小见大，见微知著，非偶然也。况值朝廷预备立宪，欲各国撤退领事裁利以

---

[1] （清）朱寿朋编，张静庐等校点：《光绪朝东华录》第5册，中华书局1958年版，第4848页。

[2] （清）朱寿朋编，张静庐等校点：《光绪朝东华录》第5册，中华书局1958年版，第5006页。

[3] （清）郑观应：《盛世危言·狱囚》。

[4] "修订法律大臣沈家本奏实行改良监狱宜注意四事折"，怀效锋主编：《清末法制史变革史料》（上），中国政法大学出版社2010年版，第393页。

第三章 近代监狱改良

兴国耻而重国权,如非改良监狱,纵使新刑律如何完全,审判厅如何美备,外人将以我狱制不良终不服我法制。"[1]"日本能撤去领事裁判权,首以改良监狱为张本。盖监狱与裁判互相表里,有密切之关系,非徒取壮外观已也。"[2]

这种思想也贯穿于民国。民初第二任司法总长王宠惠认为:"近今刑法主义,趋重改良犯罪,其功用专在监狱。我国古代黑暗之监狱,至今如故,领事裁判权问题,未尝不由此发生。而监狱不良,则法律亦等虚设,此关于执行刑罚所宜改良者也。"[3]继任总长许世英在《许总长司法计划书》中谈道:"若夫监狱,则与刑罚裁判有密切之关系。狱制不备,无论法律若何美哉,裁判若何公平,一经宣告,执行之效果全非。""外国人领事裁判所以不肯绝对让步者,大抵以吾国法律、裁判、监狱均不能与世界各国平等,故常常借为口实,实吾国之莫大耻辱。今改良法律、改良裁判,而不急谋改良监狱,亦犹未达完全法治之目的也。"[4]

辛丑条约签订之后,清政府应内外要求,实行新政,刘坤一、张之洞所上《江楚会奏变法三折》成新政纲领性文件。张之洞最初对司法改革的设想,主要是改良监狱,废除刑讯,据证定罪,设置罪犯习艺所等。之所以设定这样的改革任务,在

---

[1] "署督部堂袁批香山县察条对监狱积弊与改良问题由",载《广东宪政筹备处报告书》第4期,1910年6月。转引自肖世杰:"清末监狱改良",湘潭大学2007年博士学位论文。

[2] "法部奏议复实行改良监狱折",清光绪三十三年(1907年),湖北省司法行政史志编纂委员会:《清末、民国司法行政史料辑要》,湖北省司法行政史志编纂委员会1988年版,第71页。

[3] 董彦斌:《追寻稳健宪政:民国法律家张耀曾的法政世界》,清华大学出版社2013年版,第162页。

[4] "许总长司法计划书",湖北省司法行政史志编纂委员会:《清末、民国司法行政史料辑要》,湖北省司法行政史志编纂委员会1988年版,第85页。

于"外国人来华者，往往亲入州县之监狱，旁观州县之问案，疾首蹙额，讥为贱视人类。……盖外国百年以来，其听讼之详、慎刑罚之轻，简监狱之宽舒，从无苛酷之事，以故民气发舒，人知有耻，国势以强。夫中外情形不同，外国案以证定，中国案以供定。若照众证确凿，即同狱成之例，罕有不翻控者。故外国听讼从不用刑求，重罪罕至大辟"。基于此，在本折中提出的十二条建议中，有"恤刑狱"一篇，含禁讼累、省文法、省刑责、重众证、修监羁、教工艺、恤相验、改罚锾、派专官等事关司法的内容。[1] 张之洞期于此项改革的直接目的，就其奏折内容看，主要是"庶可以仰神圣朝尚德缓刑之治，而驱民之入教之患可渐除矣"。[2]

转折发生于1906年清政府宣布"筹备立宪"后，政治体制改革被纳入到宪政的轨道，明确宣示预备立宪"先行厘定官制"。官制改革虽未完成三权分立之建制，但是，谋求司法独立开始进入近代司法改革的视野。经过立宪过程中的部院之争以及礼法之争等一系列围绕改良的大讨论，时人开始将司法独立同撤废领事裁判权联系在一起。

国人的这种认识，不仅基于对西方的法律文明的认识，以及西方对中国狱制的批评，也得益于日本收回领事裁判权的"示范效应"。虽然日本收回领事裁判权历经几十年的不懈努力，[3] 是全面改革、综合国力提升的结果，同时，西方对日本和中国的政策亦有很大的差异，但是，时人却形成了一种简单的逻辑："东西各国以囹圄之良窳规政治之隆污。日本能撤去领

---

[1] 参见《张文襄公奏稿》卷32。
[2] 《张文襄公奏稿》卷32。
[3] 日本于明治三十二年（1899年）收回领事裁判权。

事裁判权，首以改良监狱为张本。"[1]虽然这是法部的意见，但一定程度上也能代表改革上层对监狱改良同领事裁判权关系的判定。也因此，民国时期，无论是四次司法会议，还是"法权讨论委员会"，其主要任务都将监狱改良放在重要位置。

三、宪政与修律之要求

1906年9月，清政府宣布"筹备立宪"，政治体制的改革被纳入到宪政的轨道，明确宣示预备立宪，预备立宪期为九年。1908年，清政府颁布《宪政编查馆、资政院会奏宪法大纲暨议院法、选举法要领及逐年筹备事宜折》，该奏折附了一份长长的关于议院未开以前逐年筹备事宜清单。[2]这份清单中没有列入关监狱改良的事项，但涉及新刑律的修改、颁布，各省省城及商埠各级审判厅的筹办的事宜，而这两项改革的落实，无不需要监狱的改良。

法律为宪政始基。[3]而中华法系法典为诸法合体，为立宪需要，修律势所必然，传统法典以刑律为重，修订旧律，制定新刑律自然是修律重中之重。作为新律颁布的基础，旧律的修订是第一步。且"新政之要，不外因革两端，然二者相衡，革难而因易，诚以惯习本自传遗，损益宜分次第"，故先行删订旧律。新律颁布，尚须时日，而旧律之删订，已是万难再缓。故

---

〔1〕"法部奏议覆实行改良监狱折"，清光绪三十三年（1907年），湖北省司法行政史志编纂委员会：《清末、民国司法行政史料辑要》，湖北省司法行政史志编纂委员会1988年版，第71页。

〔2〕"宪政编查馆、资政院会奏宪法大纲暨议院法、选举法要领及逐年筹备事宜折"，怀效锋主编：《清末法制变革史料》上卷，中国政法大学出版社2010年版，第92页。

〔3〕"著京外各衙门签注新订刑律草案谕"，宣统元年正月二十六日，怀效锋主编：《清末法制变革史料》上卷，中国政法大学出版社2010年版，第3页。

沈家本上奏《编订现行刑律以立推行新律基础折》，本着"折冲樽俎，模范列强"的宗旨，其中酌拟办法四则，第二则即是"刑名宜厘正"。其中提到："律以笞、杖、徒、流、死为五等，而例则于流之外，复增外遣、充军二项。自光绪二十九年刑部奏请删除充军名目，改为安置，是年刑部又于议覆升任山西巡抚赵尔巽条奏，军、流、徒酌改工艺。三十一年臣沈家本与伍廷芳议覆前两江总督刘坤一等条奏，改笞杖为罚金，三十二年奏请将秋审可矜人犯随案改流。三十三年臣等遵旨议定满汉同一刑制，是年法部覆奏请将例缓人犯，免入秋审等因各在案。叠届变通，渐趋宽简，质言之，即死刑、安置、工作、罚金四项而已。"刑罚一变，则必牵动一系列变革。"惟是刑罚与教育互为盈朒，如教育未能普及，骤行轻典，似难收弼教之功。且审判之人才，警察之规程，监狱之制度，在在与刑法相维系。"[1]故"非修内政无以定外交，内政之要首在刑律，监狱一日不改，则刑律一日不能修"，[2]"狱制一日不改，则新（刑）律万不适用"[3]遂成当时主流之观点。从时人的这些议论可以看到，监狱改良关系到旧有刑制的改革。我国古代的刑制为笞杖徒流死，并不以自由刑为主。现代仿行西方刑制，肉刑及徒流之刑渐次废除，加之徒流之刑在清末已是弊端丛生，因此，无论是旧有刑制的内在改革要求，还是对西制的模仿引入，都需要旧有监狱的改良。其次，新刑法一旦颁布，刑法的执行效果也有赖于监狱的改良。如此，宪政需要修律，因中华法系之传统，修律

---

[1] "修订法律大臣沈家本等奏请编订现行刑律以立推行新律基础折"，怀效锋主编：《清末法制变革史料》上卷，中国政法大学出版社2010年版，第57页。

[2] "天津府凌福彭调查日本监狱习艺详细情形呈直隶总督袁禀"，载《东方杂志》第2期。

[3] "修订法律大臣沈家本等奏进呈刑律分则草案折并单"，载《大清法规大全》，政学社1909年印行，第1985页。

必以刑律为重。而刑律的修订，无论内容还是实施，必然要求刑罚执行机关的改革，故监狱改良虽未列入筹备立宪之清单，却是无可回避之问题。

第二节 考察西方监狱文明

一、考察西方监狱

在鸦片战争中，中国以中世纪的武器、中世纪的政府、中世纪的社会来对付近代化的敌人。战争以严酷的事实暴露了这种差距，促使一批爱国知识分子在比较中思考。他们以地理学为开端，出版了《海国图志》《瀛寰志略》等著作，介绍西方的政治、社会和历史，以寄托其经世匡时的苦心，标示了中国文化近代化的开端。[1]但之后的20年，中国并未从沉寂中醒来，直到19世纪60年代。

第二次鸦片战争真正带来了中国革新思潮的萌发。《天津条约》明确规定以后各式公文提到英国官民不得再用"夷"字，这是"洋"与"夷"替代的交接点。这一替代意味着中国从传统华夷秩序观念向民族国家观念的转变。从夷务到洋务，再到后来的外交事务，记录了中西交往刺激下中国人世界观念发展的脉络，这个过程是漫长的，每一步都滞重而且艰难。[2]内忧外患下，西人西事在中国日益升值，一批反映革新思想的著作相继出版，中国也进入了真正的外交时代。

1. 19世纪末的考察——初出国门，对西方近代监狱的艳羡。

---

[1] 陈旭麓：《近代中国社会的新陈代谢》，上海人民出版社1992年版，第65页。

[2] 陈旭麓：《近代中国社会的新陈代谢》，上海人民出版社1992年版，第102页。

1861年1月,总理各国事务衙门的成立是中国新时代的标志。总理衙门不仅主管外交,亦是洋务的包办者。"总理衙门之事,固不独繁于六部,而实兼综乎六部",[1]实际上成为清末政府的另一个中枢。同时,1860年《北京条约》签订后,外国领事馆得以在北京设立。中西交流开始进入了更广泛的领域。

洋务运动期间,中国不仅兴办了一批军事与民用工业,而且创办了大约30个新式文化事业,同时派遣了中国第一批留学生,先后有约150名学生分赴欧美学习。洋务运动中对西方知识的汲取,首先在知识精英群体中形成着新的观念,而新的观念借助于具体的事物和实例改变着人们世代沿袭的成见和信念。[2]

在这种背景下,清政府第一次同意了外国领事们的建议,派特使出国考察。1866~1876年,清政府共派遣了四个使团外出。所有成员被要求将其印象写成日记,全部日记要送回总理衙门,作为获得国外可靠信息的渊源。这些日记在当时虽未能公开出版,但对政治与知识精英们的思想却产生了深远影响,改良的愿望也开始在官员间传播。

现在可见关于西方狱制的介绍,最早可追溯到1842年的《海国国志》。大量出现在文人记载中,则是在19世纪60年代后这些出使游历的日记当中。监狱是他们旅行路线中的显著地标,[3]处处可见有关监狱的记载。在这些记录中,现代西方监狱里完美整洁的房间,整齐有序的外观,严格的纪律制度和有

---

〔1〕 中国档案汇编、国家档案局明清档案馆编:《戊戌变法档案史料·添裁机构及官制吏治》,中华书局1958年版,第179页。

〔2〕 陈旭麓:《近代中国社会的新陈代谢》,上海人民出版社1992年版,第115页。

〔3〕 [荷]冯客:《近代中国的犯罪、惩罚与监狱》,徐有威等译,潘兴明校,江苏人民出版社2008年版,第32页。

第三章　近代监狱改良

效的改良措施，给参观者留下了深刻的印象："屋舍既洁净，食物亦精美。狱囚获住此中，真福地哉！"[1]"故凡浏览其中者，非特不觉其为监狱，即犯人监禁日久，亦忘其身在监狱也。"[2]"西国无残忍之刑，罪止于绞及远戍苦工，其余监禁罚援而已。监狱清洁无比"。[3]在所有这些记载中，郭嵩焘对西方监狱的记载尤其需要关注。作为首位驻外大使，于1875（或1876）年出使英国大臣的郭嵩焘，赴任途中，对香港、新加坡的监狱即颇为留意，首站香港当局也应其所请，安排学校与监狱的参观。"遍视其系囚处，整齐清洁，叹为尽善。"到伦敦后，又带领使团参观了荦敦威拉监狱（Pentonville，现译为本顿维尔）。[4]郭嵩焘出使三年，就其日记所载，谈及狱制处共九则，参观东、西洋监狱七所，近约万言，是沈家本变法修律前所有出洋人士中于此费墨最多者。[5]

相较于上述对监狱环境的描述，作为政治与知识精英，受传统士大夫精神之影响，出使人员对西方监狱的考察更关注监狱明丽外观和秩序井然的狱政管理之后的思想以及效果。他们均注意到西方监狱教犯人工艺，不仅使其可以在出狱后谋生，而且，还可以使犯人免于养成嬉惰之风。再有教诲师的教育，从而培养犯人之羞耻心，达到教育之效。"又教以诵读，课以工

---

[1]（清）王韬：《漫游随录》，收录于钟叔河主编：《走向世界丛书》，岳麓书社1985年版，第149页。

[2]（清）李圭：《环游地球新录》，收录于钟叔河主编：《走向世界丛书》，岳麓书社1985年版，第243~249页。

[3]（清）薛福成："薛福成出使英法意比四国日记"，钟叔河主编：《走向世界丛书》，岳麓书社1985年版，第803页。

[4]（清）郭嵩焘："请派员赴万国刑罚监牢会片"，杨坚校补：《郭嵩焘奏稿》，岳麓书社1983年版，第386页。

[5]详见（清）郭嵩焘：《伦敦与巴黎日记》，收录于钟叔河主编：《走向世界丛书》，岳麓书社1985年版，第28页。

艺，济以医药，无拘挛，无鞭挞；而人皆知畏刑，不敢犯法，几于道不拾遗。……皆养耻之效也。"[1]"且设学堂、书库、医院、庖厨于其中……究其获谴之故，察其为恶之由，以施惩戒。行之不过五六十年，而顽梗渐消，民多知耻。其收效之捷有如此者！"[2]

基于自身的知识结构以及对自身文化的自信，早期出使人员对西方监狱的解读，并未从西方监狱改良去深究西方改良思想，而是反求诸己，认为是中国圣人思想以西方方式的实现。

李圭用儒家道德规范的父子关系来描述管理者和犯人之间的关系，强调在仁慈的监狱管理者的引导下，通过道德教育使犯人悔过自新，并用孔子的"悔罪迁善"来解释现代监狱文明的使命。[3]王韬认为监狱是传统儒家思想价值观的现代体现。[4]所以，初出国门的精英们对监狱的特别关注，可以理解为是传统文人对狱政的批判的延续。现代西方的文明监狱不仅是可以解决传统痼疾的方式，而且西方的现代性是使中国久已湮没的传统再现生机的一种手段。在这些早期改良学者眼中，用中国固有的思想同西方的现象结合，令西方的思想与制度于中国人有了亲切感，从而拉近了中西文化在心理上的距离。

2. 20世纪初的专项考察——以谋求监狱改良为己任。19世纪60年代出使外交人员或少数士绅的旅西见闻及对西方狱政的

---

[1]（清）薛福成：《薛福成出使英法意比四国日记》，收录于钟叔河主编：《走向世界丛书》，岳麓书社1985年版，第803页。

[2]（清）郭嵩焘等：《郭嵩焘等使西记六种》，生活·读书·新知三联书店1998年版，第327页。

[3][荷]冯客：《近代中国的犯罪、惩罚与监狱》，徐有威等译，潘兴明校，江苏人民出版社2008年版，第33页。

[4][荷]冯客：《近代中国的犯罪、惩罚与监狱》，徐有威等译，潘兴明校，江苏人民出版社2008年版，第36页。

第三章　近代监狱改良

考察，虽带有一定的目的性，但还未及专项而深入研究。中国为自身监狱改良，对外域狱制大规模、专项深入考察是在20世纪初清政府启动"新政"之后，只是这次考察的重心从欧美变为亚洲新秀日本。

作为清末新政前期的纲领性文件，张之洞、刘坤一联名上奏的《江楚会奏变法三折》中[1]，第二折提出整顿中法，其中有"恤刑狱"一条，提出改良监狱，要"修监羁""教工艺""派专官"。即首先要保证监狱干净卫生的环境，基本饮食卫生，禁止凌虐犯人，派专职官员稽查；教以工艺，以备谋生；设立未决监。之后，1902年底，山西巡抚赵尔巽奏请设立罪犯习艺所，自此拉开了清末监狱改良的序幕。

在监狱改良过程中，中央和地方均对外派出考察人员。鉴于甲午战后对日本明治维新的关注，以及对地理距离和文化渊源的考虑，对监狱改良的考察地首选是日本。

在派人前往日本考察法制这一点上，修订法律大臣沈家本和伍廷芳、张之洞意见统一，上专折奏请派员考察日本。考察任务主要有三个方面：①调查法制行政以及审判制度；②修订法律情况；③日本监狱制度。[2]

据统计，清末新政期间，派往日本考察狱制的计有92人，1906年人数最多，达35人，主要由修订法律馆、法部和吏部等中央机构和地方督抚派出。其中，地方督抚派出人数为76人，中央为12人，有6倍的悬殊。在地方，又以直隶总督、贵州巡抚、湖广总督三地为最，分别是15、14、10人。[3]而成效显著

---

[1]（清）朱寿朋编，张静庐等校点：《光绪朝东华录》第4册，中华书局1980年版，第4727页。
[2] 李贵连：《沈家本传》，法律出版社2000年版，第263页。
[3] 孔颖："论清末日本狱制考察"，载《日本研究》2006年第4期。

之省，当推直隶、湖北。派人赴东瀛考察狱政方面，地方走在了中央的前面。这些考察人员到日本参观的新式监狱中，1895年修建的东京巢鸭监狱几乎成为每一位清朝官绅的必到之处。大阪、横滨、浦和等地方监狱亦有中国人的足迹。所有派出人员中，地方以天津知府凌福彭，中央以董康为代表，对近代监狱改良影响深远。

凌福彭，广东番禺人，进士出身，由户部主事考取军机章京，历任员外郎中。1900年，在八国联军占领天津期间，奉旨补授天津府知府，对直隶的监狱改良和司法体制改革都具有深远影响。1903年和1905年两次到日本考察东京、大阪等五城市监狱设施、管理规章、培训手段。为清除街头乞丐、小偷、流浪者，还建立游民习艺所，施粥站救济院。回国后，凌福彭上书袁世凯，提出改革监狱之必要，认为在列强环峙的情势下，外交定于内政，"内政之要，首在刑律"，然"监狱一日不改，则刑律一日不能修"，希望效法日本，办罪犯习艺所，培养犯人的生活技能。袁世凯批准了凌福彭的提议，由凌福彭与南北巡警局推动狱制改革，并划拨城郊外操兵练武的校场作为建筑习艺所的基地。1904年到1908年共在天津和各地设立三十五个习艺所，培训编织、印染蔑竹工、衣鞋帽缝制等方面"学徒"。[1]天津习艺所的修建对全国兴办习艺所起到了极大的推动作用，并带动了相关法规的出台。

在中央派遣的考察官员中，法部郎中韩兆蕃和刑部候补郎中董康的出使最受关注。

1906年，韩兆蕃呈请赴日考查监狱。出行赴日之前，先行考察了国内江浙地区的狱政，后赴日本东京、横滨等地，考查

---

[1] 凌念祖："祖父凌福彭和姑姐凌叔华"，载《联合时报》2012年5月7日。

第三章　近代监狱改良

监狱 11 所，归国后编成《考查监狱记》一书。该书于 1907 年由商务印书馆出版。全书分内编、外编和附编三部。其内、外编是对国内江浙地区的旧牢和日本的新式监狱的考察报告和照片、图影和建筑图式的收录。并有自撰长篇《考察日本监狱禀》，详记各狱的设施、制度和费用等巨细，指盼"我国异日从事建筑新监狱，或可为依据焉"。韩兆蕃还将小河滋次郎的讲学内容译为中文，约"得万余言"收为附编。此外，附编尚有三份文件：《日本监狱章程》《上海英国监狱章程》和《上海工部局监狱章程》。[1]

董康赴日考察可以说对上层决策影响最大，对近代监狱改革意义深远。光绪三十一年（1905 年）九月，董康被派往日本考察。日本派司法省特派参事官斋滕十一郎、监狱局事务官小河滋次郎陪同到各处裁判所及监狱详细参观，到司法省及监狱协会开会讲演，日程繁忙。"出则就齐藤、小河、冈田诸学者研究法理，入则伏案编辑，心力专注，殆无片刻。"[2]

董康一行回国后，整理了《调查日本裁判监狱报告书》。董康还编辑了《裁判访问录》《监狱访问录》。《调查日本裁判监狱报告书》分为三部分，分别为调查裁判清单和调查监狱清单，以及沈家本的两份奏折：《调查日本裁判监狱情形折》《修订法律大臣沈家本奏实行改良监狱宜注意四事折》。同时附有松冈义正《日本裁判沿革大略》和冈田朝太郎《死刑宜止一种论》。其中，调查监狱部分约占全书的三分之二，共二十二部分：沿革、构造、刑罚、监狱定义、官吏、监督权、拘禁制度、犯罪

---

［1］许章润："清末对于西方狱制的接触和研究——一项法的历史和文化考察"，载《南京大学法律评论》1995 年秋季号。

［2］何勤华、魏琼编：《董康法学文集》，中国政法大学出版社 2005 年版，第 639 页。

者之分类、入监、检束、待遇、惩罚、赏誉、通信、作业、工钱、卫生、出监、监狱统计、拘置监、未成年监、惩治场。[1]该报告全方位地展示了日本监狱的沿革、监狱官吏制度乃至监狱的具体设施,事无巨细,堪称同类考察报告中上乘之作,对沈家本改良监狱思想深有影响。

综合这一阶段的对外考察,相较于19世纪60、70年代,首先从区域上讲,由欧美转向了日本。其次,前者的考察动机还不甚明确,还停留在对西方异域的介绍,即使有所感,亦还基于传统思维背景下对新事物的解读;而在新政的改良背景下对日本的考察,目标明确,考察范围和记录更为深入全面。再次,开始全面接受现代监狱理论与思想,通过对相关著作的翻译,借由日文著作,西方的监狱学理论与思想以及日本对西方思想的改造陆续传入中国,使监狱这一本应偏冷的领域,在近代法律改革成为一个备受关注的领域。最后,第一阶段以外交部门总理衙门派出的驻外使节为主要考察人员,第二阶段,则由修订法律馆、法部等法律改革主持机构派出,或者是积极响应改革的地方督抚委派。

二、参加万国监狱会议

19世纪中期,鉴于"监狱者,所以防遏犯罪者。故其学术,亦必聚列国而共同讨论之,方能收取精用宏之效",[2]由德国、荷兰、比利时、法国、英国等国学者发起,于1846年在德国弗

---

[1] 董康:"调查日本裁判监狱报告书",何勤华、魏琼编:《董康法学文集》,中国政法大学出版社2005年版,第640页。
[2] 孙雄编著:《监狱学》,收录于河南省劳改局:《民国监狱资料选》(上),河南省劳改局1987年版,第99页。

朗古尔召开了第一次万国监狱会议。其后几届因战争故多有停会。[1]至1871年,由美国提议,于次年在伦敦复会。因期间停会多年,故而,此次会议一般被称为第一届万国监狱会议。以后,万国监狱会议不定期召开。1910年10月2日在华盛顿召开第八次会议,中国被正式邀请。[2]对于这次会议,正谋求监狱改良的清政府甚为关注。

法部请求遴选代表参会,上奏折:"其立会宗旨系对于各种刑事罪犯力求阻止,防范于感化保护之法,务使人格日趋于高尚,世界日进于文明。开会七次,成效可观。""举凡研究本国之规制,参考列邦之情形,比较与国之成绩,会通各员之学说,皆于此大有关系。"[3]大理院亦上折:"窃维近数十年来,东西各国讲求刑律,规划监狱,日求进步,不遗余力,大都始于专家之学说,成于彼此之竞争优劣……中国现正更定刑律,改良监狱为环球各国所瞩目,派员入会足以发抒己见。考证列邦既为司法独立之取资,亦验法律完全之进步,关系至

---

[1] 1847年在比利时的布鲁塞尔召开第二届,第三届因革命爆发,延至1858年召开,是为第一阶段。这一阶段参加会议的主要是欧洲国家;第二阶段,自1872年始。因1858年之后,欧洲相继爆发革命,一度中断。

[2] 孙雄编著:《监狱学》,收录于河南省劳改局:《民国监狱资料选》(上),河南省劳改局1987年版,第99页。关于清廷到底参加过几次万国监狱会议,尚存多种说法。许章润先生根据《中华法学杂志》第2卷第8号认为中国参加了始于1890年在俄国圣彼得堡举行的第四届大会并自此开始以派遣驻在公使就近与会的方式参加了此后的历届会议。参见许章润:"清末对于西方狱制的接触与研究——一项法的历史与文化考察",载《南京大学法律评论》1995年秋季号。小河氏在其上述论文中则认为清廷在第七次以前只参加了第五次和第六次。现在一般认为第八届会议才是中国政府参加的第一届万国监狱会议。参见《清实录》第60册,中华书局1987年版影印本,第548页;以及王元增:"序",王树荣编:《考察各国监狱制度纪要五种》,京师第一监狱1923年版。

[3] "法部奏遴员赴美国万国刑律监狱改良会等折",载《政治官报》1910年3月12日。

中国近代司法改革视野下的司法行政制度研究

重。"[1]

清朝遂批两部门所请,部院分别派人参会。法部认为,监狱改良不仅关系内政,亦关涉外交,必须遴选品秩较高,富有经验,而且通晓新旧法律之人才堪重任。经再三斟酌,选定"留心律例,兼贯中西"的京师高等检察厅检察长徐谦和"明敏有为,实心任事"的奉天高等审判厅厅丞许世英,二人均系参与创办各级审判厅检察厅人员,又历官三载,堪当大任。[2]大理院也基本按照此标准,派遣候选知府、大理员刑科第三庭推事金绍城,候补从五品推事李方参会,二人均兼充修订法律观纂修,于新旧法律"贯通有素"。[3]同时,法部和大理院还要求参会代表赴欧洲考察司法制度,"采撷列邦之新制,增进我国之文明"。[4]

万国监狱会议华盛顿会议历时7天,以美国民主党事务所为会场,与会之国共有35国,受各国政府派遣和个人资格参会者110人,盛况空前。会议讨论内容,亦为各国学者"终年研究之精华,志士仁人,苦心试验之结果"。从会议议决案即可窥其一斑,如幼年犯罪须加以迁善教育;习惯犯、常业犯之改良;政府委托地方慈善会监督假释者;强凌游荡无职业者工作;酗酒犯罪者的医疗等。讨论事项主要分为四部分:刑法立法问题、行刑制度问题、预防犯罪问题、幼年犯罪问题。就监狱改良方

---

〔1〕 "大理院奏美国举行万国刑律监狱改良会派员赴会调查折",载《政治官报》1910年3月25日。

〔2〕 "法部奏遴员赴美国万国刑律监狱改良会等折",载《政治官报》1910年3月12日。

〔3〕 "大理院奏美国举行万国刑律监狱改良会派员赴会调查折",载《政治官报》1910年3月25日。

〔4〕 "法部奏万国刑律监狱会会员赴美起程日期折",载《政治官报》1910年6月23日。"大理院奏美国举行万国刑律监狱改良会派定会员起程日期折",载《政治官报》1910年8月22日。

面，主要有以下三类议案：感化院的改良、假释制之适用、监狱中之工作。[1]

法部和大理院的考察人员回国后，分别提交了报告书。法部提交关于第八次万国监狱会议和司法制度考察报告书两件。万国监狱会议报告书有六节内容并有按语。对万国监狱改良历史、万国监狱会沿革加以介绍的背景下，对第八次万国监狱会议的内容做了详尽介绍。对司法制度的考察，集中于法部制度、审判制度、监狱制度、感化制度和司法警察制度五个方面。大理院的报告书相对于法部，内容更丰富，不仅包括对监狱会议内容的汇报，而且附有对欧美15个国家审判监狱制度的考察，还附加了关于欧美部分国家监狱制度的翻译作品，计有《第八次万国监狱报告书提要》《第八次万国监狱协会报告书原本》《考察各国监狱制度报告书提要》《十五国审判监狱调查记》《各国监狱制度译略》等五种。[2]

华盛顿监狱会议是中国政府首次以官方身份接受邀请，严格遴选，派出代表，代表团颇受关注。代表团所做《报告书》内容被多家媒体刊载，传播甚广。[3]法部报告中不仅建议将报告书交法部、资政院、宪政编查馆、修订法律馆、民政部等分别参酌采用，以期"见诸事实，不至徒托空言"。还建议分行各省督抚和提法使转饬各属，以使"一般官吏人民知监狱事业影

---

[1] 孙雄编著：《监狱学》，收录于河南省劳改局：《民国监狱资料选》（上），河南省劳改局1987年版，第106~109页。

[2] 王树荣编：《考察各国监狱制度纪要五种》，京师第一监狱1923年版。该报告书对考察之精心，可谓洪纤毕举，巨细无遗，令人叹为观止，可见考察者之用心。怪不得许章润先生亦有如下感叹："现时监狱学界对于国外狱制之了解，庶几与彼时持平"。参见许章润："清末对于西方狱制的接触与研究——一项法的历史与文化考察"，载《南京大学法律评论》1995年秋季号。

[3] 报告书除了在《政治官报》和其他地方官报登载外，还在一些大型报纸如《申报》《大公报》《盛京时报》上予以连续刊登。

响于社会甚巨，群相从事于改良，则狱制日善，犯罪者少，人格日高而幸福日增矣"。[1]实际是希望达到思想启蒙之效，以推动监狱改良思想与制度的转型。在许世英的报告中，认为："监狱不良，则刑罚不中，虽改良刑罚亦属空文。盖国家刑法主义，除生命刑外，皆所以矫正罪恶，使复为社会完人。其心至仁，其理至公。"[2]报告显示，参会人员在思想上很易接受教育刑论，注重对罪犯的感化教育及人格之培养与塑造，因为契合中国传统教化思想；监狱建设方面，重视监狱官吏的培养；完善监狱管理制度；规定监狱形式；鼓励成立监狱学会。同时，法部报告将清末进行的法制改革同国家兴亡、世界大势联系起来："方今世界立国之道，皆本于大同主义，举凡风俗习惯、政教法制，已渐趋同一之势……主动者强，被动者弱，不动者亡。纵观欧美各国得斯道者无不不败。"[3]

三、翻译监狱学著作

中国在向日本学习过程中，翻译了大量日文著作，其中，仅监狱学著作即有33种之多。[4]清末翻译的近代监狱学著作总数是35种。也就是说，除了《比利时监狱则》、美国纽约监狱协会所编的《纽约监狱协会报告书》之外，皆为日文。故而，1907年，周作人漫步街头，"乃见有书累累，标志狱务，皆留学

---

[1] "法部奏派赴美第八次万国监狱会会员报告书"，载《政治官报》1911年1月12日。

[2] 汪庆祺编，李启成点校：《各省审判厅判牍》，北京大学出版社2007年版，第468页。

[3] "法部奏派赴美第八次万国监狱会会员报告书"，载《政治官报》1911年1月12日。

[4] 数字根据《中国法律图书总目》《中国译日本书综合目录》以及沈家本对修订法律馆翻译情况所做的四次统计得出。孔颖："清末日本监狱学书籍中译本之流布"，载《浙江外国语学院学报》2012年第2期。

第三章　近代监狱改良

生之所为者"，为之惊叹，写下《见店头监狱书所感》一文。[1]

随着这些著作的普及，一些日本法学家也为国人逐渐熟识，并成为对中国近代监狱改良乃至整个法制改革影响深远的人。其中，就监狱学领域，尤以小河滋次郎为最。小河滋次郎博士（1861~1915年）是东京帝国大学的教授，法政大学中国学生的讲师，日本研究监狱学的先驱，也是日本明治期间最受欢迎的显著人物之一。[2]他早年留学德国，后于1895~1898年间游历欧美，调查监狱情况。董康考察日本监狱时，正值小河滋次郎全盛时期，获其帮助，之后，经董康对其代表作《监狱学》在中国的传播，为国人所识，受沈家本邀请，被聘为监狱事务顾问。1908年5月至1910年，小河成清末监狱改革无可争辩的最重要的人物。沈家本称赞"小河滋次郎为日本监狱家之巨擘，本其生平所学，为我国忠告"。[3]小河在中国的职责主要是：协助沈家本改善监狱；将监狱学列入法律学堂的课程；协助策划"模范监狱"体制。而他本人认为，自己最重要的任务是帮助中国监狱系统草拟近代监狱法。[4]他于1908年起草《大清监狱律草案》，至1910年颁布，历时3年，虽多有变更，但基本还是以小河设计为蓝本。

---

[1]　周作人：《知堂书话》（上），海南出版社1997年版，第1269页。
[2]　[美]任达：《新政革命与日本：中国1898~1912》，李仲贤译，江苏人民出版社2006年版，第173页。
[3]　[美]任达：《新政革命与日本：中国1898~1912》，李仲贤译，江苏人民出版社2006年版，第173页。
[4]　[美]任达：《新政革命与日本：中国1898~1912》，李仲贤译，江苏人民出版社2006年版，第173页。

第三节　监狱管理体制的转型

清末监狱改良之初，由于缺乏统一管理，各省各自为政，狱制不一："全国监狱行政无统一之机关，甲省所改之狱制，与乙省所改之狱制不同……无一定之标准，一定之宗旨，自为风气，其弊殆不可胜言。"[1]故随着改革的深入，官制改革的启动，司法行政机构及其职责逐渐明确，监狱改革也进入全国统一规划管理，制度统一的阶段。

一、中央监狱管理机构

清政府在光绪三十二年九月二十日（1906年11月6日）发布《厘定中央官制谕》，将刑部改为法部，专任司法，大理寺改为大理院，专掌审判。法部在《法部奏核拟法部官制并陈明办法折（并清单）》中，拟设承政、参议两厅，综辖部务；外设八司，分别为审录、制勘、编置、宥恤、举叙、典狱、会计、都；设收发一所。法部的权责，在其法部官制清单中罗列清楚：法部管理全国民事、刑事、监狱及一切司法行政事务，监督大理院、直省执法司、高等审判厅、地方审判厅、城乡谳局及各厅局附设之司直局调查检察事务。具体到监狱事务，由典狱司管辖。[2]典狱司所掌事项主要有如下八项：一审查直省牢狱建造之图案；二牢狱之增析裁并事项；三监察典狱官及狱吏司狱警察事项；四罪犯习艺所事项；五罪犯之名册；六筹办改良牢

---

〔1〕"监狱改良两大纲"，载《大公报》1906年7月14日。
〔2〕"法部奏核拟法部官制并陈明办法折（并清单）"，怀效锋主编：《清末法制变革史料》上卷，中国政法大学出版社2010年版，第239页。

狱事宜；七颁行牢狱规则；八编纂牢狱罪犯之统计书表。[1]典狱司设郎中三员，员外、主事各四员，分掌直省监狱、警察、习艺所、罪犯名册、衣粮费用，编纂牢狱之规则，统计书表事项。[2]典狱司被沈家本视为"监狱改良之枢纽"。[3]

在法部、大理院联名上奏的《法部大理院奏核议大理院官制折（并清单二）》中，对监狱的职能进行划分，将羁押未决犯的职能从监狱当中分离出来，设置看守所。"东西各国监狱法制，俱有已决未决之分。已决监所以处定罪之人，使之群聚作工，便于防范；未决监所以羁现审之犯，使之拘留候讯，便于亲提。故已决监多设置僻静之区，稍远廛市，未决监则必与裁判所相附丽，始于质讯之事为宜。"[4]

1911年《大清监狱律草案》公布，该草案中，监狱分为下列三种：一，徒刑监拘禁处徒刑者；二，拘役场拘禁处拘役者；三，留置所拘禁刑事被告人。在总则部分第四条规定：监狱归法部管辖。关于各监狱之位置、在监人数、收容地域及其他监狱行政之必要细草，以命令定之。司法部至少每二年应派管理人员巡视监狱一次。推事检察官得以巡视监狱。[5]由审判厅负责监狱监督。

北京政府时期，司法部之职责为"管理民事、刑事非讼事

---

〔1〕"法部官制草案"，湖北省司法行政史志编纂委员会：《清末、民国司法行政史料辑要》，湖北省司法行政史志编纂委员会1988年版，第2页。

〔2〕"法部奏核拟法部官制并陈明办法折（并清单）"，怀效峰主编：《清末法制变革史料》上卷，中国政法大学出版社2010年版，第239页。

〔3〕"与戴尚书论监狱书"，(清)沈家本纂：《寄簃文存》（节录），中华人民共和国司法部编：《中国监狱史料汇编》（上册），群众出版社1988年版，第410页。

〔4〕"法部大理院奏核议大理院官制折（并清单二）"，怀效峰主编：《清末法制变革史料》上卷，中国政法大学出版社2010年版，第243页。

〔5〕《大清监狱律草案》，怀效峰主编《清末法制变革史料》上卷，中国政法大学出版社2010年版，第348页。

件人户籍登记、监狱及出狱人保护事务并其他一切司法行政"。司法部设监狱司，掌如下事务：关于监狱之设置、废止及管理事项，关于监督监狱官事项，关于假释缓刑及出狱人保护事项，关于犯罪人异同识别事项。[1]1913年12月1日颁布《监狱规则》，总则第一条规定"监狱属司法部管辖"。"司法部每二年一次派员视察监狱"，"视察员得以检察官充之"。[2]和清末相比，地方监狱由各省检察长负责监督。南京国民政府司法部1928年10月4日颁布的《监狱规则》对监狱管理的规定延续北京政府时期，没有做调整。唯有对地方监狱的监督，因为南京国民政府对法院的改组，对监狱的监督由各省高等检察长负责转为由省高院院长负责。

中国近代法律改革多以德日为模范，故而法部之设置及监狱管辖问题，亦受其影响。董康在考察日本监狱制度时谈道：当时世界各国，监狱或归司法部，或归内务行政。欧洲大国皆属内务省，如英、法、意等国；小国属司法省，如奥地利、德国和荷兰、比利时等国。董康将奥、意归于小国，主要是因其联邦制。如此确定监狱的管辖权，在于"监狱行政无不与一切行政事务有直接关系，监狱最终之目的在使囚徒改良感化，不再犯罪，而欲达此目的，非假行政，万不能惬"。日本监狱初属内务省，"嗣因该省事繁，司法省事简，改隶司法省。以司法大臣为监狱长之长监，次为监狱局，次为直接监督厅。全国之监狱皆于此总括之。而司法大臣乃最上监督厅，所有监狱经监狱

---

[1]《大总统令修正司法部官制案》，殷梦霞、邓咏秋选编：《民国司法史料汇编》第15册，国家图书出版社2011年版，第250页。
[2]《监狱规则》，殷梦霞、邓咏秋选编：《民国司法史料汇编》第17册，国家图书出版社2011年版，第87页。

局管辖于司法大臣".[1] 德国因为是联邦制,有帝国法部和联邦法部之分。帝国法部仅以理论统一全国法令而有解释法律之权;联邦法部则"为事实上之作用"。如普鲁士法部,设有九司,其中第六司掌管全国监狱。[2] 故而,中国以法部负责司法行政,监狱自归司法部管辖。

二、地方监狱管理机构

地方司法行政机构的改革略晚于中央。以原设提刑按察使司改为提法司,设提法使一员,承法部及本省督抚之命管理全省司法之行政事务,监督各级审判厅、检察厅及监狱;[3] 提法司下设总务、刑民、典狱三科。对于提法使司的职责,法部认为,司法行政事务,条理纷繁,而其他国家又没有这类机构,因而也无成例可供学习。为避免各省因地域隔膜而各行其是,法部认为很有必要制定章程,将办事规程予以统一,故上呈《编订提法司办事划一章程折》。按照章程规定,监狱事务主要由典狱科负责。典狱科的职责如下:一,改良旧有及新设监狱,监狱法颁布以前,由该科拟定暂行规则,呈提法使核行。二,关于监狱工程,应先绘具图式,呈提法使核定,并送付总务科备查。三,习艺所附设于监狱或另行设立,应分别拟定规则并筹推广之法。四,推广习艺所,有义与行政□门协商者,由该科酌拟办法,呈由提法使酌核商办。五,调查监狱习艺所之管理方法,赏罚制度有不合法者,呈报提法使□令改良。六,关于

---

[1] "调查日本裁判监狱报告书",何勤华、魏琼编:《董康法学文集》,中国政法大学出版社2005年版,第670页。

[2] "考察司法制度报告书",汪庆祺编,李启成点校:《各省审判厅判牍》,北京大学出版社2007年版,第461页。

[3] "宪政编查馆奏改考核提法使官制折",载《政治官报》1909年11月28号。

监狱习艺所考绩事宜,由该科随时送付总务科查核办理。七,监狱习艺所罪犯姓名、年龄、犯罪案由、作工期限,按月调查,编制表册,如有释放或病故等事,应付送刑民科备查。八,监狱习艺所罪犯姓名、年龄、犯罪案由、作工期限按月调查,编制表册,如有释放或病故等事,应付送刑民科备查。九,监狱习艺所所主工作成绩报告有不确实或不合法者得核明呈请提法使查办。十,监狱习艺所经费及工业成本,应会商总务科详确核定,呈请提法使编入预算,并酌量筹给。罪犯工作品贩卖所得款项报告,应详为稽核。十一,各审判厅附设之看守所及未设审判厅,应属候审待质等所,均由该科稽查,如押犯同报有不确实及其他情弊者,得呈报提法使派员巡视。调查各属看押人犯有返不讯法者,得知照刑民科呈请提法使札催。十二,看守所人员等选用及服务章程未颁布前,由该科拟定暂行规则,呈由提法使核行。十三,编纂监狱统计。[1]

三、监狱立法

1911年6月(宣统三年),清政府出台了《大清监狱律草案》,共14章240条。第一章为总则24条,是关于监狱的一般规则。总则中明确了章程中确定的监狱管理体制,监狱归司法部管辖,"关于各监狱之位置、在监人数、收容地域及其他监狱行政之必要细草,以命令定之"。司法部至少每二年应派管理人员巡视监狱一次。其余各章分别为收监、拘禁、管束、作业、教诲及教育、给养、卫生与医疗、出生及死亡、接见及书信、

---

〔1〕《提法司办事划一章程》,清光绪三十三年(1907年)公布,湖北省司法行政史志编纂委员会:《清末、民国司法行政史料辑要》,湖北省司法行政史志编纂委员会1988年版,第12~13页。

赏罚、保管、特赦减刑及假释、释放。[1]

随着新式机构的出现，培养新型监狱人才也是司法行政机构关注的问题，亦有专门规章。[2]办事章程及监狱法的出台，意味着清末监狱行政管理体制初具轮廓。

北京政府时期，继续完成清末的监狱管理体制转型，成为司法部其时立法的重点，各种管理规则相继出台。笔者仅就1912~1913年颁布的法令统计，有如下法规：《司法部管守所暂行规则》《司法部令公布监狱看守使用公物规则》《司法部令公布监狱看守考试规则》《司法部令公布监狱看守教练规则》《司法部令公布出狱人保护事业奖励规则》《司法部令公布监狱处务规则》《司法部令公布监狱教诲师教师医士药剂士处务规则》《司法部令公布监狱参观规则》《司法部令公布视察监狱规则》《司法部令公布看守所暂行规则》《司法部令各监狱公布假释管理规则》《司法部令公布管狱员考试暂行章程》《司法部令公布监狱看守点检规则》《司法部令公布监狱身份簿》《司法部令公布监狱看守服务规则》《司法部令公布监狱规则》。[3]

在上述文件中，《中华民国监狱规则》是监狱立法中最重要的一部，主要借鉴《大清监狱律（草案）》，是我国第一部正式实施的监狱基本法规，于1913年12月1日颁布。全文共15章103条。内容主要分为总则和分则、附则。总则共14条，为监狱的一般规则，第一条就明确监狱属司法部管辖，为监禁被处徒刑及拘役者之所，有不得已时，管守所得代用为监狱。分

---

[1] 《大清监狱律草案》，怀效锋主编：《清末法制变革史料》上卷，中国政法大学出版社2010年版，第348页。

[2] 关于监狱人才的培养与任用在下章会有专门介绍。

[3] 殷梦霞、邓咏秋选编：《民国司法史料汇编》第17册，国家图书馆出版社2011年版，第3~116页。

则共88条，对收监、监禁、戒护、劳役、教诲及教育、给养、卫生及医治、接见及书信、保管、赏罚、赦免及假释、释放、死亡等项做了规定。附则一条，宣布"本规则自公布日施行"。[1]

除《中华民国监狱规则》以外的法规，主要可以分为两类：第一是对监狱犯人的管理制度，如《司法部令各监狱公布假释管理规则》《司法部令公布监狱看守点检规则》；第二是关于监狱官吏的考选、任用考核制度，如《司法部令公布监狱看守考试规则》《司法部令公布监狱看守教练规则》。这些都是对《监狱规则》的补充完善。

从上述内容可以看出，北洋政府时期司法部主导监狱管理与改良，对监狱管理体制、立法的完善以及监狱执法，在清末的基础上继续向纵深方向发展。

国民政府初期，司法行政工作先后由大理院司法行政事务处、司法行政委员会、司法部负责，监狱及出狱人保护事务亦在其中。[2]

1928年3月颁布的《国民政府司法部分科规则》中，司法部设四司：总务司、民事司、刑事司、监狱司。其中，监狱司设三科，具体管理监所设置变更、监所内部组织管理、人犯出入病故死亡、监所职员管理、监狱学校或监狱专科之审查考核以及卫生、教诲、医疗等事项的考核监督工作。至1928年司法院成立，司法行政部隶属司法院，或行政院，[3]则监狱事务随司法行政之归属有所变迁。司法行政部下设监狱司，统一掌管全国监狱事务，包括监狱的设立、取消，对监狱当局的监督；

---

[1] 殷梦霞、邓咏秋选编：《民国司法史料汇编》第17册，国家图书馆出版社2011年版，第87页。
[2] 钱端升等：《民国政制史》，上海人民出版社2011年版，第176页。
[3] 钱端升等：《民国政制史》，上海人民出版社2011年版，第248、250页。

监狱教育、卫生和劳动；假释和对被释者的保护有关的一切事务。[1] 一省的监狱事务由省高等法院院长负责，各县监狱由县长负责。

1928年10月，南京国民政府司法部公布了《中华民国监狱规则》，其内容基本保留了1913年北洋政府时期的《中华民国监狱规则》，只有个别删改增减。在此基础上还颁布了一些附属性法规，包括监狱管理体制和人员配置、督导方面的法规。同时，司法行政部有关监狱立法方面的训令、指令数量较大，作为一种灵活的立法形式，对监狱立法起到补充作用。同时，国民党执政时期大致可分为十年内战时期、抗日战争时期和三年内战时期三个阶段。鉴于不同时期的时代特征，国民党也颁布了一些特别法，如《非常时期监所人犯临时处置办法》《非常时期监犯调服军役条例》等等。

在立法基础上，国民政府建立起普通监狱体系和特殊监狱体系。普通监狱体系在北洋政府监狱的基础上大大扩充，包括监狱、少年监、外役监、看守所、拘留所、管收所、私牢；特殊监狱包括军人监狱、反省院、集中营、南京宪兵司令部看守所、"保安处分"执行场所。[2]

虽然监狱事务由司法行政部负责，但是因为国民政府时期形成的复杂的监狱体系，普通监狱、少年监、外役监为司法行政部管理，其他监狱因其关押对象的不同，亦不完全属司法行政部管辖。看守所为"羁押刑事被告人"之机构，故由国民党政府和法院直接管辖；拘留所由国民政府警察机关管辖，"拘留

---

[1]《司法行政部组织法》，1943年2月13日修正公布，湖北省司法行政史志编纂委员：《清末、民国司法行政史料辑要》，湖北省司法行政史志编纂委员1988年版，第56页。

[2] 本书所涉及的监狱体制和管理主要是针对普通监狱。

违警及依其他法令应行拘留之人犯";管收所是羁押无力偿还债务人及民事被告人的监狱,一般设在看守所内,其所长及办事人员由看守所所长及看守所职员兼任。私牢同国民党乡村管理体制相配套,是国民党监狱的补充,但不受任何法律程序约束。

四、司法行政机构主导近代监狱改良

1. 清末法部对监狱改良方向的筹划。清末监狱改良,由刘坤一、张之洞在《江楚会奏变法三折》中的"恤刑狱"一折中提出,后有四川巡抚赵尔巽提出修建习艺所,其后修律大臣沈家本改良监狱奏折预示着朝野对监狱改良的方向的确定。随后由法部统一规划、指导,各省筹资,在全国范围内推广。

1907年,沈家本在《奏实行改良监狱宜注意四项折》中提出,监狱改良应注意四个方面的事务:改建新式监狱;养成监狱官吏;颁布监狱规制;编辑监狱统计。

首先,新式监狱的筹建,从财力和改革现实出发,沈家本主张先在各省省会及通商口岸修建模范监狱,渐次增加。待得试办数年之后再推广至各州县。其次,建立新式监狱必有新式管理人才。中国古代负责监狱管理的典史、司狱,因品秩卑下而由悍吏蠹胥横据,现代监狱则"非兼有法律道德及军人资格者"不能胜任管理之责。因此,监狱官的养成需既重专业学理,又重实地练习。而且,"登进严则贪墨之风自绝,待遇隆则狷洁之士自至",监狱官品秩待遇也应提高。再次,纲纪一国必以法律组织,监狱亦然。"上而官吏有服从之职务,下而囚徒有遵守之事项,大而惩罚商誉,小而日用饮食,其间条理至为繁密。"因此博采各国最新规则,编定监狱章程颁行各省,同时也要防止管理不统一,各省自为风气之弊。最后,编监狱统计与刑事关系密切,故应进行监狱统计。监狱统计分人员统计和行政统

计。人员统计如犯罪原因、国籍、住址、年龄、身份、职业、教育,借以获知犯人入监前之经历。行政统计如监狱面积,官吏之程度,囚人之比较,以及惩罚、作业、会计、疾病之类,是借以了解监狱内事务之详简。[1]

对沈家本这一奏折,法部随之逐条进行了议覆。

一、新式监狱的修建。旧式监狱地势湫隘,疫疠易生;墙宇卑陋,防闲易驰;居处丛杂,恶习易染。因此,传统监狱有瘐毙之惨,脱逃之虞,凶暴狡诈之患。而监狱改良以惩戒与感化并重为宗旨,故法部主张新监实行分房制、阶级制。但如此则需费巨大,非一时所能实现。因此,调整沈家本的建议,主张先在天津、上海、汉口、奉天、江浙闽广等繁盛大都或通商巨镇建造模范监狱。而腹地省份,则根据各地财力及罪犯人数等情况,分年修改。

二、对培养监狱管理人才提出了具体的培养方案。"中国狱吏本乏专家,佐贰杂流滥竽充数,狱事不治百弊丛生。"因此,法部就专门培养监狱人才提出三个方面的意见:首先,在京师法律学堂设置监狱学一科,由学部负责。其次,在京外法政学堂一律增设监狱学专科,选法政高等学生,派入专门研究,一年半毕业,经考试发给文凭,以备法部和提法使谘议改良及调查管守之需,以收速成之效。最后,在已建新式监狱地方,由督抚酌量办理监狱附设学堂事项。至于监狱官品级待遇,法部认为狱务人才与司法官吏同样重要,固应在津贴中体现此意。

三、关于监狱规制,法部认为中国现行刑律中捕亡、断狱两门,于审狱、管狱、恤囚、防囚诸节,尚不完备,宜采访各国善法,妥议详细章程,遍发各省,以统一狱制。监狱经费问题,

---

[1] "修订法律大臣沈家本奏实行改良监狱宜注意四事折",怀效锋主编:《清末法制变革史料》上卷,中国政法大学出版社2010年版,第392页。

法部考虑到国库支绌，暂提出由各地方自行筹措，而由法部颁发章程，"俾归划一"。因为中国幅员辽阔，各地条件"实有未能强同之处，则由该督抚量为变通，期与地方情形不相窒碍"。

四、古代监狱对统计历来缺失，因此"囚人之情状，狱中之事宜，在在无凭。是以狱务窳坏，因循至今"。1906年，法部曾令各道府派员稽查。监狱按半年申报督抚一次，年终汇报法部。但因为未颁定格式，不过稽查有无淹禁羁押、凌虐等弊，而于各省犯罪之起源、各监犯人之名数、牢狱面积之广狭、官吏管理之方法以及种种计划，均未周知。因此，法部也认为确实应完善监狱统计，由法部汇订成册，以备汇年比较。如此，则监狱之进步，当有"日新月异之观"。[1]

在这两份奏折中，还明确了习艺所的性质与归属。沈家本建议凡"拘置浮浪贫乏者，名习艺所"，隶属民政部监督；"自审判厅判定罪名者，名监狱，隶法部监督"。法部按习艺所收纳人员，将其分为两种："以拘置罪人者，名曰罪犯习艺所"，归法部监督；"拘置浮浪穷乏者，曰民人习艺所"，归民政部监督。

这两份奏折基本确定了清末监狱改良的方向，以及法部作为监狱改良的领导机构的职责。在监狱改良方面，法部主要负责新式监狱的筹建、旧式监狱的改造、监狱官人才的培养、监狱法规的制定以及监狱统计方面。

2. 民国司法行政机构对监狱改良的推进。民国初年，法部改为司法部。监狱工作由其负责。民初的几任司法总长，基本有这样的共识："我国古代黑暗之监狱，至今如故，领事裁判权问题，未尝不由此发生。而监狱不良，则法律亦等虚设，此关

---

[1] "法部奏议复实行改良监狱折"，清光绪三十三年（1907），载《东方杂志》第20期。湖北省司法行政史志编纂委员会：《清末、民国司法行政史料辑要》，湖北省司法行政史志编纂委员会1988年版，第71页。

于执行刑罚所宜改良者也。"而且,"近今刑法主义,趋重改良犯罪,其功用专在监狱。"[1]故而历任司法总长将主持推进监狱改良作为司法部工作的一个重点。

1912年12月1日,司法部组织召开"中华民国第一次全国司法会议",议题主要有五项:一,关于改良审判、检察、监狱事项;二,关于筹办审判、检察、监狱事项;三,关于司法教育并监狱教育事项;四,关于司法并监狱统计事项;五,其他关于司法之必要事项。[2]其中四项均涉及监狱改良,包括旧监狱改造,筹办新式监狱,监狱教育及监狱统计。由此可见监狱改良在民初司法部工作中的位置。这一点,也可以从时任司法总长许世英发表的《许总长司法计划书》中看到[3]。

许世英是中国第一批被派往参加"万国监狱会议"的代表之一,在中外监狱研究方面堪称专家。1912年8月徐世英被任命为司法总长,这表明政府致力于建立一个现代司法制度,同时实现监狱改良的决心。第二年,司法行政会议召开,主要司法官员均到会,许世英做司法计划书报告。该计划书洋洋三万余言。许世英依据自己对欧美狱政的考察,结合国情,提出了关于在中国实施监狱制度改革的计划设想,认为:"若夫监狱,则与刑罚裁判有密切之关系。狱制不备,无论法律若何美哉,裁判若何公平,一经宣告,执行之效果全非。""外国人领事裁

---

[1] 王宠惠:"王总长发表政见书",载《司法公报》1912年第1期。转引自董彦斌:《追寻稳健宪政:民国法律家张耀曾的法政世界》,清华大学出版社2013年版,第162页。

[2] "中央司法会议简章"(1912年9月21日颁布),载《司法公报》1912年第2期。转引自董彦斌:《追寻稳健宪政:民国法律家张耀曾的法政世界》,清华大学出版社2013年版,第176页。

[3] 许世英(1873~1964年),安徽贵池人,1897年进入刑部工作,1910年被派往欧洲巡视各种司法系统和新监狱。

判所以不肯绝对让步者，大抵以吾国法律、裁判、监狱均不能与世界各国平等，故常常借为口实，实吾国之莫大耻辱。今改良法律、改良裁判，而不急谋改良监狱，亦犹未达完全法治之目的也。"就此，他提出五年监狱改良计划。计划包括五个方面：

一、筹设新监。就对全国监狱调查情况看，有22省需要筹设监狱。新监以北京监狱作为全国模范监狱，用两年时间筹办各省会及各商埠监狱，共计60余所，预期在1914年7月，一律成立；其后，再筹办各县监狱。因经费限制，一县一监比较困难，因此，拟于数县合设监狱一所。全国有1700余县，以六七县共设一监算，当设240余所县监狱，预计1918年一律告成。

二、经费问题。以监狱作业收入为主，补以国家经费。许世英认为，司法行政，纯粹为国家行政，则取给于国家税者，法所当然，理无以易。因此，希望慢慢实现中央编制统一预算。未实现之前，则"由本省量度"，"暂照向来习惯实行支配"。

三、监狱建筑。250人以下的监狱，采用单十字形；500人的，采用双十字形。既可节约经费，又便于管理。

四、拘禁制度。许世英认为，若纯取杂居，易生罪恶传播之弊害；纯取分房，不仅需费浩穰，还易罹患精神疾病。因此主张阶级制度。即以分房、杂居、假出狱为三级，而执行其刑例。如一犯人处有期徒刑三年，初入使居分房，监六月或一年是为第一级；期满移居杂居监为第二级；在此期内，如能迁善改过，则使之假出狱，是为终极。

五、区分已决监与未决监。未决监用以拘禁刑事被告人，命意所在为预防逃走与湮减证据，是辅助裁判进行之机关，而非监狱。清朝设待质所、看守所，取消待质所名称，保留看守所之名。筹备办法按照初级地方各法院所在地的旧监或看守所推广改良,"以谋裁判之便利,而期名实之相符"。[1]因此,看守所实为未决监。

许世英虽然雄心勃勃,无奈现实的困境,尤其经费支绌,改良计划只能暂缓实行。1913年9月,许世英卸任,任期一年零四个月。其继任者梁启超与许世英的司法改革主张相左,对改良监狱也少有涉及。任职司法总长两年多的章宗祥司法主张亦主要放在司法制度的完善和人才培养方面。但是即便如此,监狱改良也从未停止。至1915年,全国各省筹办监狱大事20监,设立新监狱25座,建设中新监狱41座。[2]

至1916年6月,张耀曾出任司法总长,又将监狱改良问题视为其重点关注内容。这一点从其主持召开的第二次司法会议议事项亦可窥见一斑。第二次全国司法会议于1916年11月10日召开,会期半个月,11月25日闭幕。1916年10月24日,张耀曾颁布《司法会议章程》,宣布会议以"谋司法统一及进步为标准",并强调本次会议为行政会议,"所议事项,言必征实。事属可行,勿徒为学理之敷陈,而期以实行为目的"。[3]希望以更务实的态度研究实务,推动司法建设。会议最终议决案有15项,最大的两个议题就是"县知事兼理司法"与"改良全国监狱"。[4]张耀曾就监狱改良亲自提出12项咨询案,请全国精英会诊,主要包括:新监筹建与整顿旧监的关系问题,新监地点的选择,新监的命名,新监的规模,整顿旧监办法,管狱员人

---

[1] "许总长司法计划书",载《狱务大全第四编·公文》。湖北省司法行政史志编纂委员会:《清末、民国司法行政史料辑要》,湖北省司法行政史志编纂委员会1988年版,第85页。

[2] "关于计划建设新旧监狱事项",载《司法公报》1916年第61期增刊。

[3] "司法总长开会辞",载《司法公报》1916年第68期。

[4] 董彦斌:《追寻稳健宪政:民国法律家张耀曾的法政世界》,清华大学出版社2013年版,第181页。

才的选拔,经费筹措办法,预防监狱脱逃办法,是否另定旧监简易章程,监狱统计问题,监狱作业问题,看守所的管理问题。根据大会议决结果,1916年12月27日,司法部发布《实行司法会议议决改良监狱事项令》。"全国监狱,除京外都会新设各处外,其余各县为数甚多亟待改良。然苟无确定方针,一致进行,恐难收圆满之结果,故本届司法会议将关于改良监狱应行斟酌事项提案咨询,用以征意见而谋进步,……所有决议各项大都切实可行,……兹将核定各项开列于下,仰即遵照筹办,切实施行。"议决决议如下:

一、整顿旧监推广新监,二者固不可偏废,但权衡缓急,尤以合数县或十数县而建一新监为宜。应先侧重推广新监,冀达完全改良之目的。

二、推广新监应择适宜地点。此次议决在各县适中之处不必拘定旧时府治或现时道尹,既审核该所在地方则自由选择,阻力无自发生,道里平均递解亦无不便,应准作为定例。

三、现在京外新监狱有以县名者,有以府名者,亦有以第一第二名者,名称极为不一,应照此次议决办法,将各省会之新监狱改为某省第一监狱,其他推广新监狱按照成立之次序名为省某第二、第三、第四监狱,其未经改良者均仍旧称,以示区别而资振作。

四、新监优于旧监之点甚多,而设科分职,权责分明,实为显而易见。若容因不多,则设置必欠完备,若力求完备,则需费必至繁多。以后筹建新监遵照此次议决,至少须容三百人犯,庶几费省事,举至各省会之新监,仍照旧以五百人以上为合格。[1]

---

〔1〕"实行司法会议议决改良禁欲事项令",1916年12月27日,殷梦霞、邓咏秋选编:《民国司法史料汇编》第24册,国家图书馆出版社2011年版,第378页。

第三章 近代监狱改良

北伐战争成功后，国民党于1927年4月在南京建立中央政府。虽然这一政府通常被认为不够强大，派系林立，然而渐渐萌发的民族意识，以及自晚清始从未停止的谋求地方和国家建设的努力，令即使是只完成了形式上统一的南京政府，亦承载了时人对国家统一和社会团结的普遍关切。从政治视角来看，社会需要凝聚力，将人们团结在一起，形成一种新的国家精神，从而建立一个有秩序的有机体。如此，上下团结一心，才能完成争取国家主权，被国际社会承认以雪国耻的历史任务。因此，国民政府继承了晚清以来进行国内改良以求强大与独立的思维。而监狱改良即是政府努力废除治外法权中不可分割的部分。公众同样普遍认为政府可以运用政权机构训导和管教社会最难控制的分子，从而塑造出有责任心的公民并建立有凝聚力的社会共同体。同时，中国自秦汉以来建立的强大中央政府的传统，也使国人相信政府有能力开展宏伟的社会改良计划。[1]故而，国民政府的司法建设任务，仍在于去除两大障碍：其一，内有专制主义残余，司法未能完全脱离行政独立；其二，外有不平等条约束缚，帝国主义借口领事裁判权，破坏中国法权完整。[2]去除障碍方能恢复完整法权与建树独立司法。由于晚清行新政目标的延续，司法改革具体任务的一脉相承，晚清政府、北洋政府乃至国民政府期间，司法行政部在结构上和理论上的连续性最为突出，尽管司法行政部的归属在司法院与行政院之间发生过多次变更。监狱改良作为司法改革的标志性形象，其稳定性与连续性更具代表性。

武汉国民政府成立后，新任司法部长徐谦报告改革司法工作，

---

〔1〕［荷］冯客：《近代中国的犯罪惩罚与监狱》，徐有威等译，潘兴明校，江苏人民出版社2008年版，第218页。

〔2〕范忠信、尤陈俊、龚先砦选编：《居正法政文选——为什么要重建中国法系》，中国政法大学出版社2009年版，第343页。

认为改革司法总分两部分：一，已经实行了的工作；二，今后改革之方针及计划之施行。在这份报告中，徐谦的中心意思是要变"司法革命"为"革命司法"。"政治要革命，司法是政治的一部分，也就在革命里头，所以司法业应革命。以前的革命只是政治革命，司法向来没有随着政治而革命，故司法向来就不彻底。司法要不良，革命的结果就是毫无实际，故司法是要革命的。"[1]在此思想指导下，国民政府司法部发布"司法行政计划及政策"。对整顿监所一项，有四条意见：一，监狱分为国立及省立两种，所有原设新监，及将来以中央经费建设之监狱，为国立监狱，由司法部管辖之。所有旧式监狱，及将来以地方经费建设之监狱，为省立监狱，由各省司法厅管之。所有看守所，亦由各省司法厅管辖之。二，监所法令于半年内修订公布。三，采用最新式方法，对于在狱囚人施以管理及教诲，并厉行工作。四，看守所注重建筑之方法，及卫生清洁，并严禁滥押。[2]

其后，国民政府组织召开过两次全国性司法会议。1935年9月16日，由司法院在南京主持召开"全国司法会议"，会期5天。1947年11月5日，由司法行政部召集于南京召开的"全国司法行政检讨会议"，为时7天。两次司法会议均重视监狱改良，第三次司法会议（1935年）共提案445件，建议案27件。其中，关于监所及反省院案85件，占总提案的19%。[3]主要涉及监所法规问题、监所职员问题、监所经费及建筑问题、整顿

---

[1] "司法部长徐谦报告改革司法工作"，1927年3月，湖北省司法行政史志编纂委员会：《清末、民国司法行政史料辑要》，湖北省司法行政史志编纂委员会1988年版，第19页。

[2] "司法行政计划及政策"，1927年3月，湖北省司法行政史志编纂委员会：《清末、民国司法行政史料辑要》，湖北省司法行政史志编纂委员会1988年版，第25页。

[3] 范忠信、尤陈俊、龚先砦选编：《居正法政文选——为什么要重建中国法系》，中国政法大学出版社2009年版，第365页。

监所积弊问题、监犯执行教育教诲问题、监犯作业问题以及反省院问题等项。[1]"全国司法行政检讨会议"有112人参会，议决要案589件。提案审查委员会共分四组，其中监所问题为一组，亦可见对监狱改良之重视。其中涉及的问题主要是：监所法规的实行问题，监犯教诲及教育戒护问题，监狱卫生、监犯口粮、监狱作业及服役问题等等。[2]

从以上司法部或司法行政部的工作计划和司法会议议案看，因为监狱改良关系司法改革之成效，更关系领事裁判权之收回，所以，监狱改良一直都是司法行政部门的工作重心之一，具有较强的连续性。每个时期都很注重相应法律法规的完善，尤其是清末和北洋政府时期，基本确定了监狱管理建设的相关制度的框架，监狱改良计划基本确定了民国监狱改良的方向。尽管其后司法部长不断变更，司法行政机构的归属也不稳定，对司法改良的进行有一定的影响，但是，监狱司的领导层稳定性较强。可以说，在监狱管理方面，北洋政府和国民政府保证了人员上的连续性，而且监狱条例和规则、监狱管理机构、公务员考试体系、分类方案和监狱职员的薪金级别连同从晚清时即在中国实行的惩罚原则，都没有经过重大的改变就被采用。[3]固然以此可以质疑国民政府的革命性，但也说明清末民初政府确立的监狱改良方向的正确性与预见性。同时，监狱改良的持续性也和其改革内容相对独立于政治有关，也代表了近代文明方向。

为宣传监狱改良，民国时期还将成立监狱协会、出版期刊

---

[1] 河南省劳改局：《民国监狱资料选》（上），河南省劳改局1987年版，第244~314页。

[2] 谢冠生："全国司法行政检讨会议汇编"，殷梦霞、邓咏秋选编：《民国司法史料汇编》第14册，国家图书馆出版社2011年版，第85页。

[3] [荷]冯客：《近代中国的犯罪惩罚与监狱》，徐有威等译，潘兴明校，江苏人民出版社2008年版，第221页。

作为对刑罚改良讨论和宣传的重要手段。1912年12月，司法部发布《监狱协会章程》，按其总则，"中华民国监狱协会"成立，以"辅助国家改良监狱为宗旨"，由全国热心狱务人员组成，主要事务有：研究监狱学术，调查监狱实况，凡关于监狱行政，得应官厅咨询或建议，刊行监狱协会杂志。[1]

20世纪初，中国的报刊业日渐繁荣。至民国，专业性、研究性期刊也应运而生。在此背景下，法政杂志如雨后春笋般出现。程燎原先生将近代中国法政杂志的宗旨归结为二：求中国法治的建设；求中国法学的盛昌。前者为"致用"，后者为"求实"。"推动法律制度的兴革和改良"为致用，[2] 由此观之，则监狱改良属致用之学。而且，从法政杂志的内容来看，"致用"的急迫性超过了"求是"。[3] 这些杂志中虽不乏监狱改良类文章，[4] 但远不能满足监狱改良之需要。自清末监狱改良以来，实践远多于理论，缺乏理论的指导与总结的监狱改良，令实践者力不从心，茫然无方向。[5] 同时，各省交流缺少平台，一省

---

〔1〕《监狱协会章程》，1912年12月，殷梦霞、邓咏秋选编：《民国司法史料汇编》第17册，国家图书馆出版社2011年版，第85页。

〔2〕 程燎原："中国近代法政杂志的兴衰与宏旨"，载《政法论坛》2006年第1期。

〔3〕 张仁善："近代法学期刊：司法改革的推手"，载《政法论坛》2012年第1期。

〔4〕 如杨孝斌："游北京第一监狱感言"，载《法政学报》第2卷第3期；陈俊三："监狱改良政策"，载《法律评论》第98期；陈经武："监狱之功罪"，载《法学新报》第58期等。详见何勤华、李秀清主编：《民国法学论文精萃》第4卷，法律出版社2004年版，卷尾附录"民国时期刑法论文篇名索引"。

〔5〕"我们在这百废待兴的建设时代，感到监狱界极迫切的学术饥荒，我们自己很惭愧，因为我们自己居在监狱界，不知道监狱到底要如何着手改良，才可达到我们所希望的感化犯人的目的。自从近二十年前由日本输入了监狱知识以来，直到现在老没有将别国的监狱最近的学理与方法介绍进来。目前除几位老前辈受过专门训练以外，其余的便没有深究犯罪学监狱学的机会了，所有的仅是一点监狱管理的经验与民国初年在监狱学校所受的一些训练而已。致我们监狱界虽欲从事改良，无奈主持乏人，力不从心……"《监狱杂志》第1期"编辑后"，河北省监狱协会1929年编辑出版，北京大学图书馆藏。

监狱改良的有效经验，也很难为他省研究参考。故学术饥荒要求监狱学术研究的发展，"通消息连声气"亦刻不容缓，而能兼顾这些目的非专业学术杂志莫属。[1] 1929年11月，由河北省监狱协会创刊的《监狱杂志》出版发行，这是我国第一份监狱学术研究的专业期刊。[2] 这些杂志对当时发布的监狱改良的法令、新闻、报告、论著、译著或有全文刊载，或有介绍，无疑是监狱改良不可替代的讨论宣传阵地。

第四节 新式监狱的筹建

近代监狱改良的一大成就，是建立了一批新式监狱，同时改造了一些旧监狱。这些新式监狱成为对外展示中国司法改革与文明的窗口及中国司法改革决心的宣示。

一、清末模范监狱的修建

1901年，张之洞、刘坤一上《江楚会奏变法三折》之第二折"遵旨筹议变法谨拟整顿中法十二条折"。在这一折中，张之洞提出"恤刑狱"一条，认为"生民之大命，结民心御强敌其端皆基于此，非迂谈也"。而"滥刑株累之酷，囹圄凌虐之弊，往往而有"。"外国人来华者，往往亲入州、县之监狱，旁观州县之问案，疾首蹙额，讥为贱视人类，驱民入教，职此之由。盖外国百年以来，其听讼之详慎，刑罚之轻简，监狱之宽舒，

---

[1]《监狱杂志》第1期"卷头语"，河北省监狱协会1929年编辑出版，北京大学图书馆藏。

[2] 遗憾的是，《监狱杂志》仅在1929~1931年期间发行，本定一年四期，但由于稿件缺乏，经费困难，至1931年4月第4期发行后，被迫停刊。

从无苛酷之事,以故民气发舒,人知有耻,国势以强。"[1]故而在提出诸多司法改革主张的同时,对于监狱,建议修监羁,教工艺,派专官。

中国旧式监狱狭隘污秽,凌虐多端,暑疫、传染多致瘐毙,等于地狱。建议各省设法筹款,将各级监狱大加改修,力求整洁卫生,饮食有保;教工艺,令天下各州县监狱修工艺房一区,令犯人学习,以备将来释放后可谋生;派专官,每府派实缺同知,专司稽查各属监狱之事。[2]自此,中国的监狱改良开始进入实质性阶段。首先进入实践阶段的不是新监的建立或旧监的改造,而是罪犯习艺所的设立。

光绪二十八年(1902年)十一月十五日,山西巡抚赵尔巽上奏了《请各省通设罪犯习艺所折文》,认为传统流徒刑,就立律本意而言,已有三失,又有四弊。[3]故请奏准改徒流之制,既仿外国"以禁系为惩罪之科,工作为示罚之辟",又承汉时"输作之制",在各省设置罪犯习艺所,"分别年限之多寡,以为工役之轻重"。如此则有十益:拘系本地众知警惕一也,管束有

---

[1] (清)张之洞、刘坤一:"江楚会奏变法三折"之第二折,怀效峰主编:《清末法制变革史料》上卷,中国政法大学出版社2010年版,第16、17页。

[2] (清)张之洞、刘坤一:"江楚会奏变法三折"之第二折,怀效峰主编:《清末法制变革史料》上卷,中国政法大学出版社2010年版,第16、17页。

[3] 三失:一,军流各犯原有应当之差,应供之役,现已俱无,坐成游手,无业可营;二,流则本宥众投荒之文,军则原补兵赎咎之意,今则徒罪并不执役,流犯均有定配省份,尽有优于故土,乐于本邦,已非徙边之意。军自卫所裁汰,无执戟荷戈之实;三,往昔界限严明,道途辽远,户籍清楚,不虑有逃亡之犯,今则海禁大开,交通便利,逃即同销案。四弊:一,民伪日滋,犯法日众,护解各款遂成巨款,多糜一分无益之款,即少办一分有益之事;二,潜逃之案层见叠出,还乡则吏不查,民不举,为祸乡里;三,在流徒之地,索凶顽难于驱役,甚而教唆犯罪,昔投豺虎于四裔,今以稂莠易嘉禾;四,孱弱之躯,愚柔之质,非颠踣于道路,即死于异乡,有悖好生之德。"刑部议复护理晋抚赵(尔巽)奏请各省通设罪犯习艺所折",怀效峰主编:《清末法制变革史料》上卷,中国政法大学出版社2010年版,第278页。

第三章 近代监狱改良

所不致逃亡二也,见闻不广习染不深三也,各营工役使生善心四也,力之所获足以自给五也,与人隔绝不滋扰害六也,系念乡土易于化导七也,护解无庸经费可省八也,本籍保释的确可靠九也,即或疾病死亡仍获首邱,法中有恩十也。[1]时隔不足半年,经多方奏议讨论,光绪二十九年(1903年)四月初三,该奏折得到了刑部的议复批准,并请旨遵行:"先就省城和该管巡道各设罪犯习艺所一区,凡军流徒犯不必分拨州县,即在省城及巡道所驻地方,收所习艺。"[2]各地罪犯习艺所陆续成立。我国囚犯,得有职业之训练,此为嚆矢。

各地罪犯习艺所多由原有之庙宇、仓库、民房或迁善所改造而成,先后办成的有顺天(1902年)、天津(1904年)、保定(1904年)、奉天(1905年)等习艺所,此外,还有江苏、江西、河南、湖南、山东、云南等地。1911年后,其中很多习艺所被扩展为监狱。[3]在诸多习艺所中,天津罪犯习艺所较为成功。天津罪犯习艺所是在教养局基址上建立的,大小房屋共有241间,厅屋、工厂、监所、浴场、医室、病室、厨房、厕所一应具备。还参酌东西法制,拟定章程条规,开办数月,极形整齐,成效可观。[4]

罪犯习艺所的设置,虽然也是举步维艰,但是,因为其蕴含的现代刑罚的理念同中国三代时期的刑罚思想有一定的内在

---

[1] "刑部议复护理晋抚赵(尔巽)奏请各省通设罪犯习艺所折",怀效峰主编:《清末法制变革史料》上卷,中国政法大学出版社2010年版,第278页。

[2] "刑部议复护理晋抚赵(尔巽)奏请各省通设罪犯习艺所折",怀效峰主编:《清末法制变革史料》上卷,中国政法大学出版社2010年版,第278页。

[3] 如顺天府习艺所成为北京第二监狱,保定习艺所成为北京第三监狱,天津习艺所几经扩建,在1913年建成天津监狱。

[4] "袁世凯奏创罪犯习艺所办理情形折",怀效峰主编:《清末法制变革史料》上卷,中国政法大学出版社2010年版,第379页。

联系，较之当时其它改革，似乎更易形成朝野共识，成为当时中央到地方各级政府积极响应的改革，视为要务。作为清末监狱改良运动中的一个过渡性的概念与实体，罪犯习艺所为以后模范监狱的出现与兴起奠定了物质基础，并做了思想上之准备。因此，其意义不仅仅在于它是一种新型行刑机构，更重要的是，它象征着一种，虽有历史的痕迹，但又是现代的，注重教育改造罪犯的行刑理念在中国的形成。[1]随着罪犯习艺所的兴建，大多数军流徒罪犯免于流徙之苦，就地收所习艺，翻开了中国刑罚史新的一页。

对于新式监狱，法部有如下要求：第一，监房、工场、教室、病房等监狱建筑必须有利于在监犯人的健康，符合卫生标准；第二，必须有利于对在监犯人进行教育感化；第三，专门设置工场和生活区；第四，有利于监管防范。对此，法部提出的具体筹办计划是：各省在近期兴造一至两所模范监狱，带动所辖区域内的行刑变革；先行在通商口岸城市及重要城市修建新式监狱，京师建造模范监狱一座示范全国。[2]

率先在全国兴办模范监狱的省份是湖北。湖广总督张之洞作为监狱改良的先驱，开新式监狱修建之先河。他认为中国在三代时期，监狱要旨为"钦恤""以教祇德"，但"暴秦至明，积弊遂甚"。故而，在上奏《江楚会奏变法三折》之后，自光绪二十七年（1901年）起，即着手旧监狱的改造，历时三年，虽积习已渐次剔除外，至于监狱的改修，多因为经费支绌，未能

---

[1] 因此，民国期间我国著名监狱学家王元增和孙雄都认为，尽管罪犯习艺所"其构造组织及一切设备，于监狱学理，虽未尽合"，但仍不失为"我国囚犯，得有职业之训练之嚆矢"。参见王元增著，王淇校刊：《监狱学》，京师第一监狱1924年版；孙雄：《监狱学》，上海商务印书馆1936年版，第70页。

[2] 张凤仙、刘世恩、高艳编著：《中国监狱史》，群众出版社2004年版，166页。

大改旧规。而监狱"关系民命之实际，若因陋就简，终无大益"。因此，遂于光绪三十一年十月（1905年11月）动工，在省城武汉兴建新式监狱，光绪三十三年五月（1907年6月）竣工。湖北省城模范监狱"兼采东西各国监狱之式"，一切体制仿照日本东京及巢鸭两处监狱规模。至于管理之法，兼采东西各国，仍体察中国情势之能行者，"处处皆施以矜悯之方，并实有教诲之事，以为通省模范"。[1]监狱落成后，还拟定了章程，涵盖管理、卫生、教育三个方面。该监狱是中国近代第一座彻底的改良型监狱。

其后兴办奉天模范监狱，创办于1908年。奉天模范监狱罪犯劳役设置已成规模，试办了女监工厂及投资合伙的织布工场。

京师模范监狱是监狱改良自中央全面铺开后建立的一所新式监狱，为监狱改良"模范中之模范者"，"为各方荟精粹之所，万国观瞻所系"。彼时又届第二年宪政期限，人心风会之所趋，咸以司法为三权鼎足之一，而司法复以狱制关系特重，故示以监狱改良决心。京师模范监狱构造图式由日本监狱学家小河滋次郎设计，1910年开工，耗资23万余两，占地东西91丈，南北100丈。监狱分为前、中、后三区，有监区、教诲所、阅览室、囚人接见室、办公区等，监房采取双扇面形，实行独居与杂居并行制，可以容纳罪犯1000余名。京师模范监狱建筑在当时不可谓非伟大建筑，其制度尤为新异。[2]惜乎未及工，清皇室即宣告退位。

清末监狱改良是我国监狱改良的第一阶段，除以上三所具

---

[1] "张之洞奏新造模范监狱详定章程折"，怀效锋主编：《清末法制变革史料》上卷，中国政法大学出版社2010年版，第396页。

[2] 孙雄：《监狱学》，收录于河南省劳改局：《民国监狱资料选》（上），河南省劳改局1987年版，第30页。

有代表性的模范监狱外，据司法部的调查及各地奏报，全国二十二个行省，[1]还有河南、东北、南京、山东、云贵、广西、江西、山西、闽浙、热河、安徽、四川等共计十三个省份，均建立模范监狱。[2]这些监狱，或者由罪犯习艺所扩建或改造，或另择新址修建。[3]

二、北洋政府时期新监续建

北洋政府时期，监狱改良从未停止，司法部负责对这个系统进行总体的管理与监督，由监狱司具体负责。1912~1914年，监狱司司长为田荆华，其继任者为王文豹，[4]任期至1928年。尽管司法部部长不断调整，但是，监狱司机构和官员稳定，王文豹任职15年，机构和人员的稳定性保证了北洋时期监狱改良的一贯性。

司法部作为监狱的管辖部门，对如何继续清末启动的监狱改良，亦有相关文件出台，以作为指导进一步监狱改良的指导

---

[1] 清朝入关后设18行省和在西北、东北设的5个将军辖区，在西藏、西宁设办事大臣辖区，以及由中央理藩院直接管辖的内蒙古盟旗，连同内地18省，全国共为26个政区。1884年（光绪十年）置新疆省，1887年（光绪十三年）建台湾省，1907年（光绪三十三年）改奉天、吉林、黑龙江三个将军辖区为省，加上内地18省共为23省。因1895年（光绪二十一年）清政府签订了《马关条约》，台湾省被割让给日本，所以史称22省。

[2] 资料来源：《政治官报》（1908~1911年），王文豹编：《京外改良各监狱报告录要》，1919年。

[3] 如直隶、安徽、浙江、广东或就原有高等地方之拘留所改良建筑，或就罪犯习艺所大加扩充，或原设之习艺看守所改良建造。参见"法部奏续陈第三年第二届筹办成绩折"，载《政治官报》1911年4月15号。

[4] 1873年王文豹出生于长沙，在日本接受警察训练后回国，出任京师警察厅处长，1914年任监狱司司长。1924年11月兼司法部次长，于是他将监狱改良的经验带到新的高层。1928年后，他以一名学者的身份继续这一职业，在北平大学法律系任讲师。

性文件。尤其是许世英和张耀曾任总长期间,召开两次司法会议,均将监狱改良作为司法部工作的重心。监狱改良,"以促进司法,尊崇人道"。[1]

1913年1月,司法部公布《拟定监狱图式通令》。对于颁发此令的目的,通令开篇有:"监狱之与刑法,其利害常息息相关,狱制不良,即不能达刑期无刑之目的。矧吾国监狱黑暗,久为各国訾讥。前清末年,亦思力袪积弊,顾新监狱之建设,至今仍只十数省,每省亦不过一二处,然建筑与组织亦多未能完备。故或工程太费,而收人无多,或收容过多而空气不足。不求统一,安望改良?本部企想宏图,窃惩前失,念当时之财力,固未敢踵事以增华。稽列国之规模,亦未便因陋就简,用特博采各国狱制,制成图样,并附监狱图目录及图式说明书,作法说明书各一件,不敢谓遽跻完善,但使依式建筑,或可收改良之效果。……嗣后新建监狱务须按照部颁图式切实办理。庶期于世界各邦同立于平等之地位,而为拒回领事裁判权之先声,本部有厚望焉。"[2]

虽然已经考虑到经费问题,尽力节约,但是新式监狱的筹建仍须分年完成。"新旧嬗迁之际,回顾昔时狴犴情形,莫不地狭人稠,空气不足,积污丛垢,疫疠繁兴,使不亟图改革,是凡收入新监狱者或得收感化改良之效,而收入旧监狱者则仍是颠连无告,日辗转于秽污黯黢之区,何以示公平而尊人道?"因此,司法部于1913年2月4日颁布《司法部令各省司法处地检厅公布旧监狱改良办法》,并附旧监狱改良办法八条:①各旧监

---

[1] "遵照部令切实改良旧监通令",殷梦霞、邓咏秋选编:《民国司法史料汇编》第21册,国家图书馆出版社2011年版,第10页。

[2] "拟定监狱图式通令"(1913年1月16日),殷梦霞、邓咏秋选编:《民国司法史料汇编》第21册,国家图书馆出版社2011年版,第1页。

狱专收已定罪之人犯，但未设有看守所地方，所有刑事被告人亦得羁禁于此，惟须另行划分一部，严行隔离；②各旧监狱除杂居房外，应酌设分房；③各旧监狱之杂居房如系漫无区划者，即须酌量形势，实行隔离；④各旧监狱须视收入之多少设相当之工场；⑤各旧监狱应划设病室；⑥各旧监狱大都空气缺乏，光线不足，地势卑污，即须设法整理；⑦刑事被告人收入各旧监狱者，应按本部第七号部令《看守所暂行规则》办理；⑧管狱各职员应在监狱内值宿办事。改造重点是监狱实行隔离制度，设置作业区，改善卫生条件，设置病室，严格管理等方面。[1]这八条可视为民国时期旧监狱改造的基本方针。

然而，旧监狱的改良也是举步维艰。改良旧监狱令下发五个月后，至7月19日，"所有旧监狱如何改建，各省均未经呈报"。[2]至10月，情况仍未有改观，司法部不得不再度退让。"近日国家财政支绌，万分张皇。兴作固势所不能，而稍事补苴则事难稍缓。当兹财力未充，建筑未备，则惟恃该管长官之实心毅力，以为补偏救弊之图。于卫生清洁工作管理诸大端，苟能慎重主义，因地制宜，亦足补形式之不完，而收改良之效果……饬各该管狱员详细筹画，克日推行，并将整顿改良情形遵照改良八法条，按条造具说帖，每年分四期呈报到部。狱政所官，无再延缓。"[3]然而，近一年后，情形仍不容乐观。只有奉天、黑龙

---

[1] 殷梦霞、邓咏秋选编：《民国司法史料汇编》第17册，国家图书馆出版社2011年版，第42页。

[2] "遵照部令切实改良旧监通令"（1913年7月19日），殷梦霞、邓咏秋选编：《民国司法史料汇编·司法例规》第21册，国家图书馆出版社2011年版，第10页。

[3] "改良旧监造具说帖分期呈报通令"（1913年10月23日），殷梦霞、邓咏秋选编：《民国司法史料汇编·司法例规》第21册，国家图书馆出版社2011年版，第10页。

江、山东、山西、河南、贵州等六省按期详报。[1]

1915年1月,山东及浙江改良监狱颇有成效,司法部认为二省"规划井然,颇能见诸事实",因此,将两省经验发以各省:"参合该省情形,兼顾统筹,力图改进,务使数年之内全国旧监一律改观,恢复法权,此其嚆矢"。

山东旧监狱改良主要有如下举措:第一,改良各县旧监应先改良各县旧监之建筑始。考察罪犯犯罪原因,不外两种:无生活或无秩序之生活。故而监狱重作业,使罪犯出狱后有一定技术以养其身,重纪律是囚犯在狱中习一定起居以养其心。因此,山东统一绘具"改筑县监狱图式",内设男分房间十,女杂居间二间,并附设工场、教诲室、病室、炊所、浴室、运动场、行刑场及各办公室。山东103县,共需费用412 000元。第二,筹措建筑费用。国库支绌,地方筹措艰难,山东采取的办法是,拟定"各县属于高等检察厅主管之司法非征收及留用酌配细则"。第三,经费如若按细则办理,应总数充足,但是仍要"按年进行,以期迅速"。按照此办法改良旧监,山东在十年内"全省县监当焕然一新,筹办得宜。匪特法律上、审判上可收巨效,并可使作业发达内之,为各县工业之提倡普及文明外之,为拒回领事裁判权之资料"。

浙江改良旧监狱办法则重在筹设工场。浙江巡按使咨陈:"我国监狱制度向以禁锢身髓,威吓囚人为唯一之主旨。而教养一端非为实际所无,抑且理想不及。故监犯出狱,迫于生计,再犯三犯,莫由自拔。国家用刑几于失其效力。新刑律才感化主义,定服役明文,然监狱旧制,本无工场,虽经大部通令改

---

[1] "遵照部令造具整顿监狱情形通饬"(1914年6月11日),殷梦霞、邓咏秋选编:《民国司法史料汇编·司法例规》第21册,国家图书馆出版社2011年版,第11页。

良,而积重难返,因循坐误。"浙江七十余县,只有杭县一县设有工场。浙江高等审判厅厅长杨荫杭要求各县知事在五个月内筹设监狱工场,其办法是选取就地原有之产材,就地行销。工作要"从简布置,实事求是,不得稍事铺张"。筹办费用由厅长会同财政厅,在县税公益项下酌提,或借拨其他公款。以后在司法收入盈余时再归还。筹设工场的具体费用视犯人多寡及各地情形而断,但修缮、购置及开办时垫付艺师三个月月薪三项费用合计不得超过500元,并于借款时制定分期归还方法,时间最多不得超过两年。以工作余利尽数抵还,不够,则以增收之司法收入抵补。[1]

此令下发后,各省根据自身情形,再行斟酌办理。如湖南省,衡量自身情形,认为山东办法无法适用,故而参照浙江办法,在旧监狱中先行筹设工场、教诲室、分房三项。其经费从烟案罚金提取二成,并编具经费一览表。[2]还有些省份,如江苏、湖北、吉林等省,采取捐款方式筹措经费,改良监狱。[3]

各省整顿旧监办法以及侧重并不一致,有以修改监房工场为急务者,有以筹拨资本为急务者,有以慎选管狱员及革除旧役为急务者。而无论推广新监还是整顿旧监,经费都是关键所在。在国家经费不足的情况下,各省能有所作为的,"皆由各厅能自行筹款之故"。但筹款方法不一,有增加状纸等费者,有酌

---

[1] "查照整理旧监狱及筹设监狱工场各节通咨"(1915年1月19日),殷梦霞、邓咏秋选编:《民国司法史料汇编·增订司法例规》第21册,国家图书馆出版社2011年版,第11页。

[2] "准于旧监中先设工场教诲室分房三项批"(1915年3月23日),殷梦霞、邓咏秋选编:《民国司法史料汇编·增订司法例规》第21册,国家图书馆出版社2011年版,第13页。

[3] "苏省捐款改良监狱奖励章程","鄂省捐款修监及改良监狱奖励章程","吉省捐款修理旧监奖励章程",殷梦霞、邓咏秋选编:《民国司法史料汇编》第24册,国家图书馆出版社2011年版,第379~380页。

第三章 近代监狱改良

提赃罚各款者,有指拨新监,作工余利者,有拨借地方款项者,且有主张募捐补助者。[1]

到1915年,全国筹办监狱大事20件,设立新监狱25座,正在建设中41座。[2]1916年第二次全国司法会议召开后,12月27日,张耀曾发布《实行司法会议议决改良监狱事项令》,贯彻司法会议的监狱改良各项。据1923年"法权讨论委员会"的报告,"各省监狱建设区域及收容人犯额数,布置适当者固居多数。然亦有缺乏统系之计划,致实用不尽适宜者"。主要有如下情况。第一,新监空置,旧监反人满为患。江苏、湖北、直隶均有此种情况。第二,缺乏总体规划。如江苏第一监狱,新监的病监,仅用以储存物品,却又计划扩充分监,购地另建。第三,经费和规划不统一。新监狱创建规模都极为宏大,实际上经费还未解决。第四,选址欠缺成熟考虑。一些监狱选址过于辽远,解送人犯,殊感不便。建议以后筹建新监,"应就建设地点,收容人数,各县距离之远近,常年经费之来源,先事通筹,期于悉当。现时有可废除归并者,应即酌予合并,有能另作他用者,应即设法改用。先由部酌定标准,……务使修建新监,皆便于实用,收容人犯,得剂其平均,则狱政不难日起有功矣。"[3]

虽然有上述问题,又有经费支绌,军阀混战,监狱改良步

---

[1] "改良全国监狱咨询案",载《司法公报》1917年第71期增刊。转引自董彦斌:《追寻稳健宪政:民国法律家张耀曾的法政世界》,清华大学出版社2013年版,第191~193页。

[2] "关于计划建设新旧监狱事项",载《司法公报》1916年第61期增刊。转引自董彦斌:《追寻稳健宪政:民国法律家张耀曾的法政世界》,清华大学出版社2013年版,第190页。

[3] "法权讨论委员会函送沈顾问条陈之公函",殷梦霞、邓咏秋选编:《民国司法史料汇编》第13册,国家图书馆出版社2011年版,第624页。

履蹒跚,一波三折,但新监的建设和旧监改造从未停止。1912年,北洋政府共有 1700 余所监狱,绝大多数是旧监,到 1926 年,共创办新式监狱 63 所。其中,京师第一监狱、山西第一监狱、奉天第一监狱可容纳 1000 犯人[1]。合计监狱及分监[2]共 80 处。[3] 颁布的监狱法令更是多不胜举。北洋政府监狱改良无疑推动了中国狱制走向文明之路,从监狱建筑、人才、制度上给以后的监狱改良打下了坚实的基础。虽瑕疵斑斑,却富有豪情壮志!

三、国民政府时期

国民政府监狱管理体制与北洋政府时期大致相同。由司法行政部管辖,下设监狱司具体负责监狱事务,一省的监狱事务由该省高等法院院长负责。各县监狱管理事务,则由该县县长负责,下设管狱员。新监的建设基本继续北洋政府时期的方向发展。

至抗日战争前,除东北四省不计外,山东 9 所,江苏 6 所,湖北 3 所,浙江 2 所,安徽、江西、山西、广东、广西、湖南、河南、甘肃、四川、察哈尔各 1 所,共 30 所。合计之前所建,共计新监 62 所,少年监 3 所,分监 13 所。其中收容人犯,额定在 1000 名以上的有 8 所,在 500 人以上的 33 所,还有 20 处正在着手建立。另外,羁押未决人犯的看守所有 110 余处,其中,有 70 余处为国民政府时期创设,约占三分之二。还有八九处在

---

[1] 张凤仙、刘世恩、高艳编著:《中国监狱史》,群众出版社 2004 年版,第 178 页。

[2] 在新式监狱同一区域内分设者,称为"分监",一般由各县旧监或习艺所改建,附属于新监。

[3] 据居正《二十五年来司法之回顾与展望》,至 1926 年,共建立新式监狱 74 所(连分监在内),可容纳犯人 34 800 余人。数字有些出入。范忠信、尤陈俊、龚先砦选编:《居正法政文选——为什么要重建中国法系》,中国政法大学出版社 2009 年版,第 337 页。

建设之中。[1]

对于今后全国监所的发展,在抗战全面爆发前夕,国民政府司法行政部调整了原有的规划。根据公路建设情况,拟于上海、北平、汉口、广州、西安及首都附近的宣城等处,建设2000人以上、4000人以下的监狱6所。这些监狱收容刑期七年以上的犯人,归司法行政部直辖。监狱一切设施,采用现代监狱新制,以为全国监狱模范。当时,上海已经部分完成,宣城、西安正在设计,北平、汉口、广州三处,要在原有新监基础上扩充。此外,在各省高等法院或分院所在地,各建设500人以上、1000人以下的监狱各一所,收容刑期二年以上的犯人,并各建新式看守所一处,仍归高等法院监督。至于各县长期人犯,均有收容之所,各县的旧监,可以一律改为看守所,刑期不满二年的人犯,即留所执行,毋庸另设监狱。[2]

对于旧监,因大多年久失修,亟待补葺,一面规定最低限度设备,通饬改善;一面于各县设立县监所协进委员会,以地方法团代表,与有关各机关长官,共同组织,协助整顿监所事务。至于新监与旧监的关系,筹建新监为治本之策,而改善旧监所,为治标之策,只有"标本并进",方能应现实之需。[3]

即使抗战期间,监狱改良工作也没有完全停止。但是工作重心略有调整。时任司法院长居正认为,平时司法的任务在于保障人民权益,维持国家秩序。而战时除维护后方安宁外,须协助党政军机关办理民众训练及组织,策动战区司法官战时工

---

[1] 范忠信、尤陈俊、龚先砦选编:《居正法政文选——为什么要重建中国法系》,中国政法大学出版社2009年版,第358页。

[2] 范忠信、尤陈俊、龚先砦选编:《居正法政文选——为什么要重建中国法系》,中国政法大学出版社2009年版,第358页。

[3] 范忠信、尤陈俊、龚先砦选编:《居正法政文选——为什么要重建中国法系》,中国政法大学出版社2009年版,第358页。

作，改善诉讼程序，变更法院管辖，举办战区巡回审判。至于监狱改良，在继续修建新监，整饬旧监的同时，重心还在于调服军役移垦。[1]

对监所的修建与整顿，如浙江在龙泉建筑临时监狱一所，并扩充松阳监狱一所。福建在永安、龙岩二县，各修建后方监狱一所，作为收容前方移禁重犯之用。也有一些监狱从战区迁移到后方。如湖北第一监狱迁至建始，第二监狱迁恩施，少年监迁利川。江西第一监狱迁崇仁，第二监狱迁泰和。旧监所的修葺有如下地方：四川大足等九县，贵州遵义等六县，福建建瓯，江西泰、清江，广东吴川、始兴，浙江平阳、松江，贵州之息烽等十一县。看守所，在四川等九省，只要设有法院，则设看守所，统计有四川增设23处，甘肃增设11处，贵州云南各增设3处，广西增设2处。[2]

为补兵源之不足，1939年公布《非常时期监犯调服军役条例》，经司法行政部通令各省监狱，"凡合于条例者，尽量调服军役，以裕兵源；其不合者，始依《非常时期监所人犯临时处置办法》，分别保释"。[3]据各省所报统计，至1941年2月底，调服军役的犯人有27 171名。《非常时期监所人犯临时处置办法》呈请假释的有2946名。保外服役者7980名，保释开释及解放者25 320名。[4]对于徒刑人员则实行移垦，经司法行政部

---

〔1〕 范忠信、尤陈俊、龚先砦选编：《居正法政文选——为什么要重建中国法系》，中国政法大学出版社2009年版，第374页。

〔2〕 范忠信、尤陈俊、龚先砦选编：《居正法政文选——为什么要重建中国法系》，中国政法大学出版社2009年版，第379页。

〔3〕 范忠信、尤陈俊、龚先砦选编：《居正法政文选——为什么要重建中国法系》，中国政法大学出版社2009年版，第379页。

〔4〕 参照范忠信、尤陈俊、龚先砦：《居正法政文选——为什么要重建中国法系》，中国政法大学出版社，2009年版，第390页。

与经济部商定，将四川平武县境内七处荒地划拨出来，共50 740亩，计划建筑容纳500人的外役监一座，作为本省监犯移垦区域。[1]

对于上述计划，至1941年，所有1940年度各省应建新监及地方法院看守所均先后成立。同时，自1941年始，司法经费划归中央负担，一些监狱做了调整，如广东原有联合监狱四所，一律改为新监；浙江恢复第五监狱，并设立第六监狱。所有已有法院而无看守所的地方，一律改设新看守所。新设法院，也要同时设立新看守所。对于需要修葺的各地新旧监所，因为各省计划多有不合宜之处，故而，由司法行政部发布《修建监所注意事项》十一款，规定了关于房屋扩充，人犯隔离，戒护之便利，卫生设备，空气流通等均有扼要指示，全国一体遵行。[2]

1941年，抗战已见曙光，故而，司法行政部对于普设新监又定有新计划，主要有六点：一，实验监狱，拟定在上海、广州、汉口、洛阳、西安、成都各设实验监狱一所，以备新制之准备。二，少年监狱，少年犯与成年犯隔离，以便教养，各省拟设一所。三，普通监狱，收容25岁以上人犯，根据各省犯罪人数，划分数区，每区一所。除已经设立的以外，全国须筹设95所及分监23所。将各县旧监废止，改设看守所。五，累犯监，为对于累犯实施特别处置，待新监完成，每省指定一所。六，肺病监，各省监狱死于肺病者居多，而既有病监隔离不严密，故拟于每省设一所。以上计划，考虑到抗战形势和经费问

---

[1] 到1941年，因为该县农民多回籍复业，情形变更，需要再行勘查、清荒，故暂缓，俟复勘划勘确定后，再积极进行。参照范忠信、尤陈俊、龚先砦选编：《居正法政文选——为什么要重建中国法系》，中国政法大学出版社2009年版，第380、390页。

[2] 范忠信、尤陈俊、龚先砦选编：《居正法政文选——为什么要重建中国法系》，中国政法大学出版社2009年版，第389页。

题,拟战后十年内次第建设。[1]

但是这些计划因为内战又起,很多并没有完全实现,以致到1947年底召开"全国司法行政检讨会"时,现状仍然堪忧。新旧监差别很大,"新监办理妥善者多,旧监所办理不善者转居多数,甚至有数处名为旧监所,颇类人间活地狱"。"目前论议改良狱政,亟须先将全国旧监所于二三年内各省同时切实整理,用□囚徒,籍重人道。若期全国普设新监狱,使全国受刑人均在新监狱内执行,衡以国家财力,十年内能否办到,尚属疑问。新监狱未能遍设,在此长时期间,使受刑人惨受非人道待遇,过痛苦生活,似非国家矜恤囚徒之道。故筹议整理全国旧监所实为目前切要之图。为整理旧监所只能就现在规模现有经费打穷主义,干需要事,逐步改良监所人犯之力。"[2]

从晚清到1949年中华人民共和国建立,监狱改良从未停止。即使是战争期间,清末改良家的理想,包括强调监狱改良的潜力,在省会城市和通商口岸建造模范监狱,以全球的标准作为制定监狱规则的依据,建造扇形和十字形的监狱等等,均被民国政府继承。这要得益于负责监狱改良的行政机构的稳定与延续性。在这期间,司法系统享有崇高的权威,但功劳却要归功于司法行政结构、行政人员、行政文化的延续以及行政结构的相对稳定。[3]

---

[1] 范忠信、尤陈俊、龚先砦选编:《居正法政文选——为什么要重建中国法系》,中国政法大学出版社2009年版,第391页。
[2] 殷梦霞、邓咏秋选编:《民国司法史料汇编》第14册,国家图书馆出版社2011年版,第413页。
[3] [荷]冯客:《近代中国的犯罪、惩罚与监狱》,徐有威等译,潘兴明校,江苏人民出版社2008年版,第58页。

第三章　近代监狱改良

小　结

就监狱改良而言，国人走出国门，参观监狱，参与监狱会议，最重要之意义在于监狱观念的转变。中国古代狱政思想中虽有悯囚观念，对保障罪犯的基本生活有一定的意义。但是，囿于刑罚观念，古代监狱的黑暗、残酷、弊政并没有出现根本性改变。当中国人在近代走出国门，又恰逢西方监狱改良兴起之时，虽然他们对西方监狱描述不无夸大之辞，但这种夸大也恰能反映西方新式监狱对他们感官和思想上的双重冲击。不同文明之间之所以能够交流，在于人类价值追求的共性，中西文明差异虽大，但某些方面可以理解为殊途同归。西方在18、19世纪，受启蒙思想家人道主义思想的影响，监狱不再被认为只是一个等候刑罚的地方，而是一个通过隔离感化的场所。[1] 刑罚由肉刑转为以自由刑为主，而监狱以限制受刑人人身自由为惩罚，但同时也是对其加以教化辅导，使他能改过迁善，适于社会生活的地方。[2] 其时，刑事政策也有转变。从意思自由论和报应主义转为意思必至论和目的主义，近代不再是犯罪为个人问题，而是关注社会和家庭的作用，甚至有些理论认为，犯罪人不过是时代的牺牲品而已。只以严刑峻法和苛虐的待遇遏止犯罪，不啻为缘木求鱼。监狱不是系囚的囹圄，而是知识品性不健全者的学校，教导之，疗治之，以导于正。德国刑法学大家李斯特说："刑罚的使命，在使犯罪人再为社会有用的一分

---

[1]〔荷〕冯客：《近代中国的犯罪、惩罚与监狱》，徐有威等译，潘兴明校，江苏人民出版社2008年版，第3页。
[2] 林纪东：《监狱学》，收录于河南省劳改局：《民国监狱资料选》（上），河南省劳改局1987年版，第124页。

子。"监狱官吏,应该是循循善诱,诲人不倦的师长,又细心观察,加意护养的医师和看护。执行自由刑的监狱,亦由消极的任务,变为积极的任务。[1]在法国大革命中,巴士底狱的陷落象征着1789年革命前残暴专制的政治和社会制度的瓦解,[2]一种后革命的统治模式建立,其正统性被赋予国家,而不再是国王,刑罚亦应根据法典执行。传统的社会等级制度在理论上被平等、仁爱的理论取代。国家有善待公民的责任。犯人自然也是新的政治秩序的一部分,他们所受惩罚也应该是基于人道主义的。现代监狱同现代化国家、政治权利同时出现。世界出现了监狱改良的浪潮,监狱改良者将其使命描述为对野蛮和不人道的战斗,他们将监狱视为国家进步的标志,并在此框架内进行改良。[3]监狱"一方面与法律惩罚手段相统一,另一方面与规训机制相统一"。[4]这一切,结合当时中国的处遇,其意义不言自明。而更深层的原因还在于,中国在总结历代衰亡的经验时,已发现监狱制度从来不是可忽略的问题,但苦于无有效解决措施。而西方的监狱改良,让走出国门的中国人心有戚戚焉,认为是中国理想在西方的实现。因此,他们对监狱改良投入了极大的热情。更何况,监狱被视为文明的窗口,故而,监狱改良成为近代司法改革的首要选择。

---

〔1〕 林纪东:《监狱学》,收录于河南省劳改局:《民国监狱资料选》(上),河南省劳改局1987年版,第132页。
〔2〕 [荷]冯客:《近代中国的犯罪、惩罚与监狱》,徐有威等译,潘兴明校,江苏人民出版社2008年版,第3页。
〔3〕 [荷]冯客:《近代中国的犯罪、惩罚与监狱》,徐有威等译,潘兴明校,江苏人民出版社2008年版,第4页。
〔4〕 [法]米歇尔·福柯:《规训与惩罚》,刘北成、杨远婴译,生活·读书·新知三联书店2015年版,第341页。

第四章
近代监狱官制度

第一节　近代监狱官地位

一、旧式狱吏

中国古代历朝均有管狱之官，分为兼管狱官和专管狱官，兼管狱官指中央三公之中的御史大夫、九卿之中的廷尉；六部之中刑部尚书、大理寺卿；地方州（郡）、府、县等中央和地方行政长官，专管狱吏有断狱都尉、狱史、狱掾、吏目、司狱、提牢等管理者。清朝狱官制度是古代最为完备的时期，分为"有狱官"和"管狱官"两类。有狱官有统辖之权，无管理之责；管狱官有管理之责，无统辖之权。有狱官在京师有刑部尚书，在地方有提刑按察使、知府、知州、知县、厅官等。管狱官，在京师有提牢、司狱，地方有司狱、吏目、典吏、典史等。[1]

秦汉以降，刑罚采纯粹之威吓，"欲使天下知之以惩后"。致三代圣主之良善狱制，一变为专制帝王摧残庶民工具。[2]而狱吏之残暴，更使监狱如人间地狱。即使李斯以宰相之身亦不能

---

〔1〕　张凤仙、刘世恩、高艳编著：《中国监狱史》，群众出版社2004年版，第137~138页。

〔2〕　孙雄：《监狱学》，收录于河南省劳改局：《民国监狱资料选》（上），河南省劳改局1987年版，第27页。

幸免。二世下李斯于狱，拘执束缚，"榜掠千余，竟自诬服"，[1]其惨可知。以致汉路温舒在《尚德缓刑书》中称：治狱之吏，为秦十失之一。汉朝虽无"金革之危，饥寒之患"，父子夫妻合力安家，然天下远未实现太平，在于"狱乱也"。"夫狱者，天下之大命也，死者不可复生，绝者不可复属。""故天下之患，莫深于狱；败法乱正，离亲塞道，莫甚乎治狱之吏。"虽此处之狱吏并非专指监狱官，亦包含断狱之官，但也可看到彼时狱官之残暴。故周勃曰："今日乃知狱吏之贵"；太史公曰："见狱吏则头抢地，视徒隶则心惕息"，"画地为牢，势不可入，削木为吏，议不可对"。又曰："交手足，受木索，暴肌肤，受榜棰，幽于圜墙之中。"[2]

以李斯等人的高贵身份，身处天子脚下的中央监狱尚且如此，地方监狱更如人间地狱。以明清监狱为例。明清时法律上管看将监狱的衙役称为"狱卒"或"禁卒""禁子"。明初民间的称呼多沿袭宋元旧习，叫作"节级""押牢"。以后多称为"牢头""禁子""狱子"等。当面的尊称是"禁牌""禁爷""头翁""牌爷"。按照明清律的规定，"凡各处狱卒，于相应惯熟人内点差应役。令代替者，笞四十"。[3]狱卒都必须是有"从业经验"的人，故狱卒亦是世袭职业。初入者，要到牢内见习，方可正式成为狱卒。狱卒数额按照税粮多少确定。税粮在10万石以上的州县设10名，税粮在5万石以上的州县设8名，5万石以下的州县设7名。这个名额远不敷用，所以各县根据实际情况确定，多大于这个数额，一般州县大大小小的狱卒有近

---

[1]《史记·李斯列传》。
[2]《汉书·司马迁传》。
[3] 田涛、郑秦点校：《大清律例·户律》卷八，法律出版社1998年版，第186页。

第四章 近代监狱官制度

百名。[1]

狱卒作为贱役职业,排在"倡优皂隶"之后,属于"负权利"阶层,被禁止参加科举进入官场。[2]故而这种职业受士绅和百姓的歧视,某些家族也禁止家族成员从事此种职业,宁愿出钱代役以逃避征召。[3]但也有些家族为保全家族财产,或者为免除徭役,有些略有财产的人也充任禁卒。[4]曾有法令规定:禁卒、弓兵必须从纳税额2担以上3担以下的民户中招募,不得从纳税更多的小康之家招募。[5]

根据现有的材料,县衙中各种衙役的年薪大约为六两银子。狱卒虽地位在衙役中亦属低下,但是因有夜班,工作辛苦,有时收入还会略高。[6]按照这个收入计算,每天仅有二文或三文

---

[1] 郭建:《帝国缩影——中国历史上的衙门》,学林出版社1999年版,第108页。不仅每州县的狱卒不敷使用,而且各种衙役的名额均不够。清朝一州一县衙门可雇佣的各种衙役的名额,在各省《赋役全书》中有明确规定,像大兴、清苑、安阳这样的县,禁卒都在8名。《畿辅赋役全书》顺天府大兴县,第103~106页b;保定府清苑县,第111页b~116页。《河南赋役全书》常德府安阳县,第48~90页。转引自瞿同祖:《清代地方政府》,法律出版社2003年版,第98页。

[2] 瞿同祖:《清代地方政府》,法律出版社2003年版,第104页。法律规定贱民参加科举考试或谋求官衔者都将受到斥退并杖100的处罚,他们的子孙也同样被剥夺权利。

[3] 如为了避免这类征召和勒索,娄县百姓最终捐了一块地,其地租用于雇佣禁卒。《松郡均役成书》册二,第73页b~第74页b。转引自瞿同祖:《清代地方政府》,法律出版社2003年版,第105页。

[4] 瞿同祖:《清代地方政府》,法律出版社2003年版,第105页。

[5] 《清通考》卷二十一,第5045。转引自瞿同祖:《清代地方政府》,法律出版社2003年版,第105页。

[6] 直隶、山西、河南、江苏、安徽、浙江、湖北、湖南、四川、广东、广西、云南、贵州等省衙役的年薪为6两。福建为6.2两,江西为5.9两,山东为5.6两。在山东,禁卒的薪金较高,有11.21两。转引自瞿同祖:《清代地方政府》,法律出版社2003年版,第107页。

钱收入。这点钱仅可供他和妻子每天吃一顿饭,[1]根本不足以养家糊口。[2]所以,他们也如其他衙役一样,被迫依靠常例陋规,如"进监礼""开枷钱""开锁钱""开匣钱""送饭钱"等等。虽然狱卒对囚徒的凌辱、勒索都是法律禁止的,凌虐囚犯致死,亦要被处死,但实际上,州县监狱凌虐囚犯的名目繁多。如囚徒刚入狱,牢头群起围殴,叫"打攒盘";晚上用水浇湿地面,强迫囚徒睡在水塘里,叫做"湿布衫";把囚徒的两只脚吊起,头朝下躺在地上,叫作"上高楼"。当然还有受人请托,有意害死囚徒,伪造囚徒在狱中因病气绝的现象,叫作"讨绝单"。[3]

古代监狱,视囚徒如犬豕,则"悉委诸下吏贱卒之手",有言"非吸烟嗜赌之无赖即老弱残喘之废民",责以看守尚且不能,更无管理之法可言。[4]正义何从可言?"数千年来监狱历史无足征者,揆厥缘由,皆以历代民可使由之,不可使知之政策误之也。"[5]由观念引制度之误,故历代反狱政,只反无良之个人,却不知制度与观念乃为本源。故狱吏"负责至重,而地位至低,体至薄,故稍有抱负者,每不屑就。就者,上焉者不过动谨防守,不事需索,求免处分而已。至于给养、纪律、卫生、清洁、服役等,并不知其为何事,安有进步改良之可言。下焉

---

[1]《经世文编》卷二十四,第9页。转引自瞿同祖:《清代地方政府》,法律出版社2003年版,第109页。

[2]《平平言》卷二,第29页。王凤生也说衙役的收入不足以养家糊口。《学治体行录》上,第7页b。转引自瞿同祖:《清代地方政府》,法律出版社2003年版,第109页。

[3](清)黄六鸿:《福惠全书》。

[4]"署督部堂袁批香山县禀条对监狱积弊与改良问题由",载《广东宪政筹备处报告书》1910年第4期。

[5]王元增讲述:《朝阳大学法律讲义——监狱学》,李祖荫等校勘,1927年(出版地不详),第3页。

者，则贪污残虐，无所不至"。[1]

制度设计得不合理，令旧式监狱饱受诟病，而首当其冲的就是狱卒狱吏。可以说他们以卑贱之身却背负着政治清明与否的重大责任。但是，受秦汉以后传统刑罚理念之桎梏，虽古代文献中不乏对狱吏之批判，却苦无根治之良药，而只能将希望寄托在地方行政官员之体恤与监督，收一时之效。因此，当近代国人走出国门，惊叹于西式监狱改良之成效，对其监狱官之培养与选拔等管理制度亦极关注。

二、近代监狱官地位之转型

监狱管理人员对监狱改良的重要意义，刑事社会学派的著名代表人物菲利的言论颇具代表性："就像好的法官执行一部不完善的法典比愚蠢的法官执行一部'不朽'的法典要好一样，一种有创见性而且协调的监狱制度如果没有相应的管理人员来执行也没有价值。"[2]

清末监狱改良之初，基于对传统狱制的关注及对狱吏危害的认识，中国迅速接受了西方对监狱官价值的影响。张之洞在《江楚会奏变法三折》中，在悉数狱吏之害后，就提到要派专官管理监狱。"监羁一事，固须屋宇广洁，尤须随时体恤，禁绝凌虐，必有专官司之，方有实济。"[3]传统监狱管理者禁卒、看役，都是下等粗人充当，对"所有管理之法，既未谙悉，气质横暴，尤多流弊。故外人见我监狱讥为野蛮，良亦由此"。因此

---

[1] 孙雄：《监狱学》，收录于河南省劳改局：《民国监狱资料选》（上），河南省劳改局1987年版，第29页。

[2] ［意］恩里科·菲利：《犯罪社会学》，郭建安译，中国人民公安大学出版社1990年版，第153页。

[3] （清）张之洞、刘坤一："江楚会奏变法三折"之第二折，怀效锋主编：《清末法制变革史料》，中国政法大学出版社2010年版，第15、17页。

招考的监狱守卫军要学习监狱学以及监狱各种规则。[1]至沈家本奏请改良监狱四事折,"养成监狱官吏"一项中,其主张已深受欧日最新监狱管理人才思想之影响了。

沈家本认为,监狱要务虽不外纪律、教育、卫生三项,但能真正管理监狱者,必须兼有法律、道德及军人资格者。中国传统社会的禁卒,品秩低下,优秀人才不屑为之,故而,均是"悍吏蠹胥"。而考察西方监狱,监狱官吏解释熟悉特别技能者,要经监狱学校的专业学习,熟习刑法、刑事诉讼法及监狱相关规则,试验及格者可任看守,奉职年限内,获有精勤证书,才能依次升迁,成为高等官。学理与实践并重,所以,同现代监狱管理相比,传统监狱"仁暴悬如霄壤"。提出要改良监狱,首先要储备监狱管理之材,采用"特别任用法,以资造就,并改定狱官品级,登进严则贪墨之风自绝,待遇隆则狷洁之士自至矣"。[2]

沈家本的思想,深受董康的影响。董康在《调查日本裁判监狱报告书》中对欧洲和日本监狱官培养思想均有介绍。他说,欧洲在拔取监狱官吏时,有三种学说影响较大,但利害互见。一,用宗教家与道德家。因为监狱事业重在改良教化,若不采宗教、道德,不能健全之感化。因历史关系,欧洲各国改良监狱,由宗教家、博爱家、慈善家首创,他们信仰坚定,不避艰辛,热诚地投入监狱改良,因此,各国监狱的典狱,非神学即僧侣。宗教家居多则其弊偏于宽。二,主用法律家。以为法律惩戒囚徒,亦可犯人改良感化。然而法律学者虽谙习法律,若

---

[1] "张之洞奏新造沈家本模范监狱详定章程折",怀效锋主编:《清末法制变革史料》,中国政法大学出版社2010年版,第398页。
[2] "修订法律大臣沈家本奏实行改良监狱宜注意四事折",怀效锋主编:《清末法制变革史料》,中国政法大学出版社2010年版,第393页。

不能应用适当,拘守成规,则反为所困,故弊邻于刻。三,主用军人。认为军人必能厉行纪律,可使犯人屈服于纪律之中,然而精神为纪律所限,不得活泼之行动,犯人束缚既久,将来易不适于竞争,其弊流于严。故而欧洲为纠三者之偏,最新理论认为,监狱官必须是军人、法律、宗教三者素养兼具,方为合格,受此思想影响。日本认为,监狱事务虽繁杂,但是主要是三个方面:一,屈状,检束于秩序纪律之下,典狱主之;二,诱导其人之精神,教诲师主之;三,卫生,保全其身体健康,监狱医主之。所以三者称为"监狱三尊"。所以,日本在选拔监狱官吏时不独重视其学理之学习,亦重监狱事务之实践和身体、精神素养,要均适于监狱官吏需要,方可擢用。[1]

清末对监狱官的这些思想一直延及民国,其时主张监狱改良者认为:如果法官为"人民生命、财产、名誉、自由之所寄托",则典狱、看守长等狱官则为"执行自由之官吏,若以不学者而治之,是无异立朝夕于运钧之上,檐竿而求,其末盖不可得也"。[2]故而在近代,尤其是清末民初,对监狱官人才的专业培养与选拔成为监狱改良的必要条件。如果说旧监牢是等候刑罚的地方,新式监狱则是改造犯人的场所。在这里,犯人是要被教育、感化成为有用的公民。在人道和感化的西法理念基础之上,中国对其理解与植入具有本土性。在中国,监狱是用于寻求一个更加传统的、由美德支配的有序的和统一的社会群体的现代工具。传统刑罚理论的最基本的原则之一是刑罚也应该

---

[1] "调查日本裁判监狱报告书",何勤华、魏琼主编:《董康法学文集》,中国政法大学出版社 2005 年版,第 667~668 页。

[2] "司法总长改进司法革新狱制计划书",湖北省司法行政史志编纂委员会:《清末、民国司法行政史料辑要》,湖北省司法行政志编纂委员会 1988 年版,第 84 页。

在伦理道德的规范下教育人们,其典型表述就是"明刑弼教"。因此,中国在接受西方的刑罚理念的同时,更直接体现了中国本身对教育感化能力传统上的新人所做的重新定位。人性本善,犯人亦可被感化为善,因此,出于对悔改和道德自新的预期,感化成为近代中国刑罚学的核心。刑罚意味着用道德准则教育群氓;监狱是更具普遍的教育意义的工程,它具有道德准则的改良力量和纪律影响。[1]而这一切的完成,无疑要借助管理者的科学管理与监督。由此,古代卑贱之狱卒一跃而为关系监狱改良成败,影响司法改革成效,甚至能否收回领事裁判权的关键人物之一。

第二节 近代监狱官管理制度

一、发展监狱学教育

清末伴随着教育改革,对监狱学堂与监狱专业的设置,也提上了日程。

无论是人才培养目标还是养成方式,日本对监狱人才的培养方式对中国影响最大。日本在监狱改良时,在东京集治监内[2],设监狱官练习所,教授全国典狱。其后复设立警察监视

---

[1] [荷]冯客:《近代中国的犯罪、惩罚与监狱》,徐有威等译,潘兴明校,江苏人民出版社2008年版,第9~10页。

[2] 集治监,日本监狱的一种。日本监狱分为六类:集治监、假留监、地方监狱、拘置监、留置场、惩治场。日本全国有四所集治监,分别是东京集治监、宫城集治监、福冈县集治监和北海道集治监。集治监的名称及位置,由司法大臣决定,专拘禁徒、流等刑及旧法惩役终身制者。董康:"调查日本裁判监狱报告书",何勤华、魏琼主编:《董康法学文集》,中国政法大学出版社2005年版,第665~666页。

第四章 近代监狱官制度

学校，教授全国看守。日本监狱管理人才，均在此养成。[1]

沈家本在《奏实行改良监狱宜注意四事折》中，在监狱官的培养问题上，提到各国监狱官必先入监狱学校学习学理，而后实习，理论与实践并重。故"宜于各省法律学堂，或已成之新监内，附设监狱学堂"。法部对此一节提出三点意见，得到朝廷批准：一，在京师法律学堂专设监狱学一科；二，由学部在京外的法律学堂一律设监狱学专科，选法政高等学生，派人专门研究，学制一年半；三，对于已经开设新监狱的地方，由当地督抚酌量妥办附设监狱学堂。[2]

在京师法律学堂内设立监狱专修科，监狱专业管理人才的培养从此纳入近代教育。在这里不能不提的一个人是日本监狱学先驱，监狱学权威小河滋次郎。小河滋次郎于 1908 年 5 月至 1910 年间作为监狱事务顾问在中国参与改革，是中国晚清监狱改革上无可争辩的最重要的人物。小河滋次郎在中国的任务是多方面的：协助沈家本努力改善中国监狱，把监狱学列入法律学堂的课程，协助具体策划沈家本雄心勃勃的"模范监狱"的体制。[3]

1907 年清政府正式责成学部发布通令：京师和各省法政学堂增设监狱学专科，编订监狱学专科课程，选拔高等法政学生，专门研究学理和管理技能，并将法律馆存款全部拨充为经费。地方上以东三省优先，故 1907 年，吉林省就率先设立，并发布

---

[1] "调查日本裁判监狱报告书"，何勤华、魏琼主编：《董康法学文集》，中国政法大学出版社 2005 年版，第 654 页。

[2] "法部奏议复实行改良监狱折"，载《东方杂志》1907 年第 20 期。湖北省司法行政史编纂委员会：《清末、民国司法行政史料辑要》，湖北省司法行政史志编纂委员会 1988 年版，第 71 页。

[3] [美] 任达：《新政革命与日本：中国 1898~1912》，李仲贤译，江苏人民出版社 2006 年版，172 页。

《监狱学招考学员》告示。《修律大臣订定的法律学堂章程》中,三年制法律科和一年半速成科的课表中,均设有监狱学科目,[1]足见清末对"养成监狱人才"的重视。同时,这也是中国法政学校讲授、研究监狱学之始,是中国监狱管理人才通过正规教育系统培养的起端。[2]

监狱学的发展与传播,修订法律馆也起了重要作用。作为修订法律馆的主持者,沈家本非常重视对外国法律著作的翻译工作,至光绪三十三年(1907年)五月,短短几年,已翻译23种资料。[3]其中以刑法为主,也包括日本《监狱法》《监狱学》《狱事谭》等监狱学方面的内容。法律馆的翻译工作卓有成效,不仅数量巨大,质量亦属上乘。"当时东西洋学生之习政治法律归国稍有声誉者"几乎均被沈家本罗致法律馆从事编纂翻译工作,而且待遇较高。[4]这是翻译质量的保证。当然,监狱学发展的最关键因素还是日本的中国留学生和在中国的日本司法专家。

据学者统计,至1908年,留日警监学生毕业回国者,有五六百人。[5]另据《学部官报》光绪三十二年(1906年)第八期的统计,留日学生中,入警察监狱学校的有424人,入高等警务学堂的有335人。[6]因此,因国内自身培养人才之不足及速成性,当时中国所有监政人员,都是由直接或间接受过日式教

---

[1] "修律大臣订定的法律学堂章程",载《东方杂志》1906年第10期。
[2] 王素芬:"明暗之间:近代中国的狱制转型研究",华东政法大学2006年博士学位论文。
[3] "修订法律情形并请归并法部大理院会同办理折"罗列为23种,但沈家本称26种。
[4] 江庸:"趋庭随笔",转引自李贵连:《沈家本传》,法律出版社2000年版,第211页。
[5] 王元增著,王淇校刊:《监狱学》,1924年版(出版地不详)。
[6] 程燎原:《清末法政人的世界》,法律出版社2003年版,第75页。

育者担当[1]。

在监狱学方面影响最大的是小河滋次郎。他在法政学堂里开设了监狱法和监狱学的专业课程，其监狱学著作也被引进中国。而且，近代中国对监狱学的研究均深受其影响，小河的思想在中国得到广泛传播。

虽然各地的学堂次第兴起，但是人才仍然不足。因此，在兴办官学的同时，法部于宣统三年（1911年）奏请允许兴办私立法官养成所暨监狱专修科的章程，[2]得到朝廷谕允。法部制定了相应的章程，规定私立学堂限于京师省会和繁盛商埠之地，教员必须是法政法律学堂毕业者。学校的申办、招生、简章及讲义等由法部和提法司统一管理。[3]对此，"京外闻风兴起，呈报私立请予立案者不一而足"，如陕西、浙江、江苏、福建等省都开办了学校，有的招收学员达500名。[4]

清末对监狱管理人才的培养取得了显著效果。但是，人才培养周期较长，新式监狱的筹建亦需时日，故而这些人才未及发挥其作用，清朝就灭亡了。但是这些新式人才，成为民国时

---

〔1〕参见［美］任达：《新政革命与日本：中国1898~1912》》，李仲贤译，江苏人民出版社2006年版，第195页。

〔2〕"督院张准法部部咨本部会奏斟拟考核私立临时法官养成所暨附设监狱专修科章程一折奉旨依议缘由行东提法司移行查照文附件二"，载《两广官报》宣统三年（1911年）第5期，第1001页。

〔3〕该章程得到朝廷谕允。参见"法部奏酌拟考核私立临时法官养成所暨附设监狱专修科章程并单"，载《政治官报》1911年6月19日。

〔4〕陕西省所开的法官养成所附设监狱专修科即在宣统三年考取合格员生五百名。见"开缺陕西巡抚恩寿奏陕省筹备宪政第六届办理情形折"，载《内阁官报》1911年9月3日。其他有关省份的情况见"浙江巡抚增韫奏筹备宪政遵章胪陈成绩折折"，载《内阁官报》1911年11月7日。"江苏巡抚程德全奏苏省筹备第六届宪政成绩折折"，载《内阁官报》1911年9月17日；"闽浙总督松寿第六届筹备宪政成绩折折"，载《内阁官报》1911年11月1日等。参见肖世杰："清末监狱改良"，湘潭大学2007年博士学位论文。

期监狱改良的中坚力量。

民国建立后，人才问题凸显。"承学之士，近十年中，国内外卒业者，不乏其人。而聚之一隅则有余，分之四方则不足。况法官资格，法定綦严。监狱人材，经验并重。若于一年之内，即欲全国法院、监狱完全成立，无论势所难行，亦万无如许合格之官吏。""虽造新邦，实承旧制。"[1]人才不足已成为民国监狱改良乃至司法改革的障碍。故民初司法总长许世英认为"徒法不能自行，则培养人材，允为当务之急"。[2]许世英提出的人才培养计划主要有如下三点：其一，振兴学校。我国地域辽阔，预计狱官需2000人。典狱、看守长等狱官则为"执行自由之官吏，若以不学者而治之，是无异立朝夕于运钩之上，檐竿而求，其末盖不可得也"。许世英在学校建设上，主张在中央设立司法专门学校，内设普通与特别两科。普通学科，限中等学校以上的毕业生，学习民刑法与诉讼法及各国监狱法、德文。特别学科，限于三年法律专业毕业生，专门学习民刑监狱事务，学校宗旨在于培养具有丰富经验的高尚之法官与狱官。其二，注重经验，要学识经验并重。培养人才，为新式法院及监狱培养预备人才。其三，拟每一省每年派一名监狱官吏，按所学专业，到国外实地学习。许世英认为监狱学问，日新月异，与我国固有监狱有霄壤之分，"若仅凭法制而未觇先进国之知识，终多隔阂"。既可学习文明知识，又可令列邦知道我国改良之趋

---

[1] "司法总长改进司法革新狱制计划书"，湖北省司法行政史志编纂委员会：《清末、民国司法行政史料辑要》，湖北省司法行政史志编纂委员会1988年版，第84页。

[2] "司法总长改进司法革新狱制计划书"，湖北省司法行政史志编纂委员会：《清末、民国司法行政史料辑要》，湖北省司法行政史志编纂委员会1988年版，第84页。

向，将来提议修正条约，亦不至于为难。[1]

虽然许世英的司法计划未能全面实现，但其对人才培养的计划因其开放性和有效性，确实为后来民国监狱人才培养的确定了方向。

二、监狱官管理制度化的萌芽

清朝末年在模范监狱修建过程中，开始设置新式监狱官。以湖北模范监狱为例，设典狱官一名，秩视通判；副狱员一名，秩视州判，作为差使，择人应派，不作实缺，薪水量加优给。其他案牍科、守卫科、工业科各一员，曰课长；书记生八名，教诲师二名，内外科医官各一名，辅助典狱官，由臬司及有狱官分别酌用。湖北模范监狱的监狱官设置，基本模仿自日本。

日本的监狱官吏分高等官、判任官和似判任官三种，大体与各种国务官吏同。典狱为高等官；书记、看守长、教诲师、监狱医为判任官；看守、教师、药剂师、女监取缔与授业师是似判任官，即非真正判任官，但与之待遇相同。教诲师与监狱医在欧洲有时为高等官待遇，因教诲师皆僧侣，所谓"尊天爵而贱人爵"，必高视其人格，故优为待遇，以收传道之效。监狱医以高等官待遇主要为留住人才。良医多不愿为狱医，而庸医又不能承担监狱卫生之职责，限于经费，故用特别待遇及自由以获优秀人才[2]

日本监狱官吏有特别任用令和普通任用令两种。特别任用

---

[1] "司法总长改进司法革新狱制计划书"，湖北省司法行政史志编纂委员会：《清末、民国司法行政史料辑要》，湖北省司法行政史志编纂委员会1988年版，第87~88页。

[2] "调查日本裁判监狱报告书"，何勤华、魏琼主编：《董康法学文集》，中国政法大学出版社2005年版，第667~668页。

令要先检验资格，然后到监狱实践，身体和精神素养俱适合任监狱官吏，任看守，再行试验，合格者，擢用看守长；五年以上，克胜厥职，由试验委员权衡擢升典狱。普通任用令，针对文官高等官，试验及第，可以直接补典狱之职。但是普通任用令不能调查他的特别技能资格，故不如特别任用令适用。

典狱统辖监狱全体事务，凡官吏均应服从其命令，至教育、卫生之事，教诲师、医生有独立职权，典狱不得干涉，惟教诲师与医生应服从典狱之纪律检束。[1]

清朝受日本监狱官吏人才管理的影响，注重人才专业化培养的同时，亦出台相应制度，对监狱官人才的选拔、任用、待遇、奖惩等制度加以健全。宣统二年（1910年）九月，法部在《酌拟监狱专修科毕业员生分别委用办法折》中提到，监狱官从法律学堂及监狱专修科毕业生中遴选，除不及格者外，分为最优等、优等、中等、下等四个等级。修订法律大臣当时建议法部应一律予以录用，但最终采纳法部意见"垦应酌量分别委用，庶不负设学储才之本意"。这是清末自己培养的第一批监狱管理人才。法部还专门酌拟了《监狱专修科毕业员生分别委用办法》十一条，建议通知各衙门及各省提法使一体遵照。这也是中国最早的关于委用监狱专修科毕业生的法律文本。[2]至于待遇，法部主张监狱官与司法官吏"同一重要"，"官卑固不足弹压，禄薄亦无以养廉，是宜于优给津贴中加之意也"。[3]

---

[1] 董康："调查日本裁判监狱报告书"，何勤华、魏琼主编：《董康法学文集》，中国政法大学出版社2005年版，第667~668页。

[2] "法部奏酌拟监狱专修科毕业生分别委用办法折"，载《政治官报》1910年10月24号。

[3] "法部奏议复实行改良监狱折"，清光绪三十三年（1907年）。湖北省司法行政史志编纂委员会：《清末、民国司法行政史料辑要》，湖北省司法行政史志编纂委员会1988年版，第73页。

第四章 近代监狱官制度

虽然清末对监狱官的培养极为重视，但人才培养非旦夕之功，而自1907年清朝实行监狱改良至1911年，不足五年。故而，监狱官管理制度在清末只能是萌芽状态，至民国方才逐步完善。即便如此，清末对监狱官培养与管理方向的确定对民国影响至深。

三、民国时期监狱官管理的规范

1913年制颁的《监狱处务规则》，是民国初期监狱官设置的主要法律依据。按其规定，监狱组织机构为三科二所制度，即分设第一科、第二科、第三科、教务所、医务所。[1]与三科二所相适应，新式监狱设有典狱长、看守长、教诲师、教师、医士、医药师、药剂师、技师等监狱官吏。近代中国监狱官的设置方式基本确定。1928年颁布的《监狱处务规则》除将1913年的《监狱处务规则》中看守长兼充各科科长调整为主科看守长、将原设的看守长改为候补看守长外，其它基本沿袭前制。[2]可见，1913年《监狱处务规则》的制颁及其后的监狱实践，基本完成了监狱官设置的近代转型。

按照《监狱处务规则》和《监狱教诲师教师医士药剂士处务规则》[3]《监狱看守服务规则》[4]，上述监狱官的主要职责如下：

---

[1] "司法部令公布监狱处务规则"，1913年1月，训令第八号，殷梦霞、邓咏秋选编：《民国司法史料汇编》第17册，国家图书馆出版社2011年版，第15页。

[2] 《监狱处务规则》，1928年9月21日，湖北省司法行政史志编纂委员会：《清末、民国司法行政史料辑要》，湖北省司法行政史志编纂委员会1988年版，第120页。

[3] 殷梦霞、邓咏秋选编：《民国司法史料汇编》第17册，国家图书馆出版社2011年版，第19页。

[4] 殷梦霞、邓咏秋选编：《民国司法史料汇编》第17册，国家图书馆出版社2011年版，第72页。

典狱长："典狱当严守关于监狱之一切法令，并督率其他官吏使之遵行"，"在监人不受法规者，典狱须自审问。除必要时，不使其他官吏列席"，"监狱职员之处务在监人之待遇及遵守事项典狱得于法令范围内发相当之命令训示"。此外，典狱要每日巡视监狱，亲自检查在监人生活用品，监督监所职员。

看守长：按照《监狱处务规则》，监狱三科的科长由看守长兼任，因此，各科职责即为看守长负责，各科事务有互相关联者，则协商实行。权限争议及意见不同时取决于典狱。各科看守长具体职责如下：

监狱看守长职责

机构 职责	职 责
第一科	各种文件规则之起草及审查；职员的登用、转任、免职、叙等、晋级、奖惩及履历编辑保存；印信的保管盖用；文书的收发处理；在监人书信及相关文书收发；在监人资料、物品的保管及收发；在监人刑期计算及执行处分；赦免、假释、减刑的申请及执行等20项职责。
第二科	监狱警备及在监人之戒护检束；看守之勤务配置及教习训练；监房及诸门之锁钥管理；在监人之押送；在监人粮食衣类、卧具、杂物之分给及保管；在监人教诲教育之管理及赏罚之施行；在监人疾病死亡处理等29项职责。
第三科	物品之购入收支及保管；建筑及修缮之工事施行；制作品之定做、保管、变卖；工业之种类选择；作业者之配置及转役；在监人被服、卧具杂物之调制保管及授受等20项职责。

教诲师：承典狱长官之命令对于囚人专从事于培养道德之任务。教诲方式有三种：集合教诲、类别教诲和个人教诲。集合教诲是对一般囚人之教诲，于星期日、国庆日、纪念日在教诲堂行之。类别教诲须分别囚人之罪质、犯数、职业、教育性

情等于工场或监房分类教诲之。个人教诲有如下情况：入监、出监、转监、疾病、亲丧、惩罚、接见、书信。未设教诲师的监狱由教师兼任。

教师：承典狱长官之命令专于囚人之教育，并根据就学者之年龄、智能、性情、境遇等施适当之教育。

医士：承典狱长官之命令掌理关于囚人之检诊、治疗及监狱卫生之一切事务。

看守：在看守长的直接指挥下监督、管理犯人并处理监狱各项庶务，其中最主要的职责是加强对犯人的戒护，是对犯人进行直接管理的监狱官。

第三节　近代监狱官选任制度

清末改良监狱之初，关于监狱官的任用方式通常为二种：特别任用和普通任用。所谓特别任用，是先检验资格，行看守采用试验，及任看守，习得监狱事务实际之经验后，查其人的身体、精神素养等俱适于监狱官吏，由看守更行试验，合格者擢为看守长，阅五年以上，克胜厥职。另一种监狱官的选任方式为普通任用。这种方式的选拔要求较为简单，凡为文官高等官，试验及第，可直接补典狱之职。但这种任用方式也有明显的不足，即不能调查所任用监狱官特别技能资格，不如特别任用考核较为全面。[1]

北洋政府时期，文官任用分为特任、简任、荐任、委任四种。监狱官分为荐任、委任及委任待遇。[2]监狱看守所职员依

---

[1] 王素芬："明暗之间：近代中国监制转型研究"，华东政法大学2006年博士学位论文。

[2] 钱端升等：《民国政制史》，上海人民出版社2011年版，第35页。

下列规定分别任用：京师各新监狱典狱长、各省容额五百人以上新监狱典狱长为荐任；除荐任外的各新监狱典狱长、充分监长之看守长、各新监狱看守长、法院直辖之看守所所长所官、各旧监狱管狱员为委任；新监狱教诲师技士、新监狱看守所医士药剂士、新监狱候补看守长为委任待遇。[1]具体选任办法可参照下表。

监所职员任用暂行章程（1919年4月2日呈准）[2]

资格 职务	遴选条件	备注
荐任职位	一、有荐任文职资格或试署资格或有荐任法官资格者； 二、在经司法部核准之监狱学校或监狱专修科毕业得有文凭者； 三、在警监学校毕业得有文凭者； 四、在法政法律学校三年以上毕业得有文凭者； 五、办理新设监所事务二年以上著有成绩或在新监狱实地练习一年以上确有心得者。	具备第一至第四各款之一及第五款
监所委任职务	一、有委任文职资格或试署资格者； 二、有前条第一至第四各款资格之一者； 三、办理新设监所事务一年以上著有成绩或在新监狱实地练习半年以上确有心得者。	具备第一第二两款之一及第三款者
技士 医士 药剂士	在各该专门技术学校毕业，或有同等学术且富有经验者派充之。	

---

[1]《监所职员任用暂行章程》，河南省劳改局：《民国监狱资料选》（上），河南省劳改局1987年版，第226页。

[2]《监所职员任用暂行章程》，河南省劳改局：《民国监狱资料选》（上），河南省劳改局1987年版，第226页。

第四章　近代监狱官制度

续表

资格\职务	遴选条件	备注
教诲师	在师范学校或中学校毕业，或有同等学力且文理优长善于演讲者派充之。	
候补看守长	一、原在法政法律学校一年半毕业或中学校毕业者； 二、充本监主任看守三年以上成绩卓著者。	具备两项条件者

从上表可以看到，荐任和委任职务均要求有法政或监狱专科学习经历，同时要有实践工作经验且确有成绩者。即使候补看守，亦不例外。而对于技士、医士、药剂士、教诲师等对专业技术要求更高的职位，则必须选任该专业毕业生充任。

所有监狱官均要参加考试获得任职资格。北洋政府时期颁布过几个重要的监狱官考试规则，如首先是对直接负责监狱基层工作的看守和管狱员的考试规则：《监狱看守考试规则》[1]《管狱员考试暂行章程》[2]，其后又出台了《监狱官考试暂行章程》。[3]根据这几个章程，北京政府时期监狱官、看守、管狱员的应试资格、免试资格及考试内容如下：

---

[1]《监狱看守考试规则》，1912年12月7日，殷梦霞、邓咏秋选编：《民国司法史料汇编》第17册，国家图书馆出版社2011年版，第10页。
[2]《管狱员考试暂行章程》，1913年3月26日，殷梦霞、邓咏秋选编：《民国司法史料汇编》第17册，国家图书馆出版社2011年版，第45页。
[3]《监狱官考试暂行章程》，1919年6月20日，殷梦霞、邓咏秋选编：《民国司法史料汇编》第22册，国家图书馆出版社2011年版，第394页。

监狱官考试规则

级别 项目	应试资格	免试资格	考试内容
高等监狱官	年龄年满20岁以上具有下列资格之一者： 1. 经司法部核准之监狱学校或监狱专修科毕业得有文凭者； 2. 在外国警监学校毕业得有文凭者； 3. 在本国或外国法律法政学堂一年半以上毕业得有文凭者； 4. 曾任委任以上文职者。 以下人员无考试资格： 1. 曾受五等有期徒刑以上宣告者； 2. 褫夺公权或停止公权尚未复权者； 3. 品行卑劣被控有案查明属实者； 4. 受破产之宣告尚未复权者； 5. 有精神病或年力衰弱者； 6. 亏欠公款或侵蚀公款者； 7. 其他法令有特别规定者。	1. 1913年、1915年两次考取及格者； 2. 具备监所职员任用暂行章程第三条各款之资格，曾经该厅呈准署补现缺人员。〔1〕	甄录试： 国文 正试： 1. 监狱学 2. 监狱现行法规 3. 新刑律 4. 刑事诉讼法大意 5. 刑事政策大意 6. 监狱统计学 备注： 1. 监狱学、监狱现行法规、新刑律为主科，分数不及格者，其余科目分数虽多，不得录取。 2. 考试各科目以平均满70分以上者为及格。 3. 考试分数合计平均满80分以上者为甲等，满70分以上者皆为乙等。

〔1〕"具有资格人员应否免监狱官考试分别准驳令"，1910年11月15日，殷梦霞、邓咏秋选编：《民国司法史料汇编》第22册，国家图书馆出版社2011年版，第398页。

第四章　近代监狱官制度

续表

级别\项目	应试资格	免试资格	考试内容
看守	1. 年龄在25岁以上，40岁以下； 2. 小学校以上毕业； 3. 身高在四尺五寸以上，四肢、五官健全，无传染病。 以下情况无考试资格： 1. 犯徒刑罪者； 2. 受禁治产及准禁治产之宣告者； 3. 受破产之宣告者； 4. 其他法律有特别规定者。	如果有下列条件之一，且适合上述第一和第三项条件者，可以不经考试： 1. 曾任委任官； 2. 曾充看守三年以上，确有凭证者； 3. 监狱或警监学校毕业者。	1. 国文 2. 算术（加减乘除） 3. 现行刑律大要 4. 现行监狱法规大要
管狱员	1. 历办监狱事务满一年以上有成绩者； 2. 在新监狱充看守二年以上有成绩者； 3. 依各县地方帮审员考试章程有第五条所列各款资格之一者。〔1〕	免试资格为有以下资格之一者 1. 在监狱或警监学校一年以上毕业者； 2. 在设有监狱学科之法政法律学校二年以上得有修业文凭者； 3. 曾在新监狱充看守长半年以上者；	管狱员考试分为笔述和口述，笔述合格后方可参加口述。笔述共五科： 1. 新刑律 2. 监狱学 3. 监狱现行法规 4. 刑事诉讼法大意 5. 刑事政策大意 备注：前三科为主要科，分数不及格

---

〔1〕　一，在法政学堂或法政讲习所一年以上领有修业文凭者；二，曾充推事检察官未满一年者；三，曾充暂时刑事司法权长官；四，历办法司行政事务或行政事务满一年以上有成绩者。《各县地方帮审员考试暂行章程》，1913年2月28日，殷梦霞、邓咏秋选编：《民国司法史料汇编》第15册，国家图书馆出版社2011年版，第354页。

续表

项目\级别	应试资格	免试资格	考试内容
		4. 依各县地方帮审员考试章程有第六条所列各款资格之一者。[1]	者，其他两科分数虽多不得录取。口述考试为三科主要科，主要是关于监狱管理方法方面的问题。备注：笔述考试及格而不经口试者，笔述为无效。免考者和考试合格者，姓名成绩均要上报司法总长。并要由该省官署制定公报公布，由该县知事呈请司法筹备处长委任，但因必要情形，得径由司法筹备处长委任。

所有的监狱官考试合格后，均须经实习之后才能委任上岗。高等监狱官需要练习六个月，期满后由典狱长将成绩附加考语，经由高等检察长或审判处长呈司法部核定委任。

为促进狱务及提高监狱官整体素质，北洋政府时期还制定了培训计划。司法部成立狱务研究所，由监狱司司长监督专理。

---

[1] 一，在法政法律学堂一年半以上得有毕业文凭者；二，曾经法司考取为帮审员者。《各县地方帮审员考试暂行章程》，1913年2月28日，殷梦霞、邓咏秋选编：《民国司法史料汇编》第15册，国家图书馆出版社2011年版，第354页。

委任典狱长及分监长、各监看守长、各监看守所所长或所官分期入所学习。学习科目分为下列两种：①普遍科目，即官吏服务令、监狱官特别注意事项、暂行监狱法规。②特别科目，即实习指纹、新式簿记、监狱统计。研究期限定为三个月，两个月为学科研究，一个月为实务研究。学员学习期间薪俸不变，一般期满后回任。成绩最优或不及格者另行分别办理。[1]

看守考试合格后还需要如下程序：要由监狱长官负责教练，为期三个月的教练，免试者也要参加。教练内容包括专业学习和实践。专业学习由监狱附设的教练所负责，由典狱长或典狱官任所长，看守长任教习，教习二人以上。学习内容包括：现行监狱法规，现行刑法大要，现行法院编制法大要，现行刑事诉讼法大要，公文程式及记录报告方法。实践练习在监狱内学习，包括：体操戒具使用法，消防演习武艺；体式服装及其他纪律。学习考试合格由典狱长或典狱官发给文凭，授以相当职务。不合格就不合格可不补习，再加考试。不堪造就者退除。[2]所有看守还需取具切实保结，并须填写如下愿书：具愿书某某，＿＿＿年＿＿＿岁，某省某县人，现住＿＿＿某所，今应某某监狱看守考试，业蒙取录，所有服务纪律自应切实遵守，所具愿书是实，此呈某某监狱，＿＿＿年＿＿＿月＿＿＿日。某某图章。

除办理新设监所事务一年以上著有成绩或在新监狱实地练习半年以上确有心得者，所有管狱员也要进行培训，由设置于高等检察厅或新监内的管狱员补习所负责。补习所所长由高等检察长兼任。补习期限定为三个月，其中两个月在所补习学科，

---

[1]《监务研究所章程》，1921年4月1日训令，河南省劳改局：《民国监狱资料选》（上），河南省劳改局1987年版，第235页。

[2]《监狱看守教练规则》，1912年12月7日，殷梦霞、邓咏秋选编：《民国司法史料汇编》第21册，国家图书馆出版社2011年版，第29页。

一个月在监练习实务。补习科目为文官服务会及监狱管理特别注意事项及监所现行法令。讲员由高等检察长于典狱长、高等检察厅检察官、看守长内选拔派充。所长不给津贴,讲员酌给夫马费,其数目由高等检察长核定。补习期间准支原俸三分之二,其所遗职务另行派员代理。补习期满,一般仍回本任。其成绩最优或不良者由高等检察长分别呈部核办。[1]

南京国民政府在北洋政府基础上,对监狱官的选任制度更趋制度化,将监狱官考试分为"高等考试监狱官考试"和"普通考试监狱官考试"。两类考试人员资格上,都主要招收修习政治、法律、社会、监狱专业的毕业生,至于考试内容,详见下表:

监狱官考试条例

资格等级＼内容	考试资格	考试内容
高等监狱官	中华民国国民有下列各款资格之一者,得应监狱官之高等考试。 1. 国立或经立案之公私立大学、独立学院或专科学校修政治法律、社会、监狱等学科三年以上毕业,得有证书者。	第一试考试: 1. 国文:论文、公文; 2. 党义:三民主义、建国大纲、建国方略、中国国民党重要宣言及决议案。

---

[1]《管狱员补习所章程》,1921年4月1日训令,殷梦霞、邓咏秋选编:《民国司法史料汇编》第20册,国家图书馆出版社2011年版,第400页。

续表

资格等级\内容	考试资格	考试内容
	2. 教育部承认之国外大学、独立学院或专科学校修政治、法律、社会、监狱等学科三年以上毕业,得有证者。 3. 有大学或专科学校政治、法律、社会、监狱等学科毕业之同等学力经检定考试及格者。 4. 确有监狱专门学术技能,或著作经审查及格者。 5. 经普通考试及格四年后,或曾任监狱行政机关、监狱看守所委任官及与委任官相当职务三年以上者。 6. 在国内外专门以上学校修政治、法律、社会、监狱等学科一年以上毕业,得有证书,并曾在专门以上学校教授本条例第四条必试科目一年以上,或曾任监狱行政机关或监狱看守所委任官职务一年以上者。	第二试分必试和选试两类: 一、必试科目:1. 国民政府组织法;2. 刑法;3. 刑事诉讼法;4. 监狱学;5. 现行监狱法规;6. 犯罪学;7. 工厂管理;8. 刑事政策;9. 监狱卫生学。 二、选试科目在下面科目中任选三种:1. 民法;2. 法院组织法;3. 指纹学;4. 社会学;5. 警察学;6. 监狱统计学;7. 犯罪心理学;8. 法医学大意;9. 外国文。 第三试为面试,就刑法、监狱学、现行监狱法规、刑事政策四科目及其经验面试。〔1〕
普通监狱官	中华民国国民有下列各款资格之一者,得应监狱官之普通考试。 1. 经立案之公、私立高级中学,旧制中学或其他同等学校毕业得有证书者。	甄录试内容四项:1. 国文:论文及公文;2. 党义:三民主义及建国方略;3. 中国历史及地理;4. 宪法(宪法未公布前考中华民国训政时期约法)。

---

〔1〕《高等考试监狱官考试条例》,1931 年 11 月,河南省劳改局:《民国监狱资料选》(上),河南省劳改局 1987 年版,第 371 页。

续表

资格等级＼内容	考试资格	考试内容
	2. 有前款所列学校毕业之同等学力，经检定考试及格者。 3. 在国立及经教育部立案或承认之国内外专门以上学校修政治、法律、社会、监狱等学科，一年至二年毕业得有证书者。 4. 有考试法第七条第一款至第四款所列资格之一者。	正式考试亦分必试和选试。 必试科目：1. 监狱学；2. 监狱法规；3. 监狱卫生；4. 刑事政策。 选试科目从如下科目中任选一种：1. 工场管理；2. 刑法概要；3. 刑事诉讼法概要；4. 民法概要。[1]

所有考试通过人员要进行资格审查。审查材料由高等法院院长依据《监狱官任用暂行标准》第十条，将履历及证明文件送交监狱官审查委员会审查，[2]包括资格审查与成绩审查。[3]监狱官审查委员会分别荐任、委任、委任待遇及其官职，按照《监狱官任用暂行标准》规定审查。[4]审查结果记载于监狱官

---

[1]《普通考试监狱官考试条例》，1933年6月19日，河南省劳改局：《民国监狱资料选》（上），河南省劳改局1987年版，第370页。

[2]《监狱官任用暂行标准》，1932年6月13日公布，湖北省司法行政史志编纂委员会：《清末、民国司法行政史料辑要》，湖北省司法行政史志编纂委员会1988年版，第156~159页。

[3]《监狱官审查委员会规则》，1932年7月20日公布，湖北省司法行政史志编纂委员会：《清末、民国司法行政史料辑要》，湖北省司法行政史志编纂委员会1988年版，第162页。

[4]《监狱官任用暂行标准》，1932年6月13日公布，湖北省司法行政史志编纂委员会：《清末、民国司法行政史料辑要》，湖北省司法行政史志编纂委员会1988年版，第156~159页。

第四章 近代监狱官制度

资格审查簿。[1] 审查合格人员，要进行实习。实习时间三个或六个月。练习期满，由典狱长就各该练习人员之操行、能力及学识出具切实考语，并造具清册，连同日记呈由司法行政部或高等法院审定，发给成绩证明书。前项成绩由高等法院审定者，并应报部备案。[2]

经过审查及实习的监狱官，则可按照《监狱官任用暂行标准》分派工作。任用次序依下列标准：任用之先后以资历定；资历相同者，以存记年月日定其先后；存记年月日相同者，以学历定其先后；学历相同者，以毕业或考试成绩定其先后。另，司法行政部部长若确定为资格优良者，得尽先任用。[3]

以上法规可以充分证明民国时期对监狱官整体素养要求之高，但是，在实践层面还是有很多问题并未解决。至1935年的司法会议，关于监狱官制度的提案，主要是关于监狱官待遇和专业培训方面。对于监狱官的培训问题，提案者均认为"监狱官为在监人之表率，其品学才能必使在监人不敢轻视，始易收感化之效"。而监狱官的选拔虽然已有相关规则出台，但是却未能切实推行，因此新监之内仍然以旧式看守为主，多系私人荐引而无专业知识，不明职责。"弱者昏昏，黠者营巧，而监狱长官碍于情面多自隐忍迁就。"这已成为新监改进狱政之最大障碍。县监所的问题更为严重。因地位关系，县监所更无法选用

---

[1]《审查监狱官资格及成绩办法》，1932年7月20日公布，湖北省司法行政史志编纂委员会：《清末、民国司法行政史料辑要》，湖北省司法行政史志编纂委员会1988年版，第159页。

[2]《监狱官练习规则》，1933年9月18日公布，1936年2月11日修正公布，湖北省司法行政史志编纂委员会：《清末、民国司法行政史料辑要》，湖北省司法行政史志编纂委员会1988年版，第174~175页。

[3]《审查监狱官资格及成绩办法》，1932年7月20日公布，湖北省司法行政史志编纂委员会：《清末、民国司法行政史料辑要》，湖北省司法行政史志编纂委员会1988年版，第159页。

善良之看守，因此看守"非革除之皂隶，即无业之游手"。[1]而且，监狱改良固然有赖于上级监狱官之丰富学识，但更需要下级看守和主任看守，因为他们是真正接触在监人的，上级监狱官仅居于设计和督责方面。[2]因此，提案建议将各新监所看守与主任看守及反省院守卫与主任守卫严密挑选、淘汰，抽调受训，其投考程度须与初中或高小相当。体格检验须与警察规定相符。毕业后成绩最优者以主任看守任用。[3]同时，也有提案强调监狱官的政治素养，要求加强党义培训。[4]

监狱不能吸纳人才的另一个原因是管狱员的名称问题。新监的典狱长、分监长名位较高，"老成硕士尚乐就之"，招纳人才不是问题。但是县监之管狱员，其位职与法院书记官无异，然人多乐为书记官而不愿就管狱员。究其原因，一是责任重大；二则管狱员名称久为人所鄙弃。因此建议正名，改管狱员为典狱官或其他较善之名称，以收改正社会心理之效。[5]

自清末新政时期，监狱改良期间，无论是沈家本监狱改良计划，还是法部的议覆，都很重视监狱官的待遇问题。他们认为只有监狱官的待遇品级提高，"登进严则贪墨之风自绝，待遇

---

[1]《请设立狱政人员训练所及看守教练所案》，河南省劳改局：《民国监狱资料选》（上），河南省劳改局1987年版，第273页。
[2]《改良监狱意见案》，河南省劳改局：《民国监狱资料选》（上），河南省劳改局1987年版，第271页。
[3]《请设立狱政人员训练所及看守教练所案》，河南省劳改局：《民国监狱资料选》（上），河南省劳改局1987年版，第273页。
[4]《改良监狱意见案》，河南省劳改局：《民国监狱资料选》（上），河南省劳改局1987年版，第271页。
[5]《请设立狱政人员训练所及看守教练所案》，河南省劳改局：《民国监狱资料选》（上），河南省劳改局1987年版，第273页。

隆则狷洁之士自至矣",[1]但清末对此并没有真正提高。北洋政府时期，监狱官待遇有所提高，但是同司法官比较，官等和薪俸还是有很大差别。司法官有特任、简任、荐任，如大理院长为特任，月俸1000元，大理院厅长最高可800元。监狱官最高为荐任，京师监狱长最高为荐任一级，月俸为30元，即使受最高俸五年以上，成绩卓著，可以加240元以内的俸禄，但是亦不足600元，还是远低于司法官。[2]从这一点讲，虽自清末至民初，常将监狱官同司法官并提，但其身份地位还是有显著差异。南京国民政府时期有所提高，荐任一级可最高400元，受各该最高级俸五年以上确有劳绩者，还可有400元以内年功加俸。[3]但对于看守而言，即使主任看守，最高也只有40元，普通看守最低仅20元。[4]

1919年9月4日，司法部公布《监所职员官等法》。其中，监狱官的官等规定如下：

---

[1] "修订法律大臣沈家本奏实行改良监狱宜注意四事折"，怀效峰主编：《清末法制变革史料》上卷，中国政法大学出版社2010年版，第393页。

[2] 《司法官官俸条例》，1918年7月10日公布，《监所职员官俸法》，1919年9月4日公布，殷梦霞、邓咏秋选编：《民国司法史料汇编》第22册，国家图书馆出版社2011年版，第326页、343页。

[3] 《监所职员官俸暂行条例》，1928年5月公布，湖北省司法行政史志编纂委员会：《清末、民国司法行政史料辑要》，湖北省司法行政史志编纂委员会1988年版，第110页。

[4] 《监所看守薪资规则》，1932年12月7日，湖北省司法行政史志编纂委员会：《清末、民国司法行政史料辑要》，湖北省司法行政史志编纂委员会1988年版，第165页。

监所职员官等法[1]

等别\署名	荐任			委任			
	一等	二等	三等	四等	五等	六等	七等
京师新监狱	典狱长	典狱长		分监长;看守长	分监长 看守长	看守长	
各省新监狱		典狱长	典狱长	典狱长	典狱长 分监长 荐任职员所属之看守长	典狱长 分监长 荐任职员 所委任职员 所属之看守长	荐任职员所属之看守长;委任职员所属之看守长
京师法院看守所				所长	所长 所官	所官	所官
各省法院看守所					所长	所长 所官	所官
各县旧监狱						管狱员	管狱员

注：荐任典狱长之叙等由司法总长呈请大总统行之；委任监所职员之叙等由司法总长行之。

---

[1] 河南省劳改局：《民国监狱资料选》（上），河南省劳改局1987年版，第222页。

自清末以来，凡谈监狱改良，必讲监狱官待遇及培训问题。故从以上制度改革看，主要从此两方面入手，虽有进步，然其效果并非尽如人意。至1935年4月10日召开的"全国司法会议"，其中关于"监所职员问题"共十五案，就有十案涉及监狱官的待遇与培训问题。对于待遇问题，中心意见是提高薪资，认为"吾国监狱官吏待遇极薄，有资格能力者，每不屑就，即就亦不愿久留，遇有机缘去而之他"。[1] 而且，现在薪资标准已然不高，如江苏新监看守工资均规定10元，一些低级看守实支尚不足此数。"每月除伙食零用，所余寥寥，焉望赡家。"监狱官职责太重，薪资过少，晋升难，无学校毕业资格者更无晋升之望，故而"干练者裹足不前"，或者作为暂时息足之所，随时欲谋他处。[2] 多数提案认为监狱官薪资过薄成为监狱罗致人才的障碍，亦不足以策励而养其清廉。[3]

小　结

综观近代监狱官制度，同中国古代狱官制度比较，各方面均有实质上的变化。首先是身份地位的提高。在古代，狱吏除国家行政官员兼管职员外，监狱官的整体地位比较低下，而狱卒等人更是贱民职业。清末民国时期，因为监狱改良的意义，监狱官成为备受改革者重视的职业，所谓"改良监狱，尤在看守得人"，"改良刑法之实际在监狱改良。监狱之内容，则在管

---

[1]《提高监狱官待遇以罗致贤能案》，河南省劳改局：《民国监狱资料选》（上），河南省劳改局1987年版，第272页。

[2]《看办主任看守训练所并实行监所看守薪资规则案》，河南省劳改局：《民国监狱资料选》（上），河南省劳改局1987年版，第274页。

[3]《请设立狱政人员训练所及看守教练所案》，河南省劳改局：《民国监狱资料选》（上），河南省劳改局1987年版，第273页。

理法,实行管理法,则在管理及看守之得人,是则不易之理也"。[1]这种变化尤其表现在低等监狱官地位的变化。按照民国时期官等法规,即使最低等看守及管狱员,也进入了国家公职人员序列。其次,监狱官待遇有所提高。监狱官在社会地位和薪金方面存在着很大区别,高级监狱官地位高且薪金丰厚,低级监狱官待遇仍比较微博,勉强能够维持生计。但同古代狱吏相比,也已有霄壤之别。再次,具备专业素养。从监狱官选任法规可以看到,近代监狱官均要求具有专业学习并取得毕业文凭者方可参加考试,考试合格还要继续进行专业学习和实践训练方可入职,这是同古代监狱官的根本区别之一。即使是看守和管狱员等低等职员,考试资格也要求有一定学历,或者有实践工作经验,而考试内容同样涉及监狱学与刑法内容。最后,品行要求。在监狱官选任法规中,都明确规定,品行卑劣或有犯罪记录,均不得参与考试。选任上的严谨,加以考核和奖惩制度,近代监狱官管理日趋规范化与制度化,在一定程度上保障了监狱改良的成果。当然也有问题仍不容忽视。监狱官,尤其是看守和管狱员中,还有很多人没有文化,或者接受过专业培训,从而破坏了犯人改造中的处罚原则。因为待遇低微,腐败和贿赂在看守和犯人之间还非常普遍,他们的职业仍然不是受人尊重的职业。

---

[1] "考察司法制度报告书",汪庆祺编,李启成点校:《各省审判厅判牍》,北京大学出版社2007年版,第469页。

第五章
新式审判机构的筹设

光绪三十二年（1906年）九月二十日，清廷法部改革中央官制的上谕，依司法权与行政权的（包括司法行政权）分离原则，司法机构随之调整。原三法司中位尊权重的刑部改为法部，专掌司法行政，大理寺改为大理院，专掌司法审判。自此，清末结束了司法领域在传统基础上的"略为变通"，转而以西方司法为导向的司法改革正式启动。中央机构的变革，地方必然要随之而动，各级审判机构的设立开始纳入近代司法改革的日程。"此次厘定直省官制，注重之处，则仍不外两端：一曰分设审判厅，一为司法独立之基础"；[1]"关乎司法者，即各省省城及商埠等处各级审判厅……惟改良裁判，实为司法独立之关键"。[2]"现在法部、大理院，既经分设，外省审判之事，自应由此划分权限，别立专司，俾内外均归一律。此各省审判各厅不能不按级分立者也。"[3]

---

[1] "总司核定官制大臣奕劻等奏续订各直省官制情形折"，光绪三十三年五月二十七日，故宫博物院明清档案部编：《清末筹备立宪档案史料》上册，中华书局1979年版，第503页。

[2] "宪政编查馆大臣奕劻考核京外各衙门第三年第一次筹备宪政情形折"，宣统二年十月十九日，故宫博物院明清档案部编：《清末筹备立宪档案史料》上册，中华书局1979年版，第86页。

[3] "总司核定官制大臣奕劻等奏续订各直省官制情形折"，光绪三十三年五月二十七日，故宫博物院明清档案部编：《清末筹备立宪档案史料》上册，中华书局1979年版，第504页。

第一节 清末各级审判厅的筹办

一、相关法规

1906年,大理院成立,朝廷任命沈家本和刘若曾为大理院正卿、少卿,负责筹设工作。同年,《大理院审判编制法》出台,为大理院的筹办工作提供了纲领性法律规定。按照该法规定,大理院为最高审判机构,在京直辖京师高等审判厅、京师城内外地方审判厅、京师分区城谳局,实行四级三审制。[1]各审判厅、局设立裁撤,更移管辖地段,须会商法部随时奏闻,请施行。且"自大理院以下,及本院直辖各审判厅、局,关于司法裁判,全不受行政衙门干涉,以重国家司法独立大权,而保人民身体发财产",明确审判独立。[2]大理院机构设置的成型,是地方各级审判厅筹办的前提和基础。

按照宪政编查馆《逐年筹备事宜清单》,光绪三十五年(1909年),颁布法院编制法,筹办各省省城及商埠等处各级审判厅,至次年(1910年),各省省城及商埠等处各级审判厅一律成立,由法部、各省督抚同办。[3]各级审判厅的筹建事关重大,需要指导性文件作为依托。故法部于光绪三十三年(1907)

---

[1] 清朝确定四级三审制,是在考查诸国司法之后得出的结论。在官制上,变通日本成法,改裁判所为乡谳局,该地方裁判所为地方审判厅,该控诉院为高等审判厅,而已大理院总其成。后在《各级审判厅试办章程》中,将乡谳局改为初级审判厅。"大理院奏审判权限厘定办法折",怀效峰主编:《清末法制变革史料》上卷,中国政法大学出版社2010年版,第389、458页。

[2] 《大理院审判编制法》,光绪三十二年十月二十七日奉旨依议,怀效峰主编:《清末法制变革史料》(上卷),第455页。

[3] "宪政编查馆、资政院会奏宪法大纲暨议院法、选举法要领及逐年筹备事宜折"(附清单二),怀效峰主编:《清末法制变革史料》上卷,中国政法大学出版社2010年版,第92页。

十月二十九日奉旨颁行了《各级审判厅试办章程》，该章程包括总纲、审判通则、诉讼、各级检察厅通则、附则五章。总纲中规定：审判案件分刑事、民事二项，刑事案件为"凡因诉讼而审定罪之有无者"；民事案件为"凡因诉讼而审定理之曲折者"。"凡本章程未规定者，依旧章行之，无旧章者，由法部酌核办理。"按章程，直省审判厅包括初级审判厅、地方审判厅和高等审判厅。[1]

《各级审判厅试办章程》是在天津审判厅试办章程、《京师高等以下各级审判厅试办章程》及沈家本所奏《法院编制法草案》基础上"详加参对"制定出来的。[2]法部称其"纲举条分，略具法院编制法及诉讼法大要"。[3]后因该章程中保留了一些仅在京师范围内适用的条款，故宣统元年（1909年）七月初十，法部又颁定《补订高等以下各级审判厅试办章程》，对其中一些条款进行了补充性规定。[4]

至宣统元年（1909年），距各省省城及商埠等处各级审判厅一律成立的期限仅剩一年，但全国省城只有奉天成立审判厅。吉林和黑龙江也在筹设之中，商埠有天津和营口奏报开办，其余地方或"甫在规划，或尚少端倪"。即使有所响应的省份，尚多"疑难待剖之端"，亦未深谙行政司法之别，意图简便速成。如此"分途异辙"，若不统一规划，恐怕即使时限宽裕，也不免

---

[1] "各级审判厅试办章程"，光绪三十三年十月廿九日奉旨依议，怀效峰主编：《清末法制变革史料》上卷，中国政法大学出版社2010年版，第458页。

[2] "法部奏酌拟各级审判厅试办章程折"，怀效峰主编：《清末法制变革史料》上卷，中国政法大学出版社2010年版，第413页。

[3] "法部奏筹办外省省城商埠各级审判厅补订章程办法折"，宣统元年七月初十日，怀效峰主编：《清末法制变革史料》上卷，中国政法大学出版社2010年版，第421页。

[4] "补订高等以下各级审判厅试办章程"，宣统元年七月初十日，怀效峰主编：《清末法制变革史料》上卷，中国政法大学出版社2010年版，第470页。

"良莠杂陈"。因此，法部上奏，希望能统一规范，以固法权。法部在这篇奏折中说明了审判厅筹办无可回避的三件事：一，"定各厅之组织，明审判之等差，别事物之管辖，厘官吏之职权，此法院编制法之事也"；二，"推事、检察等员应如何资格，黜陟进退，各官应如何依据，此法官登进惩戒章程所有事也"；三，"诉讼和解应遵如何程式，判决执行宜循如何节次，此诉讼法所有事也"。以上法律章程无法速求颁布，但审判厅的筹建又不能延缓，故而，须暂定简要之规，以为权宜之用。为此，法部奏请颁布《拟定各省城商埠各级审判检察厅编制大纲》（以下简称《编制大纲》）和《拟定各省城商埠各级审判厅筹办事宜》（以下简称《筹办事宜》）。《编制大纲》主要是关于"厅所员额"问题，《筹办事宜》是关于筹款、用人及一切关系各厅事项。待一切相关法律次第颁行，此项章程条款则"改归一律，俾免岐趋。是有俾于初基，并无梗于进步"。[1]

按《编制大纲》，首先规定了各省城商埠设立审判厅的一般规范：省城和商埠同在一处的，仅设一所高等审判厅；各在一处的，省城设高等以下各厅，商埠不设高等审判厅，其它则如"省城之例"；若商埠"大而事繁"，或距省城过远，可以酌设高等审判分厅；凡首县各设地方审判厅一所，初级审判厅一所或二所。高级审判厅和地方审判厅均设民科、刑科两庭。省城商埠各级审判厅，俱各设同等检察厅，厅所附于各审判厅之内。其次，该大纲规定了各级审判厅的员额编制。[2]

《筹办事宜》主要涉及经费、建设、用人及管辖四个方面。

---

〔1〕"法部奏筹办外省省城商埠各级审判厅补订章程办法折"，宣统元年七月初十日，怀效锋主编：《清末法制变革史料》上卷，中国政法大学出版社 2010 年版，第 421 页。

〔2〕"拟定各省城商埠各级审判检察厅编制大纲"，怀效锋主编：《清末法制变革史料》上卷，中国政法大学出版社 2010 年版，第 471 页。

筹办审判厅，首要是经费问题，法部主张根据《编制大纲》对设置审判厅的要求，在度支部统一财政之前，由督抚督同藩司或度支司负责筹款，所有开办费须特别专拨应用。就日常经费部分，原有发审局、清讼局的事务因转归审判厅，则在公费内酌量划提。审判厅照章收取的诉讼费及各项罚金，除应解司法部之外，充审判厅常年之用。在开办经费问题上，法部还特别声明：虽然国家处于"司农仰屋"之时，应力求撙节。但是，"司法独立特为宪政之刚，维审判厅即其精神之所寄也"。若"过持减啬之意"，则不免"意存敷衍"。况且，"省城为郡邑模楷，商埠系中外观听"，之所以分年筹办，就是希望"令财力纾缓"而得以不知从容。而且，现在所拟定筹办省城商埠各级审判厅编制"已极简约"，所以希望各疆臣能"凛遵谕旨，勉为其难"，不得再行缩减。待得"将来推广府厅州县乡镇各级审判厅，须应行变通之时，临期再议"。[1]

就审判厅的建设，法部要求法庭及办公场所以从新建筑为宜。如财力实有不足，可以酌量修改闲废公局处所，但不得与各行政官署混合，"以清界限"。[2] 从空间上实现司法行政的分离。

统一用人权。京城内外审判厅、检察厅，由法部直辖。所有官员的请简、奏补及委用，均归法部，以与各行政官相区别。在法官考试任用章程未施行之前，以所拟暂行办法执行。

管辖权问题。一般情形下，各省城高等审判厅管辖全省诉讼，各府厅州县地方审判厅管辖全境诉讼。比较复杂的乡镇州县地区，在各乡镇初级审判厅、各服厅州县地方审判厅未普遍

---

〔1〕"法部奏筹办外省省城商埠各级审判厅补订章程办法折"，宣统元年七月初十日，怀效锋主编：《清末法制变革史料》上卷，中国政法大学出版社2010年版，第421页。

〔2〕"拟定各省城商埠各级审判厅筹办事宜"，怀效锋主编：《清末法制变革史料》上卷，中国政法大学出版社2010年版，第472页。

设立前,法部拟定了诉讼管辖权的基本原则,对划分管辖权标准,界内、界外诉讼案件的受理权限,上诉、越诉案件的处理做出明确规定。

《各级审判厅试办章程》及《编制大纲》《筹办事宜》三部法律文件,基本涵盖了筹办审判厅最迫切需解决之问题,是晚清筹设各级审判厅的法律指南。

二、天津各级审判厅之试办

按照沈家本筹建大理院的设想,大理院为"中外之观瞻所系,事关重大",故沈氏"夙夜绸缪"。其中"审判官之事权"及"各审判所之区域"被其视为"急需筹办者",前者不确定,则"责无所属",后者不明确,则"事无所归"。除此,沈家本认为亟须办理的就是设法成立京师地方审判厅及城谳各局,以令法部现有案件得所交代。[1]但是,实际上,审判厅的试办并非自京师起,而是发自天津。

自光绪三十二年(1906年)九月二十日上谕发布,刑部著改为法部,专任司法;大理寺著改为大理院,专掌审判。十月二十七日,大理院奏请《审判权限厘定厘定办法折》,提出各省设立高等审判厅、地方审判厅、乡谳局。直隶总督袁世凯率先响应,认为"新政繁兴,诸需整顿",至司法独立,为万国通例,我国司法亦应"分员而治,各专责成,以渐合立宪各国制度"。然而积重难返,若同时并举,"划然分离",不仅有人才缺乏之虞,"布置亦难籍手"。故而宜"逐渐分析,择一二处先行试办",待视"情形实无窒碍,然后以次推行"。故饬令天津府县谙习法律及法政毕业人员拟议章程,数易其稿后,于光绪三

---

[1] "大理院奏审判权限厘定办法折",光绪三十二年十月二十七日,怀效锋主编:《清末法制变革史料》上卷,中国政法大学出版社2010年版,第472页。

第五章　新式审判机构的筹设

十三年（1907年）二月初十完成，天津试办审判厅工作启动。且完全按照大理院原奏试办，"以为法院编制之先声"。

袁世凯试办审判厅的办法是先从天津府试办，名高等审判分厅；天津府中选一县试办，名为地方审判厅；又划分天津城乡，设乡谳局四处。两厅及谳局办事人员，主要有如下人员：一，平日研究谳法暨由日本法政学校毕业回国者，择优选用；二，原有发审各员，先令学习研究，试验及格，按照分数高下，分别派充。如此，"人争濯磨，尚无滥竽充数之事"。

考虑到法官工作繁重，审判厅特设预审一官，作为承转机关，亦有"慎重刑事"之意。厅局雇佣的书记生、承发吏、司法巡警，[1]皆由招考而得，且待遇优厚，以"严杜需索"。特殊待质所安置证人，依身份性别分为绅商、平民、妇女三室。管收所安置紧要人犯中尚未定罪而又碍难保释者，保证卫生条件，也为无力自给之人酌给钱文。同时对状纸及诉讼费用，皆有统一章程，不容有丝毫出入，实行数月，因其"费省而事便，无从上下其手"，"民间翕然从风"。

天津审判厅自二月试办至六月，短短四个月的时间，"积牍一空，民间称便"。不仅如此，处理华洋诉讼案件时，外国原告过堂时脱帽致敬，结案是则照缴公费，"悉遵该厅定章"，甚至有原告不再赴该国领事投禀而迳赴审判厅起诉，袁世凯乐观地将其视为"将来撤回领事裁判权之嚆矢"。而司法独立虽不能"一蹴而几，但既亦有端倪，则此后之进步改良，尚非难事"。[2]

---

[1] 书记生负责写状录供，整理公牍；承发吏负责收受民事诉状、递送文书传票；司法巡警负责搜查、逮捕、执行、处刑。"袁世凯奏报天津地方试办审判情形折"，怀效锋主编：《清末法制变革史料》上卷，中国政法大学出版社2010年版，第399页。

[2] "袁世凯奏报天津地方试办审判情形折"，光绪三十三年六月初九日，怀效锋主编：《清末法制变革史料》上卷，中国政法大学出版社2010年版，第399页。

· 173 ·

从袁世凯对天津审判厅试办情形的描述，可以看到审判厅的设立带动了司法的一系列改革。首先是司法事务与行政事务的分离。当时因法部相关章程的缺失，天津府县虽不再亲自审判，但因案件移交所用印信，一切布置建筑，都需要府县负责，故厅长之职仍由其兼任。虽然，此时还仅是职责的分立，而非真正的权力重构，但是已然在打破行政司法合一体制。其次，所有审判厅办事及雇佣人员，皆重知识的专业性，而且选拔严格，待遇从厚，以防贪腐。再次，相关机构的设置，如待质所、管收所，均有别于旧制，亦是对既有弊政的改良。最后，诉讼费用的规范公开，改变过去定数太多，延宕不缴，需索无度等问题。

天津审判厅试办能做到上述程度，不能忽视袁世凯的作用。对清末新政，直隶是"领风气之先"之地，在教育、军事领域颇有作为，司法改革亦不甘人后。在1904年和1905年，谋求监狱改良，袁世凯就两次派天津知府凌福彭考察狱制，创办罪犯习艺所，推动监狱改良。天津审判厅试办，即由凌福彭主持，《天津府属试办审判厅章程》亦出自其手。同时，1904年，法部、大理院还未设立，真正以西方为楷模的司法改革未启动之时，袁世凯即奏请在天津设立"发审公所"，饬令分发到直隶的大挑等人员入所学习。[1]而学习内容主要是会典、律例、刑案，旁及公法约章，要观摩研究，待"治术经世之要熟悉讲求"，则就近在天津府县提审案件，"借觇才识而资阅历，造就有用之才，以备良吏之选"。袁世凯之所以创立发审公所，在于意识到儒生一旦实任，"于民情既多隔阂，即听断莫所折中"，此关系

---

[1] 清乾隆十七年（1752年）定制，三科（原为四科，嘉庆五年改三科）不中的举人，由吏部据其形貌应对挑选，一等以知县用，二等以教职用。每六年举行一次，意在使举人出身的士人有较宽的出路，名曰大挑。

非细故。吏治之要,首在折狱。无论命盗重案为民命所系,务当廉得其情,即使寻常词讼,亦"闾阎休戚相关,均宜立为剖决"。而具备此种能力,需要"通达至理,深明律法,而又洞悉民情者",否则,"无以察情伪而成信谳"。虽然袁世凯积极于新政的目的多为人所诟病,但社会的进步又往往是在旧制中逐渐突破藩篱而实现的,虽初衷为保旧制,但实施过程中结果与初衷的背离却是历史的常态。

三、京师及全国各省审判厅开办

京师为根本重地,"观听攸关","天津并一省之先,而京师实各省之准"。[1]法部计划在京师设立高等审判厅一所,内外城各一所地方审判厅,城谳局(后来的初级审判厅)五所,共计八个审判厅。但最终限于经费问题,仅设高等审判厅一所,内城地方审判厅一处,城谳局数目不详。[2]京师内城地方审判厅于1907年冬设立,分民刑各两科,科各二庭,每庭设推事六人。开办以后,"每月承审案件不下二百余起,其间管辖区域之广,受理词讼之多,不独视初级审判厅为最繁剧,即较之高等审判厅与最高裁判之大理院,亦实有日不暇给之势"。故而,法部于1909年上奏,既然案件日增而月益,设厅又事钜而费难,"筹费维艰,一时究难猝办"。因此,奏请"在内城地方审判厅内增设民刑各一庭,每庭暂设推事三人,以一人为之长,承审民刑各案……俟外庭审判厅建设后,即将增庭员缺分拨如额,以符定章"。如此,"矜慎讼狱之中,兼寓撙节经费之意"。[3]

---

〔1〕"法部奏酌拟各级审判厅试办章程折",光绪三十三年十月二十九日,怀效峰主编:《清末法制变革史料》上卷,中国政法大学出版社2010年版,第413页。

〔2〕李启成:《晚清各级审判厅研究》,北京大学出版社2004年版,第70页。

〔3〕"法部奏地方审判厅内增设民刑两庭折",宣统元年闰二月初二日,怀效峰主编:《清末法制变革史料》上卷,中国政法大学出版社2010年版,第417页。

即便法部在经费方面多方筹措,力求节省,京师内城审判厅最初两年也只能租赁民房,"办公逼迫,湫隘窒碍良多"。直至宣统元年(1909年)三月十八日,法部奏请将西长安门外制造库一所拨改地方审判厅,允准后,至十一月法部为经费问题上折,还未动工。对于建筑外观,当时还颇有争议,"或谓规摹洋式,备列国之观瞻,或谓轮奂法庭,杜小民之玩视"。法部认为这些争论"费既不资,亦均未得其要"。后经"往复讨论,事求核实",方"酌定建筑准式"。在其规划中,审判厅应包含如下建筑:垣墙、法庭、办公室、看守所、接待外人处所、诉讼人候质处所,以及各庭两旁,储存稿案,并录事书手、缮稿写供、茶灶更夫、厨房人等,支应伺候各处所等。计算下来,法部核计需要银七万两,但是当时所有筹措款项共有四万两,还有三万两的不足,法部只能请朝廷划拨。此前,法部为模范监狱事,已经"专折请款",称"不宜又以是厅上烦圣鏖","惟彼系收效于事后,此系剖决与事前,皆为慎重刑狱起见,实系无可偏缓"。朝廷允准拨款,始动工。[1]从京师地方审判厅可以看到当时经费之艰难,而京师各级审判厅也最终未能完成既有规划,只能以上述增庭方法变通解决。

光绪三十三年(1907年)五月二十七日,清廷发布上谕《各直省官制先由东三省开办俟有成效逐渐推广谕》,其中有"各省按察使拟改为提法使……分设审判厅……著由东三省先行开办,如实有与各省情形不同者,准由该督抚酌量变通,奏明请旨。此外直隶、江苏两省,风气渐开,亦应择地先为试办,俟著有成效,逐渐推广。其余各省,均由该督抚体察情形,分

---

[1] "法部奏请拨地方审判厅公署经费折"宣统元年十一月十一日,怀效峰主编:《清末法制变革史料》上卷,中国政法大学出版社2010年版,第422页。

年分地请旨办理,统限十五年一律通行。"[1]清朝以东三省[2]为试办区,在于东三省为龙兴之地,"根本重地,经划宜先,且一切规模,略同草创,或因或革,措置亦较易成功"。从试办结果看,光绪三十三年(1907年)五月的谕旨发布后,东三省总督徐世昌即督令着手在奉天筹办各级审判厅。八月即拟定提法司衙门及各级审判厅官制上奏,至十二月一日,仅半年时间,共建奉天高等审判厅一处,奉天府地方审判厅一处,承德、兴仁两县按巡警区域设初级审判厅六厅,各厅均附设检察厅,并作为以后审判厅筹建的模范。[3]而直隶、江苏两地审判厅最终建成已至宣统二年(1910年)十一月,不及东三省为先,因此,"审判一项,则以奉天、吉林、黑龙江成立为较早"。[4]其中又以奉天为模范。

其后,奉天审判厅格局因官制变革,又有所调整。至1909年,各级审判厅兴办之效显著,"计自开办以来,结案至七千余起之多,商民称便",推广时机成熟。故东三省总督徐世昌上奏推广规划,本着"省城而外,先及商埠"的原则,商埠中,营口地冲要道,商民云集,诉讼繁杂。新民则"地方辽阔,户口殷繁,讼狱之多,不亚省治"。故先在二处设地方、初级审检

---

[1] "各直省官制先由东三省开办俟有成效逐渐推广谕",故宫博物院明清档案部编:《清末筹备立宪档案史料》上册,中华书局1979年版,第510页。

[2] 光绪三十三年三月,清廷正式下诏,宣布东三省实行改制,改盛京将军为东三省总督。四月,改东三省官制,设立奉天、吉林、黑龙江三行省,置总督巡抚,以总督为长官,辖三省军政、外交,巡抚为次官,管理本省民政。

[3] 俞江:"清末奉天各级审判厅考论",载《华东政法学院学报》2006年第1期。

[4] "宪政编查馆大臣奕劻考核京外各衙门第三年第一次筹备宪政情形折",宣统二年十月十九日,故宫博物院明清档案部编:《清末筹备立宪档案史料》上册,中华书局1979年版,第88页。

厅，于宣统元年（1909年）三月十五和二十五日分别开办。[1]以后又陆续兴办，至宣统三年（1911年）六月，奉天共有高级审判厅1处，地方审判庭7处，初级审判厅9处。[2]

东三省其它两省，至宣统二年（1910年）十月二十九日，吉林除省城及长春成立较早外，如延吉等处，亦于1909年成立。依兰、宁安、滨江三埠，也已"筹款有著，定于本年一律成立"。黑龙江高等审判及龙江府地方以下各厅，已于1910年底成立，呼兰约于九月内开办，绥化府属，"款尚无著"。[3]再至宣统三年（1911年）六月，吉林有高等审判厅1处，地方审判厅8处，初级审判厅15处。黑龙江高等审判厅1处，地方审判厅1处，初级审判厅1处。[4]

其他各省，在法部下发创办各级审判厅之令，多有所响应。有些地方还专门成立"审判厅筹办处"等临时机构，以为总汇机关，"以利推行而资统摄"。[5]至宣统二年（1910年），法部所定各级审判厅设立规划期限。"直隶、天津原办各厅，现均按照《法院编制法》为准的，妥议改良，高等、地方两厅，刻已工竣，初级厅亦照章筹设。至张家口渐成繁盛，现已派员勘估。

---

[1] 王家俭等编：《奉天司法纪实》，第二编"文牍"第四章"设立及沿革"，转引自俞江："清末奉天各级审判厅考论"，载《华东政法学院学报》2006年第1期。

[2] 李启成：《晚清各级审判厅研究》，北京大学出版社2004年版，第221页。

[3] "宪政编查馆大臣奕劻考核京外各衙门第三年第一次筹备宪政情形折"，宣统二年十月十九日，故宫博物院明清档案部：《清末筹备立宪档案史料》上册，中华书局1979年版，第87页。

[4] 李启成：《晚清各级审判厅研究》，北京大学出版社2004年版，第221页。

[5] "浙江巡抚增韫奏浙江筹办各级审判厅情形折"，"山东巡抚袁树勋奏山东筹办审判厅并请变通府县审判厅办法及初级审判厅权限折"，故宫博物院明清档案部：《清末筹备立宪档案史料》下册，中华书局1979年版，第873、876页。

第五章　新式审判机构的筹设

广西则称，高等及桂林地方暨临桂初级各厅内，均分设民、刑各一庭，省城审判、检察各厅，已于六月内一律开办。山西省城审判各厅，已于四月内一律开厅试办。河南所建高等、地方及检察各厅，湖北高等、地方、初级及汉口商埠初级各厅，均已先后工竣。此外如山东、安徽、江苏、江西、广东、四川、贵州、陕西、甘肃等省，均据报称，刻期赶办，俟修造工竣，即行开厅，期符部限。浙江则称，因经费叠次核减，仅将前经动工之初级厅扩充，作为高等，并附杭州附地方厅于其内，省城应设之仁、钱初级二厅，及拱宸桥商埠酌设之初级一厅，现均分别赶造。湖南前经奏准展限三个月，嗣复改订由长沙府设地方、检察各一厅，长、善两县即免分设。并据江苏奏称，镇江商埠所设地方、初级各一厅，已购置民房修改，上海商埠应设各厅，只能就租界外设立，已由臬司会同上海道详请咨商筹办。"[1]这份资料基本涵盖了各省筹办各级审判厅之初的情况。至宣统三年（1911年）六月，先行试办之直隶、江苏两省仍是各级审判厅兴办较多之地，据李启成统计，直隶有高等审判厅1处，高等审判厅分厅2处，地方审判厅4处，初级审判厅7处；江苏省高级审判厅1处，地方审判厅4处，初级审判厅7处。[2]

四、地方关于各级审判厅筹设困境的讨论

地方筹备审判厅的过程中，审判人才的缺乏与经费支绌是最主要的两个问题，现以山东和浙江为例予以说明。

---

[1] "宪政编查馆大臣奕劻考核京外各衙门第三年第一次筹备宪政情形折"，宣统二年十月十九日，故宫博物院明清档案部编：《清末筹备立宪档案史料》上册，中华书局1979年版，第87页。

[2] 李启成：《晚清各级审判厅研究》，北京大学出版社2004年版，第222页。

首先是人才问题。山东巡抚袁树勋经过计算，预计山东各处审判厅成立后，推事、检察及典簿、主簿、录事、书记、承发吏、庭丁、检验各员，东省一百零七州县，需人至少在两千以上。浙江巡抚增韫推算各级审判厅所需推事、检察等人员，亦为两千余人。因此，地方均将培养储备审判人才作为筹办审判厅之第一要义。

对此，两省分别采取了一些措施。山东主要有如下办法：其一，将法政学堂速成班改为司法讲习科，次第增加以养成审判官；其二，"饬按察使及济南府署发审局委员，候补人员曾任差缺者，于法政学堂附设夜课，专设民、刑、商法及诉讼法，并外国之审判例，俾有经验之官吏，得以扩张其知识"；其三，"令曾在京外各法政学堂毕业之优秀者，择优派充发审局帮审委员，俾有学问之学生，得增长其阅历"；其五，饬巡警学堂添设司法警察班，法政学堂筹办检验吏养成所，均为审判厅储备所需人才。[1]

浙江在人才培养方面，注重经验之历练。所谓"凡事必有经验，而后其中至得失利害始明。审判厅既为创举，使明年省城及商埠各级同时成立，事体一有未谙，而影响甚大，即临时亟图补救，亦贻误恐多"。其培养历练办法有二：一，在审判厅筹办处内，附设审判研究所，专为养成省城及商埠各级审判厅应用人才。任用翰林院编修孙智敏为该所监督，招考合格人员入所研习。招考对象首选自然是法政毕业生，"以其讲习有素，事半而功倍"。但是，浙江省法政学堂上年毕业生有限，最优等及优等生均已委派差缺及襄办各局所事务，不便"朝移夕转，

---

[1] "山东巡抚袁树勋奏山东筹办审判厅并请变通府县审判厅权限折"，宣统元年五月二十七日，故宫博物院明清档案部编：《清末筹备立定档案史料》下册，中华书局1979年版，第873页。

反致纷纭"。因此,要等当年毕业生,在与上年毕业者合同考试,拔其优者,约有 80 人。定为甲班,学期八个月;另招文理优长,粗有法政知识者为乙班,先于甲班开课,十五个月毕业。毕业后,"若仅恃讲堂之指授,仍不免有扪烛扣盘之诮",故需再实地练习三个月,以使"学理与事实融合贯通",然后委用。而且,考虑到旧有之发审局,"既形势轩格,不能相通",因此,拟设模范审判厅一所,选派法政毕业且于审判素有经验者,任职员,试习审判,同时研究其中利害得失,随时改良进步。如此,可"于推办审判事宜既有把握,并可为研究学员练习之所,诚一举而两得"。待得审判厅一律成立之后,再行归并,而原有人员可分布于各级审判厅,"以资熟手"。二,在法政学堂分设法律别科,专攻法律各学,陆续招考,限三年毕业。预计宣统七年,全省审判厅一律成立时,不再有"乏才之叹"。[1]

前述京师审判厅因经费支绌问题一再缩减,经费困难在地方上也是筹办审判厅人才之外的另一难关。山东为筹建审判厅,派人调查省城、商埠上午繁简及人口情况,以确定审判厅建设之地。同时确定"初级审判厅应设几所,每所职员应置若干,民刑应分几庭,推检应设几缺,平昔诉讼习惯,出入用度,衙署应否建设,管辖如何区分"。按照九年立宪期筹备清单,第四年(1911 年)筹备府厅州县城治各级审判厅,第五年(1912 年)筹备乡镇初级审判厅,"是每府厅州县城治,至少必设地方审判厅一所,初级审判厅一所,乡镇平均计算,每处必在四所以上。以此类推,则每一厅州县,必有地方审判厅一所、初级审判厅五所。又据法院编制法,初级审判厅须置一员或二员以

---

[1] "浙江巡抚增韫奏浙江筹办各级审判厅情形折",宣统元年六月三十日,故宫博物院明清档案部编:《清末筹备立宪档案史料》下册,中华书局 1979 年版,第 877 页。

上之推事，初级检察所须置一员或二员以上之检察官，是每一厅州县之初级审判厅，须设官二十员左右，地方审判厅既分民、刑两庭，又兼用合议制，合计推事长、庭长、推事、检察长、检察官，总在十员以上"。即以平均计算，每人俸禄以一年六百两计算，则俸薪一项，每一厅州县，一年就在二万两左右，典簿、录事、书记、承发吏、庭丁、检验吏各项俸薪，与其他办公费用，至少亦需万金。因此，一厅州县一年需费用三万两左右，全国二十二行省各府厅州县全年只人员薪俸支出，应在五千万两以上。[1]这一关于人员支出的预算与山东巡抚的预算基本吻合。基础建设费用还不包括在内。按照法部对京师地方审判厅的预算，每一地方厅的建设费用应该也在七万两左右。[2]"既虑国家无此人才，抑亦断无此财力。"[3]为缓解经费问题，山东、浙江两省提出了两种解决办法。

山东巡抚提出办法为：一，以州县权兼推事长，以祛冗滥而节糜费。理由是，清朝司法改革以日本司法制度为标准，而中日实际情形悬殊。中国州县之面积，与日本之县大异，平均计算，每县约相当于日本二郡，"人口多寡迥异，诉讼繁简亦殊"，若照法院编制权限办理，"转虞事务过简，而新设各官，不无冗滥闲散之嫌"。虽然司法行政混合之弊，人人能言，但过渡之际，州县官权兼推事长，不妨暂予通融。二，减少初级审

---

[1] "山东巡抚袁树勋奏山东筹办审判厅并请变通府县审判厅办法及初级审判厅权限折"，宣统五年五月二十七日，故宫博物院明清档案部编：《清末筹备立宪档案史料》，中华书局1979年版，第874页。

[2] "法部奏请拨地方审判厅公署经费折"，怀效锋主编：《清末法制变革史料》上卷，中国政法大学出版社2010年版，第422页。

[3] "山东巡抚袁树勋奏山东筹办审判厅并请变通府县审判厅办法及初级审判厅权限折"，宣统五年五月二十七日，故宫博物院明清档案部编：《清末筹备立宪档案史料》，中华书局1979年版，第874页。

第五章　新式审判机构的筹设

判厅数量。可在直隶州设立地方审判厅一所，而于有辖地之府及厅州县设立初级审判厅一所或二所，则"全国此项经费，可锐减十分之九有奇"。[1]

浙江巡抚在经费问题上，认为最主要的是人员薪俸支出问题，并认为该项支出应占审判厅筹建经费的十分之八九。[2]按该巡抚预算，浙江省须设立三百座各级审判厅，推事、检察等职，约计需二千余人。[3]而且，"昔日州县重寄，一切移之法官"，"法官资格既高，俸禄不容过薄"，"若所入不足自存，不独不能保持独立之地位，而流弊且不可胜言"。因此，欲司法之独立，则行政司法人员薪俸应持平。为解决经费问题，该巡抚提出，审判厅一旦成立，需要从州县公费中提取三分之一予以补助。以州县公费按平均六百两计算，初级厅成立后，提出二百两，足以养一推事、一检察官。而原来刑幕修金、秋录招解等费，差役工食，凡应归司法经费者，悉数提出，以养录事、庭丁之属而有余。同时，各审判厅成立后，来自诉讼状纸、印纸、登记费、罚金等正当收入也可以供支出费用的大半。而且，推行愈久，收入愈多，即使需要国库支出，所需亦当有限，因此，浙江巡抚不主张裁减司法官薪俸。[4]可见，浙江巡抚的这一奏折是针对当时存在的减少司法官薪酬以减经费支绌困难意

---

[1] "山东巡抚袁树勋奏山东筹办审判厅并请变通府县审判厅办法及初级审判厅权限折"，宣统五年五月二十七日，故宫博物院明清档案部编：《清末筹备立宪档案史料》，中华书局1979年版，第874页。

[2] "浙江巡抚增韫条陈审判事宜折"，宣统二年十月初十日，故宫博物院明清档案部编：《清末筹备立宪档案史料》下册，中华书局1979年版，第881页。

[3] "浙江巡抚增韫奏浙江筹办各级审判厅情形折"，宣统元年六月三十日，故宫博物院明清档案部编：《清末筹备立宪档案史料》下册，中华书局1979年版，第877页。

[4] "浙江巡抚增韫条陈审判事宜折"，宣统二年十月初十日，故宫博物院明清档案部编：《清末筹备立宪档案史料》下册，中华书局1979年版，第881页。

见而发。

浙江巡抚增韫的另一道奏折也代表了当时对审判厅筹设的一种忧虑。宣统二年（1910年）十月初十，增韫上"条陈审判事宜折"，建议审判厅暂缓开厅。在奏折中，增韫谈到，全国各地审判厅已渐次成立，"司法遂以独立"，"遂经馆部诸臣划区编制，全国颁行，道一风同"。在这种情势下，自己为何逆势而奏？"惟是事属创始，造端宏大，各省之风气未尽开通，相需之人才未必适用，一或不慎，其流弊所至，上之不足尊崇法律，下至且将遗害民生，腾笑邻邦，为世诟病。此大可虑者也。"

增韫有如此忧虑，主要基于以下两点：一，"今设立审判厅，先从商埠入手，机关既不完全，官吏又无经验，以万国具瞻之地，一不得当，即为口实，信用若失，挽救终难"。二，司法人员缺少历练。当时有法官资格者，主要有三种人：一为通晓法政人员。其学虽系专门，然诉讼不过各科之一，致力未必专精也。一为文官七品以上及举贡出身者。其中岂无绩学之士，然法律非素习，未必遽能明通也。一为旧时刑幕。其中亦多知名之流，然所习者旧法，于新学或憎如也。况法部通行招考之时，现行刑律甫经奏定，应试之士，尚未窥见全书。这些法官或专业不精，或囿于旧学，或缺少历练，[1]"朝获幸取，夕操法权"，难免"临事张皇，全体哗然"，如此，"虽有圣神不可侵犯之法律，亦将见轻于民"。更何况"旧法之范围已破，而新法又不足资维持，国家将何所凭借以控驭人民乎？"是"以人民生命财产极为重要之端，托之资格不齐一无历练之人"。

基于以上原因，增韫建议：一，商埠审判厅暂缓开厅，即使为收回法权，也"要以审判妥善为衡，"无需"斤斤于迟速

---

[1] "浙江巡抚增韫条陈审判事宜折"，宣统二年十月初十日，故宫博物院明清档案部编：《清末筹备立宪档案史料》下册，中华书局1979年版，第881页。

间"。应专注于省城审判厅,"程督易而稽查周"。一年以后,卓有成效,再从中挑选明干练达之人,派往商埠审判厅任推检各官,则驾轻就熟,"舆论翕然,坚外人之信仰,即徐收已失之利权,事半功倍,无逾于此矣"。二,司法人员于开庭前先行练习。这是增韫一贯之主张,要求将所有合格之司法人员"分发各省,暂不开庭,即就现建之高等、地方各厅中练习半载,凡审判一切手续,及应用规章,讨论其疑义,演习其规模,其偏畸缺漏处,先事补正之"。以期达到"练习既久,措置裕如"的目标。三,法官薪俸宜从优给予。如果法官待遇不厚,司法行政即不平等,易形成"司法为朝廷不甚爱惜之官,奇才异能,皆趋重于行政,而视司法为畏途。法制纵极完全,无人才以司之,终必归于堕坏"。

增韫有上述建议,还在于更深层的忧虑:"国家所恃以保持全国之安宁秩序者,法制与人才而已。无法制不足以范人才,无人才不足以行法制,相需相成,未容偏重。况改革伊始,天下之观听系焉,基础一坏,阻力横起,新法之弊较旧法尤甚。迨至弊端已见,复事变更,不独前此所筹备和等诸虚牝,而迁贸无常,适易启人轻视现时制度之心,转无以昭威信于天下,此又不可不早为计及者也。"[1]百年后再读此文,能否再简单斥为保守之论?

第二节 民国时期法院的筹建

1911年,经由辛亥革命、民国初立、清帝逊位,政权更迭之际,清末筹设审判厅规划何去何从,关系着民初司法改革与

---

[1] "浙江巡抚增韫条陈审判事宜折",宣统二年十月初十日,故宫博物院明清档案部编:《清末筹备立宪档案史料》下册,中华书局1979年版,第881页。

清末司法改革的关系及改革方向。

一、民初制度之延续

辛亥革命之后,由鼎革之际引发的无序、混乱,使清廷官员纷纷离职,司法官多有去职,以致"司法主权,几至无所系属"。[1]1912年1月,南京临时政府成立,任命前清修律大臣伍廷芳初任临时政府首任司法总长。临时大总统令,以民国法律,尚未颁布,所有从前施行之法律及新刑律,除与民国抵触各条,应失效力外,余均暂行援用。因此,民国初年适用的《中华民国暂行法院编制法》即宣统元年颁布的法院编制法。[2]地方上,各地司法行政机构司法司、提法司也未变动。至袁世凯接任大总统,1912年7月,司法部还特发通告:"查司法司一职各省名称不同,本部前经提出议案交由国务会议,于六月初十日决定暂时各仍其旧,俟官制颁行,再行一律改正。"[3]这些机构的延续或可视为民初政府与前清在司法改革上的延续性。因此,南京临时政府及北洋政府初期,延续了清末的四级三审制,以初级审判厅与地方审判厅为第一审,以高等审判厅与大理院分任终审机关。至民国三年,因人力、财力之故,将初级审判厅取消,但在设有地方审判厅之县,则于厅内设置简易厅,办理所谓初级管辖案件,其实质仍然存在,此项制度,终北京政府时代,未有变动。[4]

---

[1] "广东司法司呈报办理及进行之种种",载《广东司法五日报》1912年第1期。当时司法官离职的详细情况可以参考李在全:"民国初年司法官群体的分流与重组——兼论辛亥鼎革后人事嬗变",中国法律史学会2016年年会论文。

[2] 钱端升:《民国政制史》,上海人民出版社2011年版,第63页。

[3] "司法部通告司法司一职暂时各仍其旧文",元年七月,殷梦霞、邓咏秋选编:《民国司法史料汇编》第15册,国家图书馆出版社2011年版,第209页。

[4] 钱端升:《民国政制史》,上海人民出版社2011年版,第64页。

第五章 新式审判机构的筹设

虽然有上述大总统令,但是因为经费问题,某些地方审判厅有裁并和缩小管辖范围之意,对此,民初司法部的回复一般是维持原状。如1912年8月5日,"司法部咨奉天都督请维持已设审检各厅文"中,司法部首先重申:"查审判制度现仍暂准援用法院编制法,按照编制法第十一条,审判衙门之设立、废止及管辖区域之分划或其变更事宜,以法律定之。""既系关乎法律所定,所有奉天已设各厅自不便骤议变更。"其后司法部申明:民国初建,尊重人权,要在还未设立审判厅的地方逐渐筹划建设,因此,开办最早的奉天审判厅,"数年以来,规模差备",无需裁并缩小。而且,奉天商埠各厅,"不特为外人观听所系,抑且华洋发生案件久已归厅办理,若于此时忽将审判机关武断废置,生灭自由,不特对于外人失其信用,即对于吾民似亦无此政体"。虽财政困难,但审判厅事关变更法律及尊重法权,且"奉省对外特别关系",所以,要求奉天"不能不勉为其难以继续进行"。同时,司法部还对奉天都督所提由地方官员兼办检察事宜的提议予以否决,"从前曾有此议,究以迁就太过,议格不行,此时尤不宜有此办法以滋流弊"。[1]

虽有司法部的咨覆,但奉天临时省议会"提议奉天提法司各级审判厅应分别裁并暂行停办以节经费一案"还是表决通过,因事关变更制度,奉天请示司法部,对此,司法部回复:"查所议裁并办法自系为节费起见,当此国库支绌,民穷财尽之际,无论何项机关,苟能虚糜,自应极力减省以培元气。惟是民国肇始,待理万端,而要以立法、司法、行政三权分立为立国之要素,对于全国财政而言,固不应躇事增华,对于全国国务而

---

[1] "司法部咨奉天都督请维持已设审检各厅文",元年八月五日,殷梦霞、邓咏秋选编:《民国司法史料汇编》第15册,国家图书馆出版社2011年版,第214页。

言,亦岂宜因噎废食?"因此,就司法而言,司法部再次重申:"凡系从前未经设厅地方,方将统筹全国司法区域,分年筹办完全成立,待观厥成,鞭策进行实在今日。是从前已成之基础,实将来必设之机关,似不宜于九仞为山辄令功亏一篑。"对于奉天临时省议会因财政紧张,认为司法应和行政一体裁并,司法部坚决反对,认为行政官厅裁并,"苟非闲散,必属骈枝",而司法机关为人命财产所寄,不能和行政机关裁并相提并论,驳回裁撤意见。同时,同意裁撤"冗员浮费"。"原案所具各厅之帮办行走学习及主簿、录事、书记各员,与夫津贴办公消耗等费,叠床架屋,诚不无浮滥之处。至于特别厅暨驻抚分厅,倘无设立之必要,尽可随时体查情形,分别裁并。"总之,司法部要求"可存者存,可去者去。固不敢以虚縻而重担负,亦不能以吝惜而置废弛"。[1]

对各地审判厅,司法部也均持此意见,已设之审判厅尽力维持,停办之地尽快恢复,以及必要之增设。"改良审判为民国建设要端……法官失职自可更换,至若机关成立,务恳大力维持,毋令半途废止。"尤其是一些"中外观听所系"之商埠及城市。[2]停办之地则尽快恢复。1911年冬,甘肃兰州已设各级审检厅,因"军兴饷绌"停办,至1912年底还未恢复。司法部致电甘肃都督:"司法机关为人民生命财产所寄,关系重要,万望协力提倡,饬财政司设法筹拨,相与维持,并饬法司从速

---

〔1〕"司法部咨覆奉天都督裁并各级审判厅办法文",元年十月四日,殷梦霞、邓咏秋选编:《民国司法史料汇编》第15册,国家图书馆出版社2011年版,第217页。

〔2〕"苏发表于致湖北民政长成立机关务恳大力维持电",元年十月一日,殷梦霞、邓咏秋选编:《民国司法史料汇编》第15册,国家图书馆出版社2011年版,第217页。

筹办。"[1]1912年底，因烟台距省城千余里，人民上诉颇多不便，山东提法司根据《法院编制法》，拟在烟台设高等审检分厅各一厅，所需款项也备齐，呈请司法部。司法部考虑到该审判厅成立，"辖地既广，且系商埠，地方案件较繁，距省又复窎远，核与应设高等分厅之处自属相符"，照准。[2]

二、法院改组

民国初年，审判厅虽维持其旧，但对官名进行了调整。1912年5月18日，司法总长王宠惠呈请大总统，借前大理院正卿刘若曾等辞职之机，认为大理院正卿、少卿等官名不适于民国制度，而新的法院编制法正在修订，颁布还需时日，因此"先更正其名称，而宜暂仍其组织，以便继续执行"。因此，大理院正卿改为大理院长，少卿一席裁撤，"余暂如旧，俟法院编制法修改后一律更正"。1912年8月19日，司法部因各审判厅厅丞亦与国体不合，随大理院长之名将厅丞改称院长。[3]但审判厅名称，虽《临时约法》中称法院，均维持现状未改。[4]

1913年1月8日，北京政府颁布《临时大总统公布划一现行中央直辖特别行政官厅组织令》。其中关于司法组织规定，

---

[1] "司法部致甘肃都督请速规覆司法机关电"，元年十二月十六日，殷梦霞、邓咏秋选编：《民国司法史料汇编》第15册，国家图书馆出版社2011年版，第221页。

[2] "司法部咨覆山东都督准就烟台设立高等分厅文"，元年十二月十四日，殷梦霞、邓咏秋选编：《民国司法史料汇编》第15册，国家图书馆出版社2011年版，第221页。

[3] "司法部呈大总统拟改各厅丞为厅长经国务院议决请鉴核施行文并批"，元年八月十九日总一字第十号，殷梦霞、邓咏秋选编：《民国司法史料汇编》第15册，国家图书馆出版社2011年版，第215页。

[4] "司法部致武昌司法司法院与审判厅无异希维持现状会商妥办电"，元年八月三十日，殷梦霞、邓咏秋选编：《民国司法史料汇编》第15册，国家图书馆出版社2011年版，第215页。

"各省现设之司法、提法等司均改为司法筹备处，其司长司使等官均改为处长"，由司法总长经由国务总理呈请简任。[1]这是时任司法总长许世英开展全国司法改组的重要步骤，司法筹备处及负责各地审检机关的改组。

许世英1912年7月至1913年9月任司法总长，1912年12月召开中央司法会议于北京。这次司法会议的议题之一就是"筹办审判检察监狱事项"。[2]在许世英的《改进司法革新狱制计划书》中，对于法院建设，主要有如下主张："已有者，力与维持，未有者，急图建设"，"分年设备"。许世英总结清末筹备宪政，"区画甚详，而言之或不能遽行，行之未必甚遽效者"。究其原因，"匪惟制度之阙略，障碍之丛生，人民信仰之未坚，京省情形之互异也"。更重要的现实原因在于"人才之消乏，财力之困难，实为一重大原因"。这两大现实困难，许世英认为比之"督抚之牵掣，州县之破坏，士夫之疑义，幕胥之阻挠"还要严重。现在虽"民国肇造，政体更新，潮流所趋，万方同轨，国民心理渐次改观，将欲絜中外而纳于大同，其必自改良司法始"。但人才与经费的困窘仍是民国的两大问题，中国有二十二行省，1700余县，因此，还需"分年设备"。因此，许世英以1914年至1918年为"设备各行省法院、检事局、监狱文之期"。藏、蒙、青海等处，则候行政区划确定后再着手。至于司法区划，虽然从法理论，不必与行政区划同，但是考虑到中国的习

---

[1] "临时大总统公布划一现行中央直辖特别行政官厅组织令"，二年一月八日教令第六号，殷梦霞、邓咏秋选编：《民国司法史料汇编》第15册，国家图书馆出版社2011年版，第230页。

[2] 本次司法会议的议题主要是：关于改良审判检察监狱事项；关于筹办审判检察监狱事项；关于司法教育并监狱教育事项；关于司法和监狱统计事项；其他关于司法之必要事项。"中央司法会议简章"（1912年9月21日颁布），载《司法公报》1912年第2期。

惯,自己清末所设法院,多与行政区域合;再从实际出发,法院为便民诉讼,采取四级三审制,若使地方法院区域过广,则初级上诉之案,"道途辽远,诸多不便",因此,仍以行政区域为司法区域,"每一县设一地方法院,附郭之初级法院,即合设于其内。其因事繁,设二初级法院以上者,则当然分立"。清末所设审检厅,"大约不及十分之二,其余有正在筹办而中止者,有全为未筹办者,有逐渐添设者"。因此,在1914年6月前,"先就应设院局二千有奇,分为五年设备,每年至少期以成立五分之一为率,扣至第五年一律完成"。由此开始了民初的法院改组。[1]但是,此次改组主要涉及人员的新旧更替,而于审判厅的筹备设立,基本维持现状。

三、法院建设的反复

1913年3月,宋教仁案发生。1913年7月,"二次革命"爆发,熊希龄出任内阁总理。9月,许世英正式辞职,梁启超出任司法总长。[2]9月23日,临时大总统袁世凯应司法部之请,令"所有各省司法筹备处应即一律裁撤","心在内外财力艰窘万分,前饬各省设立司法筹备处本为预策进行,目前各处未设法院有无余力扩充,尚待从长计画,所有各省司法筹备处应即一律撤销,各该处应办事宜,仍由司法部就高等审检两厅长中遴员呈请兼任,以节靡费"。[3]后因新疆"边事孔亟及经费支

〔1〕"司法总长改进司法革新狱制计划书",1912年,湖北省司法行政史志编纂委员会:《清末、民国司法行政史料辑要》,湖北省司法行政史志编纂委员会1988年版,第83~84页。
〔2〕梁启超,1913年9月至1914年2月任司法总长。
〔3〕"临时大总统令所有各省司法筹备处应即一律撤文",民国二年九月二十三日,殷梦霞、邓咏秋选编:《民国司法史料汇编》第15册,国家图书馆出版社2011年版,第243页。

绌"，所有覆判及上诉案件均暂时由司法筹备处管理，"以济其穷"，因此，司法部同意新疆暂缓裁撤司法筹备处。另外，司法筹备处的事宜最后亦经调整，不从审判厅长或检察厅长中遴员兼任，而是按审检事宜"分别改归高等审检厅各自办理，或由该两厅会同办理"。[1]

审判厅的改组有此反复，同司法总长梁启超对司法时局的认识不无关系。梁启超任司法总长后，认为中国近代法律改革，师拟西法，"改律设厅，日不暇给"。然有几个方面的问题不容忽视：第一，法官朝出学校，暮为法官，学理未精，经验尤缺，因此造成论事多无常识，判决每缺公平；第二，服官本籍，亲故请托，朋比为奸，人地不宜；第三，审判厅组织不健全，案多积压；第四，新纂诸律，折中未周，法规不善。[2]最后，更紧迫的仍然是一直困扰近代司法改革的经费紧张问题。二次革命后，北洋政府财政更行紧张，"内治之根本，厥惟财政现状之艰险，稍爱国者类能言之，然艰险之程度果至何等，非在当局，恐未能喻也"。[3]如上环境下，"改革太骤，扩张太过，锐进之余，乃生反动"。[4]因此，梁启超主张："今当草创之际，难期速成，故拟将已成立之法庭，改良整顿，树之风声。其筹备未完诸地方，则审检职务，暂责成行政官署兼摄，辟员佐理。""模范既立，乃图恢张，以消极的紧缩主义行积极的改进精神，

---

[1] "司法部呈大总统遵将司法筹备处裁撤其应办事宜拟分别改归高等审检两厅办理毋庸遴员兼任请鉴核示遵文并批"，民国二年九月三十日，殷梦霞、邓咏秋选编：《民国司法史料汇编》第15册，国家图书馆出版社2011年版，第244页。

[2] "呈总统文"，梁启超：《饮冰室合集》第4册，中华书局1989年版，第22页。

[3] "政府大政方针宣言书"，梁启超：《饮冰室合集》第4册，中华书局1989年版，第111页。

[4] "辞司法总长辞呈文·附呈请改良司法文"，梁启超：《饮冰室合集》第4册，中华书局1989年版，第32页。

第五章 新式审判机构的筹设

此司法行政方针之大凡也。"[1]梁启超这一主张并非不赞成改革，只是希望放缓步伐。"夫国家本为保民而设法庭，人民反因法庭而增疾苦。当局之咎固无可辞，然欲达保民之初心，仍当注重于机关之改善，若偶因道路之浮议，遽谓兹事不便于吾民，感一时效绩之未彰，遂称此制不适于中国，则是惩羹吹齑，其失惟均；矫角杀牛，厥弊尤甚。"[2]

就地方初级法院，梁启超认为，四级三审制，"揆诸矜慎之义，用意良美"，然在我国实行，"略计法官人才，须在万五千人以上，司法经费须在四五千万两以上"，以当时之国情，万难实现。因此，将初级审判厅改为审检所，又改为县知事兼理审判。"皆所以救现行编制法之穷也"，"皆权宜之制，不能视为根本之图，将来治具略张，终当以行政司法分立为归宿"。[3]

所谓审检所制度，就是在没有设立初级审判厅的县，在县知事公署内，附设审检所，由住所帮审员和县知事一起审理民刑事案件的制度。一般由县知事负责检察事务，帮审员负责审判事务。这一制度是对县知事传统权力的继承，同时又将司法权予以剥离。因此，帮审员与县知事之间的矛盾在所难免。甚至河南还要求将帮审员一律裁撤。"各县帮审员不能独立任事，徒捐司法之尊，转掣知事之肘，非权限争议，即彼此互推，拟请暂行裁撤，由县知事独任其责。"[4]河南省意见遭司法部驳

---

[1] "政府大政方针宣言书"，梁启超：《饮冰室合集》第4册，中华书局1989年版，第123页。

[2] "呈总统文"，梁启超：《饮冰室合集》第4册，中华书局1989年版，第26页。

[3] "辞司法总长辞呈文·附呈请改良司法文"，梁启超：《饮冰室合集》第4册，中华书局1989年版，第29页。

[4] "司法部令河南民政长地初各厅暨各县帮审员碍难一律裁撤文"，民国三年三月十七日，殷梦霞、邓咏秋选编：《民国司法史料汇编》第15册，国家图书馆出版社2011年版，第256页。

回，但也可看到当时地方帮审员同县知事之间的冲突之激烈程度。1914年4月5日，又以大总统令形式颁布《县知事兼理司法事务暂行章程》，第一条即规定，"凡未设法院各县之司法事务委任县知事处理之"。第二条规定，县知事审理案件得设承审员助理之，承审员审理案件由承审员与县知事同负其责任。从而以县知事兼理司法制度代替了审检所制度。[1]

在设有初级法院地方，北洋政府要求地方"设法保全"。一为收回法权；一为不违背四级三审制；一为实现司法与行政的分离。所以，"即使经费万分为艰，只可揆该处情形，呈报中央主管衙门，量予裁并，若因噎废食，吹齑惩羹，致使从前艰难缔造之局全数打消，匪特尽弃前功，将来规复尤属不易，甚非所以谋法制之进行也"。[2]

自县知事兼理司法制度确立，争议就随之而生，从未停止。虽知其为权宜之计，但其弊却也显而易见："废司法之独立，扩行政之威权，事实上使人民含冤无诉，而其祸之中于国家者……其一，各县知事既兼有司法权，即利用司法权以图行政上之便利，更即以司法权为行政上之一种手腕者所在；其二，各县承审官或承审员司法审判之职务，要为县公署附属之职员，贤者不得不听命于知事，不贤者且籍县知事之权力，以自营其私。"[3]因此，1916年召开的第二次司法会议，"县知事兼理司

---

[1] "大总统令公布县知事兼理司法事务暂行章程"，民国三年四月五日，殷梦霞、邓咏秋选编：《民国司法史料汇编》第15册，国家图书馆出版社2011年版，第257页。

[2] "司法部令河南民政长地初各厅暨各县帮审员碍难一律裁撤文"，三年（三月）十七日，殷梦霞、邓咏秋选编：《民国司法史料汇编》第15册，国家图书馆出版社2011年版，第256页。

[3] "武清县知事杨年呈拟请于县县署增设管理可否将此办法作为司法会议案"，载《司法公报》1917年第71期增刊。

法"制度也是讨论议题之一,虽然多数讨论者知其流弊太多,但也难以一时全变,只能折中变通,司法公署制度即是变通的结果。1917年5月1日,司法部公布《县司法公署组织章程》,"凡未设法院各县应设司法公署","司法公署即设在县行政公署内,以审判官及县知事组织之","设司法公署地方,所有初审民刑案件不问事务轻微重大,概归司法公署管辖"。[1]

基于人才消乏,经费支绌,另有军阀混战,政权频更,在1919年,司法部虽然颁布添设计划,但是,各省多囿于财力,未能遵行。[2]由此也可看到民初司法行政实践的种种难题。在这期间,新式法院虽有所增加,但主要是在省会和商埠。而成立的审判厅,也存在因陋就简的问题。"法庭之建筑,为人民瞻视所系,虽不炫夫美观,究不宜于卑陋。"1922年,"法权讨论委员会"视察直隶、山东、山西、河南、安徽、湖北、湖南、江西、江苏、浙江十省省会及商埠的司法状况。凡是设立新式法院的地方均予视察,共视察高等审检厅各10处,地方审检厅各18处,会审公廨3处。其中,"仅上海地方厅为民国新建,工程坚固,规模宏壮。法庭侦查室布置均属合法。次则武昌各级厅,房屋较为宏廓,怀宁、芜湖等处地方厅,虽系旧式法庭,改造尚属合宜。其余各厅,或旧有工程窳败,势将倾圮;或法庭光线黑暗,不便审讯;或候审室设备未完,凌乱无序;或办公室失于衔接,监察不易;或涂饰颜色,未经讲求,有失朴质;或专骛观,布置方法诸未研究"。"其中尤以夏口地方厅为最甚。

---

〔1〕《县司法公署组织章程》,六年五月一日公布,《改订司法例规》,殷梦霞、邓咏秋选编:《民国司法史料汇编》第22册,国家图书馆出版社2011年版,第188页。

〔2〕 法权讨论委员会秘书处编纂:《考查司法记》,法权讨论委员会事务处1924年铅印本。殷梦霞、邓咏秋选编:《民国司法史料汇编》第13册,国家图书馆出版社2011年版,第73页。

该厅所在之处，街衢狭隘，平时则车马不通，地势低洼。夏秋则积涝为患。办公室不敷分配，且多倾斜。候审人皆鹄立，法庭无席旁听。"夏口还是"轮轨交通，中外辐辏"之地，法院建筑如此简陋，其他地方可想而知。法庭建筑应该"规诸久远，预备扩充。门表外形，尤须画一，以期形式之整齐，即为精神所表现。若仍因陋就简，内则无以促进国民尊重之心，外且将启远人讥评之口。影响至巨。纵令财力艰难，似未可置为缓图也"。[1]

国民政府成立后，于1927年12月24日以司法部之呈请，批令准予沿用旧制。不过自同年8月16日以后，审判机关一律改称法院，大理院改称最高法院，四级三审制仍然存在。1932年10月28日，国民政府公布《法院组织法》。据该法，中国将改行三级三审制，而将此前之四级三审制，告一结束。[2]三级三审制下，设最高法院、高等法院、地方法院。在区域辽阔地方设分院。但是因国难当头，财政困难，延至1935年7月1日始施行。施行新法之日，各省县法院及地方分庭大抵改组为地方法院。[3]

1935年国民政府时期，居正在总结司法建设存在的问题时说，领事裁判权未撤销，新式法院设立未普遍，司法效能不能达到"妥""速"之目标为三大缺憾，故而仍将此三项作为司法改革急务。[4]1929年，司法院所定训政时期的司法计划中，

---

〔1〕 法权讨论委员会秘书处编纂：《考查司法记》，法权讨论委员会事务所1924年铅印本，"沈顾问条陈视察直鲁等省司法事宜"，殷梦霞、邓咏秋选编：《民国司法史料汇编》第13册，国家图书馆出版社2011年版，第616页。

〔2〕 钱端升等：《民国政制史》，上海人民出版社2011年版，第64页。

〔3〕 "二十五年来司法之回顾与瞻望"，范忠信、尤陈俊、龚先砦选编：《为什么要重建中国法系——居正法政文选》，中国政法大学出版社2009年版，第333页。

〔4〕 "一年来司法之回顾与瞻望"，范忠信、尤陈俊、龚先砦选编：《为什么要重建中国法系——居正法政文选》，中国政法大学出版社2009年版，第324页。

原定在两年间设县法院1367所,第三年后改设为地方法院,六年间应增设地方法院1773所,增设高等法院1所,高等分院42所,最高分院4所。可是至1935年,限于国家财政,很多计划均未能按期举行。全国拥有县法院37所(但1929年后增设),地方法院129所(1929年后设立2所),高等分院38所(1929年以后增设9所)。[1]但国民政府期间,法院建设一直未停止,至1947年,法院总量达2223座,比1912年的327座增加1896座。[2]

小 结

清末启动司法改革,就其直接目的而言,在于收回领事裁判权。故而立法建制偏重于抄袭西方法制,冀以满足在华拥有领事裁判权国家的要求。而实现新式法律的前提与基础是独立审判机构的建立。中国固有司法事务,虽设有专职司法机构,而事实上则行政司法不分。自清末大理院设立,其后京师高等地方审检厅、各省高等审检厅渐次设立,司法行政始行分离。北洋政府时期,西方国家对中国司法的调查,曾指出四点弊病:法典不完备,新式法院监所太少,司法经费无保障,军人干涉司法。[3]清末西人亦不乏此等意见。因此,自清末开始的各级审判厅的筹建就成为近代司法建设的重点,法院数量亦成为近代法制进步的重要标志。审判厅和法院数量有所保障是实现行

---

[1] "一年来司法之回顾与瞻望",范忠信、尤陈俊、龚先砦选编:《为什么要重建中国法系——居正法政文选》,中国政法大学出版社2009年版,第322页。

[2] 江照信:《中国法律"看不见中国"——居正司法时期(1932~1948)研究》,清华大学出版社2010年版,第21~23页。该书中对民国期间法院建设情况有详细统计。

[3] 汪楫宝:《民国司法志》,商务印书馆2013年版,第20页。

政司法分立目标的基础。而经费的匮乏，人才的不足，政局的动荡，又使"普设法院"成为最为艰巨的任务，也是司法行政机构最重要的职责。清末筹办审判厅曾设想，先设立省城商埠审判厅，再设立府厅州县城治各级审判厅，最后是乡镇初级审判厅，依次建立。但最后只完成省城商埠审判厅的建立，即告灭亡。北洋政府最初也制定了普设法院的宏伟计划，但最终限于经费与人才的困境，终归破灭。至梁启超任司法总长时期，不仅出于财力人才的考虑，亦是司法改革形式与实质问题的考虑，暂缓了法院普设计划，实行县知事兼理司法。以至到1926年，新式法院较之民国初年，不仅没有增加，反而"几减三分之二"。又经国民政府的不懈努力，至1936年，同1926年相比，新式法院在全国第一审司法机构的比例率，从5%增加至17%；合过渡法院计之，由7%进至39%。而县长建立司法县份由92%降至59%。[1]

居正曾说："中国司法建设，具有两大目的，对内为树立法治之威信，对外为恢复法权之完整。而具体之计划，莫要于健全下级司法机关之组织。"因此，清末至民国，法院的设立承载着早期中国司法改良者的司法改革的梦想和收回领事裁判权的愿望。其成效亦不能低估。"中国自设置新式法院以来，一切用人行政，无不受成于中央，绝鲜省自为政者，故所受政治上之影响最少。往往行政机关已多变迁，而司法机关仍能保持其固有之组织，及与中央之联系，因之司法人员，亦得相当之保障与稳定，实司法界特有之良好现象。"[2]

---

[1] "二十五年来司法之回顾与瞻望"，范忠信、尤陈俊、龚先砦选编：《为什么要重建中国法系——居正法政文选》，中国政法大学出版社2009年版，第335页。

[2] "十年来的中国司法界"，范忠信、尤陈俊、龚先砦选编：《为什么要重建中国法系——居正法政文选》，中国政法大学出版社2009年版，第335页。

第六章
近代司法官制度

中国近代司法官考试制度创始于清末，发展于北洋政府，成熟于南京政府。经过几十年的发展，已生成一套基本符合本国国情、设计合理的制度，从而使民国时期的司法官选任基本上做到有章可循，规范清晰。在近代司法官考试制度形成的过程中，作为主管部门的司法行政机构的作用不容忽视。

人类社会早期，法律秩序通常能在没有经过适当训练而获得实体法规与诉讼程序知识的专家们的情况下得以维持。但是，当社会变得越来越复杂时，法律规范也变得越来越具有抽象性和普遍性。因为只有这样，它们才能协调组成社会的各种集团的利益与价值。同时，解决纠纷或对其可能的解决方式提出建议的工作也变得更为困难，更需要专门的训练。[1]这时，几乎在所有社会中都出现了一个界限明确并形成独立阶层的集团，即法律专家。因此，法律职业阶层是社会分工和法制文明进步的必然产物。世界上的大多数国家，这个阶层都是伴随着近代司法独立制度的确立而产生的。但与此不同的是，英国早在司法独立之前的中世纪时代，确切地说在12世纪至13世纪时就产生了这一阶层。在13世纪，人们就已经把专业知识和技能作为

---

〔1〕 [美] H. W. 埃尔曼：《比较法律文化》，贺卫方、高鸿钧译，清华大学出版社2002年版，第87页。

法官任职的首要条件。英国国王在《大宪章》中承诺，只任命那些懂得法律的人担任法官。因此，职业法官要从精通法律知识和司法经验丰富的职业辩护律师中选任。同时，国王往往给予法官们相当丰厚的经济利益，在无形当中极大地提高了法官们的社会地位，并迅速成为一个令人注目的社会阶层。众多的中小贵族子弟经过专门的法律训练进入法官群体。律师群体内部也存在着严格分工，出庭辩护律师和诉讼事务律师必须是英国林肯、格雷、内殿、中殿四个历史悠久的律师公会的会员。在中世纪的英国，法官与律师之间的职业关系极为密切，律师在一定程度上处于法官的控制之下。

继英国之后，意大利、法国等欧洲国家也相继出现了法律职业团体。其后，根据各国的法律体系、政治模式、文化传统、法学教育不同，世界上出现了不同模式的司法考试制度。

中国古代虽有独树一帜的中华法系，影响深远，但是却没有形成一个独立的法学家群体。因此，当20世纪初的中国被迫引进西方的法院组织系统时，也就必须面对司法人才培养与选拔问题，司法考试制度就此产生。中国司法考试的实践始于清末立宪改革，迄于1949年中华人民共和国成立，期间历经南京临时政府、北洋政府和南京国民政府。虽然政府变动频繁，司法考试制度却保持着相对的稳定性和连续性，为近代司法机构输送了大批人才，也推动了近代司法改革。

第一节 近代法律职业人才的缺失

一、古代社会司法专业人才的缺失

中国古代社会的科举制度，以平等竞争的机制和分科举人的最初设计，结束了魏晋时期由士族垄断国家管理的门阀政治。

读书人凭借真才实学通过考试亦可以跻身仕途，参与国家管理。科举制度为国家选拔了大量人才，对唐宋的繁荣也起到了重要作用。但从司法的角度讲，因为儒家学说和经义牢固地处于国家意识形态地位，科举考选标准唯以经义为重。进士科对士人的吸引程度，让其他诸科难望其项背。明法科在宋代虽说有过一时之盛，但从未撼动进士科之主体地位，亦不被读书人视为正途。至元明清，明法科终被废除。这种人才选拔制度，无疑禁锢了法律职业的发展，断狱理讼之官不懂律法，而假手幕友胥吏，使其上下其手，败坏司法。1905年9月2日，随着"新政"的深入，清朝宣布废除科举考试，使天下士子舍学堂一途，别无进身之阶，以造就新式人才。

科举制度的废除却带来了法政学堂的兴盛。"新政"的推行，涉及政体的改革和新律的修订，故而"极大地提升了政治法律的地位，法政人才随之成为急需人才，甚至成为时代的新宠"。[1]仿佛一夜之间，法律学堂或法政学堂便在全国形成林立之势。而且，已建之大学或正在筹设之大学，公立和私立大学，均设法律科（系），从而形成中国近代第一次法学教育高潮。[2]

二、清末民初司法改革与新式司法人才需求

清末预备立宪之前，在"变法三折"纲领指导下的清末新政，对旧律的修改、监狱的改良以及禁止刑讯等举措，主要还是在仁政思想下对传统恤刑狱的思想的发展与实践，是对传统制度的修补。但在光绪三十二年（1906年）九月二十日，朝廷

---

〔1〕 程燎原：《清末法政人的世界》，法律出版社2003年版，第16页。
〔2〕 李贵连："中国近现代法学的百年历程"，载罗志田主编：《20世纪的中国：学术与社会》（法学卷），山东人民出版社2001年版，第251页。

发布改革中央官制的上谕，对司法机构进行变革，将刑部改为法部，专掌司法行政；大理寺改为大理院，专掌审判。通过机构的分离实现司法权与行政权的分立。从此，以西方法为导向的晚清司法改革正式启动。与中央司法机构改革相对应，地方成立各级审判厅也是应有之义。作为全新的机构设置，清政府采取了相对审慎的态度。光绪三十三年（1907）五月，清廷下令各省分期筹设审判厅，京师和东三省先行开办，并以直隶和江苏两省择地先行试办。[1]但是，天津实际上已在中央司法机构改革之后，地方官制改革尚未确定之前，于光绪三十三年二月十日，试办了天津审判厅。其后，朝廷拟在全国各直省的省城商埠设立各级审判厅，进而启动地方司法改革。截止到宣统二年底，据学者统计，共建立高等审判厅25所，地方审判厅61所。因按照议院未开之前逐年筹备事宜清单的规定，各直省府厅州县城治各级审判厅和乡镇初级审判厅，到1916年才能完成，且限于资料，统计困难，故无法确认其准确数字。据李启成统计，初级审判厅有88所。[2]

司法官员的职业化是清末民初司法改革同传统司法的根本差异之一，若无专业人才，则法律改革亦成空谈。奉命主持法律修订的沈家本、伍廷芳对此有着十分清醒的认识。早在1905年他们就提出培养法律人才，为司法改革储备必要之人员。同时，他们还认识到，不仅司法改革需要大量专业人才，而且在海禁大开背景下，中外交往与纠纷已成无法回避之问题，若地方官不谙中西法律，办理失宜，恐小事化大，酿成要案。而路、

---

〔1〕 "各直省官制先由东三省开办俟有成效逐渐推广谕"，故宫博物院明清档案部编：《清末筹备立宪档案史料》上册，中华书局1979年版，第510页。

〔2〕 李启成：《晚清各级审判厅研究》，北京大学出版社2004年版，第82页。

矿、商标、税务等新政,"亦赖法律维持,故均须储备专业人才"。[1]故而,沈家本、伍廷芳联合奏请成立京师法律学堂。其后,在宪政的推动下,各地先后兴办法政学堂。1910年,为配合《法院编制法》颁行,宪政编查馆通行各省配合司法制度改革,将现设及将来续设之法政、法律各学堂一律扩充,以应急需。到清廷覆亡前,清之各行省几乎均开办了法政或法政速成学堂,形成法政学堂蜂起的现象。[2]

虽然有预先之筹谋,但是,人才的培养需要一个较漫长的周期。1906~1908年普遍设立的法政学堂或专业培养之人才,即使毕业后即可发挥作用,也要等至1910年左右。据法部奏定的《直省省城商埠审判检察厅厅数员额》的要求,全国各直省高等以下审判厅及分厅之推事、检察、书记各官共需2149人,还不包括所需的各高等审判厅厅丞和高等检察厅检察长的数量在内。[3]因此,人才匮乏成为推进司法改革的制约因素之一。当时各新式司法机构采取的解决办法是:一,留用旧式人才;二,放慢或压缩改革规划;三,任用法政专业留学生。留用旧式人才,在转型时期不可避免,但若将其作为主力,无疑会制约改革。留学生人数在当时亦有限,而且归国后主要集中在京师和较为开放的直隶地区。司法改革之成效,机构的设置只是一个前提和基础,其灵魂还在于法律职业人——法官。因此,随着新型机构的设置,配备新式法律人才也成为应有之义,其

----

[1] 丁贤俊、喻作凤:《伍廷芳集》(上),中华书局1993年版,第271~272页。

[2] 有关清末法政学堂蜂起的具体情况,可参阅王健《中国近代的法律教育》第三章"法律学院"之"清末法政学堂的蜂起"部分(中国政法大学出版社2001年版,第199~216页)。

[3] "法部奏酌定直省省城商埠审判检察厅厅数员额分别列表折",《大清宣统新法令》第27册,商务印书馆1909年石印本,中国政法大学图书馆藏。

人才的选拔、考核、培训必然提上晚清司法改革的工作日程。

三、新式司法机构员缺任用升补办法

如上所述,因为人才匮乏,新式司法机构仍以留用旧式人才为主要弥补办法。虽然京师为人才荟萃之所,但是,率先筹办的京师审判厅同样存在人才紧缺问题。在各处法律学堂毕业者不足,而司法一职又"需专门学问",各厅不能"悬缺待人",故"舍量才调用,其道莫由"。虽然至1908年,各员缺已基本补齐,但是任用之方、升补之法均无章可循。而法官晋级考试各章程,一时也尚难实行,"若不先定暂行章程,恐人思幸进,安望举能其官"。因此,法部奏请酌拟《京师审判检察各厅员缺任用升补暂行章程》。至于具体调用办法,法部提出,虽然宪政编查馆及吏部两次奏定章程,要按品改用,但是,视京师审判厅情况,若必按品严核,"则以主事调用者,势必补缺无期";"而厅员事繁禄薄,方虞乐就无人,若限制过严,人且视为畏途,又难收得人之效"。因此,建议"调用人员如系正途出身,或法律专长者,拟请酌量变通,随时办理。其他捐纳佐杂各员,仍照馆部定章"。部厅各员互为升转,不仅可以收"实地经炼之效",而且"历任裁判者亦足以补参订刑章之益"。部员与厅员互相升转,准其一体京察,截取保送,"以示登进之阶,即隐以寓激扬之用"。[1]法部奏议获朝廷批准,以此为原则,法部于宣统元年(1908年)九月十八日颁布《酌拟京师审判检察各厅员缺任用升补章程》,并声明此章程为暂时章程,待得法官晋级、考试各章程施行后,则分别停止。

在这个章程中规定,法部在京师审判、检察各厅人不敷用

---

〔1〕 "法部奏酌拟京师审判检察各厅员缺任用升补暂行章程折",怀效锋主编:《清末法制变革史料》上卷,中国政法大学出版社2010年版,第422页。

之时，可随时由法部奏调"京外谙习法律适用人员及法律毕业生，以资任用"。其具体办法如下：①凡调用人员原系实缺候补者照章随时录用外；原系学习试用，则"扣足年限"；"原系候选，应令当差一年始行奏留者"，仍照宪政编查馆、学部奏定办法办理。②奏调法律毕业学生，按照宪政编查馆、学部会奏办法办理。如是高等法律学堂以上毕业，奏调到差后，扣足年限，由法部察看，确系学识优长，则按照馆部奏章准保主事七品小京官例，分别委以相应职官学习行走。③审判、检察，职司相近，各厅缺员，"先准本厅及下级人员升拟准声明；如系实在相当人才，补相升转，归入酌补班补用"。章程还对各职位的升任做了具体规定。[1]这是清末针对新式司法审判官员的第一个规范性办法，虽新旧混杂，但对司法官的管理走出了规范化的一步。

四、司法官——近代司法改革的关键

清末至民初司法改革中，司法官人才之选拔一直被认为是关系改革成败，能否实现司法独立的关键所在。北洋政府首任司法总长王宠惠提出："欲求司法独立，必须有独立之司法官。"故司法官经由司法行政机构任命之后，则"非依据法律不得干涉之"，予司法官以法律保障，方可使之保障人民之权利。司法官不仅不受行政官干涉，也不受上级司法官之干涉，自然亦不得与闻行政之事。但承此大任的司法官首先要有"高尚之道德"，次有"完全之学识"，再有"裁判之经验"，任免均要慎重。否则，"恐未受司法独立之利，而先蒙司法独立之害"。[2]

---

[1] "酌拟京师审判检察各厅员缺任用升补章程"，怀效锋主编：《清末法制变革史料》上卷，中国政法大学出版社2010年版，第473页。

[2] "国务总理唐绍仪及各国务员在参议院宣布政见"，1912年5月13日，《中华民国史事纪要（初稿）》（1912年1月至6日），第511页。

继任司法总长许世英在改进司法计划书中,认为清末司法"言之或不能遽行,行之未必其遽效"。究其原因,"首在人才匮乏,财力困难"。"而督抚之牵制,州县之破坏,士大夫之疑义,幕胥之阻挠",尚在其次。因此,许世英认为欲实现司法改良,谋求司法独立,解决人才与财力两大问题为根本解决之道。就人才而言,法官"为人民生命、财产、名誉、自由之所寄托",若以"不学者而治之,是无异立朝夕于运钩之上,檐竿而求,其末盖不可得也"。

许世英主张法官培养要学识与经验并重,可从三个方面着手:一曰振兴学校。我国疆域广大,需要法官约计四万人,而无论留学抑或国内新式学校培养人才,远不敷用。先在中央设司法专门学校,设普通与特别两科。注重民刑法及诉讼法、各国监狱法学习。旨在培养高尚之法官。更希望以此为榜样,各省仿行,则收"众擎易举"之效。二曰注重经验。对于新式学校毕业学生,经考试有法官资格者,均需到各法院实习,用递推之法,即甲年养成,乙年任用。同时,对于曾任推事、检察官者,推出旧法官特别考试法,考试合格者即行任用,此"对于旧法官而特重经验之办法"。三曰培养具有国际视野之法官。每年派遣通晓外国文字合格之法官44人,各按所学,分往各国实地练习。既可"灌输文明之知识,而列邦亦真知我国改良之趋向"。[1]

第三任司法总长梁启超认为,"立国大本,首在整饬纲纪,齐肃民俗,司法与教育,实俱最要之枢机也"。何以是司法?因法治国家之立,在于守法观念之普及于社会。"人人知法律可

---

[1] "司法总长改进司法革新狱制计划书",1912年,湖北省司法行政史志编纂委员会:《清末、民国司法行政史料辑要》,湖北省司法行政史志编纂委员会1988年版,第83~84页。

恃，油然生信仰之心"，方可自觉守法，法治方能实现。"故立宪国必以司法独立为第一要件。"中国自清末司法改革，首倡司法独立，至此"亦既经年"，然"颂声不闻，而怨吁纷起"。梁启超认为形成这样的局面，主要有两个方面的原因：法律不适与法官乏才。因此二病，人民不感司法独立之利，而对于从前陋制或反觉其善。循此以往，"恐全国之生命财产，愈失其保障之具，法庭之信用日坠，而国家之威信随之，非细故也"。故而，一方面要参酌法理与习惯，制立"最适于吾国之法律，使法庭有所遵据"；另一方面需严定法官考试甄别惩戒诸法，以杜滥竽而肃官纪。而且，法官需较其他官吏有更优保障，但前提是经甄别确为贤才。否则，"恐法官权利保障愈严，而人民权利保障愈弱。其祸之中于国家者，宁堪设想？"梁启超受传统思想之影响，认为"正风化而清本源，责在长官而已"。[1]"夫国之所以与立者在法，而法之所以与行者，岂不在人？苟不得人，无论若何良法，而弊未有不随其后者也。"所任法官，虽不乏"明体达用洁己奉公之士"，而"庸驽袤曲尸位，亦所在多"。[2]

梁启超将当时司法官所存在的问题主要归结为："有文义未通，判词难索解者；有不解法理，引用条文悖戾原意者；有全不顾本国惯习，漫摭拾碎片学说，比附条理，致违多数心理，滋民疑惑者；有积案经年不予判决者；有任意移转管辖，使当事人疲于奔命者；有设法遏抑上诉，致含冤莫申者。其检察官有畏避豪强，坐视罪犯匿不举发者，有徇庇故纵者，有架诬敲

---

[1] "政府大政方针宣言书"，梁启超：《饮冰室合集》第4册，中华书局1989年版。

[2] "令京外各级审检厅"，梁启超：《饮冰室合集》第4册，中华书局1989年版。

诈者。其书记官等有于出状时勒所规费者,有滥改供词者,自应长以迄各推检,有日与律师往来征逐,毫不引嫌者,有受律师胁迫,不敢自由裁断者。甚至有与两造律师朋比阴行苞苴,使当事人饮恨无可陈诉者。"[1]尤其是新式法官,本被寄予厚望,但是"朝出学校,暮为法官。学理既为深明,经验尤非宏富,故论事多无常识,判决每缺公平"。[2]

法官的良莠不齐对司法改革乃至新建之国家所造成的危害,诚如梁氏所言:国家之治乱系于州县,"自州县折狱之权既移于法官,而法官亲民之实乃过于州县"。自今民之福祸全赖于法官之良莠。故"法官皆良,民自能惟国是爱,法官皆不肖,民且将与国为仇。准此以谈,国之安危存亡,非吾侪司理者之责而谁责哉?"国家特设司法机构,目的在于改弦更张,增民乐利。若"疾苦一如畴昔",甚而疾苦"反加畴昔",国家将何辞以谢吾民?[3]

北洋政府时期,讲到司法官之独立地位,还要求司法官不能有政党背景。司法部于1912年底下达《法官不得入党通令》训令法官:"职在亭平独立行其职务,深维当官而行之,义重以执法不挠之权,若复号称我党人奔走于党事,微论纷心旁骛,无益于政治。抑恐遇事瞻顾,有损于公平。党见横亘,百弊丛之,非所以重司法也。""须知法官一职,绝对处于独立地位,司法之不能干涉他项政治,犹之行政机关之不能干涉司法",并声明"尊重司法官即所以尊重法权"。[4]其后,司法部令京师各厅长官及各省法司高等厅长,将所属法官有无入党分别报司

---

[1] "令京外各级审检厅",梁启超:《饮冰室合集》第4册,中华书局1989年版。
[2] "呈总统文",梁启超:《饮冰室合集》第4册,中华书局1989年版。
[3] "令京外各级审检厅",梁启超:《饮冰室合集》第4册,中华书局1989年版。
[4] "法官不得入党通令",司法部元年十二月训令第十六号,十二月十六日政,殷梦霞、邓咏秋选编:《民国司法史料汇编》第19册,国家图书馆出版社2011年版,第258页。

法部核办，而且强调"事在必行，期无可缓"。[1]其后，又严令在党法官脱党。[2]

从上述内容可知，民国初年有一共识："司法独立为立宪三权之要素，司法改良为吾国现时之要政，诚以司法机关为人民生命财产名誉自由之所寄。"因此，法官素养直接关系裁判公平与否，非其人，则裁判"必至偏私"，而司法偏私必然导致富强者"徇私纳贿，报复寻仇"。一案之判结遣祸，"不仅属于个人，且累于社会"；贫弱者"抱屈含冤，积之又久，遂致人民之生命财产名誉自由皆处于危险境界"。如此，则"民怨沸腾，人心大失，祸患将有，不可胜言"。裁判公平，则法权巩固，法权巩固，则国势坚强，"此中得失之枢机，全在用人之当否"。[3]因此，历任司法总长均将培养选拔高素养之法官以谋求司法独立视为关键所在。故而，如何培养高素养之法官，强化制度建设，健全相关法律，成为民初司法部工作重心之一。

第二节 近代司法官管理制度

一、清末司法官管理法规

根据光绪三十四年（1908年）宪政编查馆奏请的"议院未

---

[1] "司法部令京师各厅长官及各省法司高等厅长将所属法官有无入党分别报部核办文"，1912年12月27日，殷梦霞、邓咏秋选编：《民国司法史料汇编》第15册，国家图书馆出版社2011年版，第318页。

[2] "大总统令嗣后法官概不得加入政党其先经名列党籍者并应一律脱党文"，1914年2月14日，殷梦霞、邓咏秋选编：《民国司法史料汇编》第15册，国家图书馆出版社2011年版，第451页。

[3] "司法部令各省高等厅长就现有人员认真考验出具切实考语详细报部文"，1913年2月25日，殷梦霞、邓咏秋选编：《民国司法史料汇编》第15册，国家图书馆出版社2011年版，第350页。

开之前逐年筹备事宜清单"规划，中央各部分别拟定筹办办法。法部于宣统元年二月二十七日（1909年4月17日）上奏《统筹司法行政事宜分期办法折并清单》，其中，对法官制度做了一个九年发展的整体规划。[1]

时间＼内容	规划内容
第一年（光绪三十四年，1908年）	编定法官惩戒章程
第二年（宣统元年，1909年）	奏请京师实行法官惩戒章程，编定法官晋级章程、法官补缺轮次表
第三年（宣统二年，1910年）	奏请直省实行法官惩戒章程，编定法官考试章程、任用章程、官俸章程，奏请京师实行法官晋级章程、法官补缺轮次表
第四年（宣统三年，1911年）	奏请颁布法官考试章程、任用章程、官俸章程，奏请直省实行法官晋级章程、法官补缺轮次表
第五年（宣统四年，1912年）	奏请实行法官考试章程、任用章程、官俸章程
第八年（宣统七年，1915年）	修改法官晋级章程、法官补缺轮次表
第九年（宣统八年，1916年）	定法官终身官，实行修改后之法官晋级章程、法官补缺轮次表

从九年规划中可以看到，法部将法官的选任、晋级、考核

---

[1] "统筹司法行政事宜分期办法折并单"，载《政治官报》1909年第533期。

及官俸制度作为法官制度设计的重心,并最终以实现法官终身制作为制度建设的目标之一。前三年的工作重心在于法官的奖惩、晋级和补缺。主要应出于以下考虑:其一,中央已经明确司法职业非专业人才不堪胜任,故而,其奖惩办法应区别于行政官员。其二,囿于新式人才的匮乏,调任旧式谙习法律适用官员既是应急之需,又是最为稳妥合理之办法,故其晋级与补缺办法是规范管理与实际操作中不可回避之问题。同时,一边加大培养新式人才,以足备需要,一边拟定法官选任办法,最终实现法官终身制,不失为循序渐进之办法。

法部上述规划不乏合理性,惜乎因各种原因,并未能按计划实施。首先是法官奖惩章程,宪政编查馆考虑到法部所奏法官奖惩章程同吏部所奏增删承审事件处分则例相同,令两部会同办理,以免分歧。但是,两部在时间规划上未能统一,法部计划在宣统二年(1910年)实施,而吏部定于宣统四年(1912年)始行删订,法部不便先请实行,终至搁置。[1]

原本按照法部的规划,法官考试章程在宣统二年编订,次年颁布。但是,基于京师审判厅已经建成的现实,各省审判厅也均渐次成立,悬缺待人非长久之计。故而,各省呼吁在各级审判厅建立之前,尽快拟定法官选任章程。因此,在宣统元年十二月二十八日(1910年2月7日)由宪政编查馆拟定的《法官考试任用暂行章程》同《法院编制法》共同颁布。宣统二年三月(1910年4月)又制定了《法官考试任用暂行章程施行细则》,为宣统二年八月(1910年9月)举行的第一次全国性的法官考试提供了法律依据。

《法院编制法》第十二章"推事及检察官之任用",共22

---

[1] "法部奏法官惩戒章程等应俟会商妥协分别具奏片",载《政治官报》1909年第822期。

条,是对司法官的考选、任免、考核、职业保障等做了全面规定。《法院编制法》和《法官考试任用暂行章程》共同构成了清末司法官管理基本制度。在这些法律中规定：司法考试的组织、司法官的考核、退职均由法部负责。但是,法部对于推事及检察官,非法律特别规定者,不得有勒令调任、借补、停职、免职及减俸等事。[1]

二、北洋政府司法官法规

在清末司法改革基础上,民初虽然在国家体制上模仿英美国家,但在司法改革上沿清朝之旧,仍以德、法、日等大陆法系国家法官制度为模范。没有专门之法官法,其相关制度散见于《宪法》及相关法律之中。北洋政府的司法官制度就分别规定于《宪法》《法院编制法》、普通法律、大总统令及司法部颁发的命令、布告、规则和办法之中。

北洋政府时期的三部宪法,《中华民国临时约法》《中华民国约法》及《中华民国宪法》,均对司法官制度作根本性规定。1912年3月11日制定之《中华民国临时约法》第48条规定:"法院以临时大总统及司法总长分别任命之大法官组织之。法院之编制及法官之资格,以法律定之。"第51条:"法官独立审判,不受上级官厅之干涉。"第52条:"法官在任中不得减俸或转职,非以法律受刑罚宣告,或应免职之惩戒处分,不得解职。惩戒条规以法律定之。"[2]其后的《中华民国约法》与《中华民国宪法》均承袭了这些内容,秉承法官独立及终身制的宗旨,

---

[1]《法院编制法》《法官考试任用暂行章程》,怀效峰主编：《清末法制变革史料》上卷,中国政法大学出版社2010年版,第492~504页。

[2]《中华民国临时约法》,殷梦霞、邓咏秋选编：《民国司法史料汇编》第19册,国家图书馆出版社2011年版,第66页。

同时明确了司法权由法院行使。[1]但是，这些法律也有些不容忽视的变化。在《中华民国约法》中取消了"法官独立审判，不受上级官厅之干涉"一条。而《中华民国宪法》则在法官任命一条中，规定须经参议院之同意，从而约束了总统之权。而且，将法官不受上级干涉，变为"无论任何人，不得干涉之"。对于法官之保障更趋成熟。

因民国政府对前清颁行之法律均暂准援用，故司法部于1915年6月20日呈准将清末颁布的《法院编制法》修正刊行，至1916年2月2日又加以修正。修正点有四，涉及司法官制度有一条，即删去"各省提法使监督本省各级审判厅与检察厅"一条。[2]以应司法独立之宗旨。第十二章对司法官的考试、任用、品俸、职业限制、职权保障以及免职事由做了详尽规定，是民初司法官制度的基本法律依据。[3]

除上述宪法中的原则性规定以及《法院编制法》的规定以

---

[1]《中华民国约法》第44条："司法权以大总统任命之法官组织法院行之。法院编制法及法官之资格，以法律定之。"第48条："法官在任中不得减俸或转职，非以法律受刑罚宣告，或应免职之惩戒处分，不得解职。惩戒条规，以法律定之。"《中华民国宪法》第97条："中华民国之司法权，由法院行之。"第98条："法院之编制及法官之资格，以法律定之。"最高法院院长之任命，须经参议院之同意。第101条："法官独立审判，无论何人，不得干涉之。"第102条："法官在任中，非依法律，不得减俸、停职或转职。法官在任中，非受刑罚宣告或惩戒处分不得免职，但改定法院编制及法官资格时不在此限。法官之惩戒处分，以法律定之。"蔡鸿源主编：《民国法规集成》第6册，黄山书社1999年版，第1~53页。

[2] 修正四条为：①删除关于初级审判厅，初级检察厅之规定；②删去"各省提法使监督本省各级审判厅及检察厅"；③大理院不置正卿、少卿，及民事科、刑事科，惟置院长1员，置民事庭、刑事庭；④高等审判厅厅丞，京师地方审判厅厅丞，均改为厅长，总检察厅厅丞改为检察长，各审判衙门，各检察厅分置之典簿、主簿、录事，均改为书记官长、书记官。谢振民编著，张知本校订：《中华民国立法史》，中国政法大学出版社2000年版，第989页。

[3]《法院编制法》，宣统元年十二月二日奏准，民国四年五月重刊，殷梦霞、邓咏秋选编：《民国司法史料汇编》第19册，国家图书馆出版社2011年版，第113页。

外，在立法院尚未成立，国会作为立法机构且长期不能正常履行立法职能的情况下，大总统或司法部颁发的有关司法官制度的命令、布告、规则、办法也是北洋政府司法官制度的重要法律依据。据统计，自1912年12月至1927年7月，以上各种形式的法令共发布88项，其中大总统令（其中1条为大元帅令）16项，甄拔司法人员会发布3项，大理院令1项，法制院呈准1项，司法官惩戒委员会呈准1项，其余66项均源自司法部。[1] 这些制度完善了北洋政府时期司法官制度。

第三节 法官的考任

近代法官制度设计自清末始，[2]即由主管司法行政的法部负责。民国以后，则由司法部、司法行政部、司法院等机构负责。

一、以考试作为人才选拔方式

清末司法改革虽然有扫除积弊的内在动力，但是，在促进改革进程与深度方面，应该说西方司法制度的理念与模式对清

---

[1] 根据"北京政府时期大总统和司法部颁行的有关司法官的主要法规、法令"整理。毕连芳：《北京民国政府司法官制度研究》，中国社会科学出版社2009年版，第66～71页。

[2] 在光绪三十二年九月二十日颁布的官制改革清单上，确立大理院专掌审判，并以"推官"的名称称呼实际意义上的法官。光绪三十三年四月三十日，清军机大臣、法部和大理院会奏，增改大理院官制，改"推官"为"推事"，其理由是"推官之名，肇自有唐，相传甚古，然历代皆属外僚，不系京职。考宋时大理有左右推事之称，拟改推官为推事，即以此推官内外审判衙门，以符推判独立之意"。同时改"司直"为"检察官"，因"司直官称，亦缘古制，惟名义近于台谏，尚与事实不符"。所以在整个晚清，法官皆称为"推事"。"会奏增改大理院官制折"，《中华民国史事纪要（初稿）》之"民国纪元前五年"卷，第237页。

政府有很大的刺激与引导作用。故而，在面临人才缺乏的问题时，清政府一方面投入对既有人才的培训，以救急；另一方面，必然要着手新式人才的培养与选拔。而在人才选拔问题上，作为近邻的日本提供了最直接的参考。

光绪三十一年（1905年）九月，清政府派刑部候补郎中董康、主事王守恂、麦秩严赴日本调查裁判官监狱事宜。在其考察报考中，重点谈到法官选拔问题。日本对具有法官选任资格者以考试的方式选拔，由司法省负责。"司法大臣选本省高等官及大审院控诉院之判事、检事，或其他官厅之高等官为试验委员。"因日本法律学科分宪法、民法、商法、刑法、民事诉讼法、刑事诉讼法、行政法、国际公法、国际私法九科，故试验委员会额定 9 人。其试验办法为：先课普通试题，合格者受试验，以笔记、口述分试专门各学，视成绩决定去取。[1] 当时日本采取考试办法，或基于如下考虑："或有以为采用判事检事，不宜用司法试补制，不宜据试而宜取从辩护士采用判事检事之法。因辩护士者，乃曾经与诉讼人有实际关系，其于实际之事情必甚熟悉，但不合日本国情……英法官为数极少，全国不过二三十人，日本判检事不下千数百人，从辩护士中系不能，且辩护士亦为社会所不愿闻。"[2] 文中所提从"辩护士采用判事检事之法"，是指英国法官选拔方式。英国法院系统复杂，但提到英国的司法官，外国人甚至英国人主要指的是坐落在伦敦的高等法院的法官。[3] 他们是从具有 10 年以上开业经验的出庭律

---

[1] 何勤华、魏琼编：《董康法学文集》，中国政法大学出版社 2005 年版，第 648 页。

[2] [日] 齐藤十一郎：《裁判所访问录》，转引自冷霞："近代中国的司法考试制度"，2002 年外国法制史研究会议论文。

[3] 高等法院的法官人数数量从 1925 年的 25 名，至 60 年代末，增至 75 名。

师中选拔出来的，在任命时，还要接受国王骑士爵位的授礼。[1]因此，在一个没有律师传统的国家，律师职业亦是一个新兴的司法职业，从中选拔法官的制度也无从实现。而当时的大陆法系国家均采用法官考试制度，如法国、意大利和德国，法官为职业型法官，他们早年就选择了法官职业，在通过必要的考试后由政府任命，并且通常是根据其成绩和服务年限而提升到一个更高级别法院的重要职位。[2]

除以上方式外，在法国大革命期间，法国采用过以民选方式产生法官，美国的州法官也曾采用选举制。这种方式也曾影响过中国对法官的选拔。民国时期的浙江与湖南两省曾做过此尝试，但均未能实行[3]。同时，孙中山先生亦提出过"只有选举没有考试的弊病"，"将来中华民国宪法必须设立独立机关，专掌考试权，大小官吏必须考试，定了他的资格，无论那官吏是选举的或委任的，必须合格之人才方得有效。这便可以除却盲从滥选及任用私人的流弊"。这也是国民政府时期设置考试院的理论依据。[4]

更为重要的是，虽然科举考试制度已经废除，但是，中国延续千年的经严格考试选拔人才的制度仍有足够的影响力与号

---

[1] [德] K. 茨威格特、H. 克茨：《比较法总论》，潘汉典、米健、高鸿钧、贺卫方译，法律出版社2003年版，第311页。

[2] [德] K. 茨威格特、H. 克茨：《比较法总论》，潘汉典、米健、高鸿钧、贺卫方译，法律出版社2003年版，第191页。

[3] 1921年9月9日浙江省颁布的《浙江省宪法》中就规定，省法院院长及省法院审判员由选民选举产生（第71条）。湖南省于1922年1月1日正式公布的《湖南省宪法》也规定，高等审判厅厅长由省议会选举。两部省宪条文参见《苏社临时特刊》（第1期省宪），苏社出版部1922年版。转引自冷霞："近代中国的司法考试制度"，2002年外国法制史研究会议论文。

[4] 范之焜：《中华民国高普考试制度》，台北正中书局1984年版，第20页。转引自冷霞："近代中国的司法考试制度"，2002年外国法制史研究会议论文。

召力。在既有制度框架基础上进行调整,可以迅速转型,正常运转。因此,基于以上比较和现实考虑,两相契合,中国选择考试制度也是应有之意。

二、法官考试

（一）清末法官考试制度

近代最早的法官考试始于清末天津试办审判厅。[1]光绪三十三年（1907年）,袁世凯在天津试办各级审判厅,包括在天津府设立直隶高等审判分厅,天津县设地方审判厅,天津城乡设乡谳局四所。对于这些新式法庭的职员,虽无法全部选用新式专业人才,但旧有官员也显然不能胜任,故而,袁世凯采取选用新式人才与培训旧式人才相结合的办法:"就平日研究谳法暨由日本法政学校毕业回国之成绩最优者,并原有府县发审各员,先令学习研究,试验及格,按照分数高下,分别派充。"对于这些机构的吸引力,袁世凯说:"人争濯磨,尚无滥竽充数之事"。[2]天津的试验可以视为中国近代招考法官的初次尝试。宣统二年（1910年）,法部举行了第一次全国范围内的法官考试。

1. 法律规定。按规划,在《宪政编查馆奏核订法院编制法并另拟各项暂行章程折》中申明:任用法官由法部主持,同时另拟《法官考试任用暂行章程》。"审判得失为人民生命财产相关,亦为将来改正条约所系,任用苟不得其人,则上足以损法令之威严,下适以召阎阎之藐玩,众心散失,贻患无穷。"国家在财政支绌的情况下,筹设数百审判衙门,"原为清理讼狱,保持公安起见,倘以庸暗陋劣之员滥竽充数,则经费掷之无用,

---

[1] 李启成:《晚清各级审判厅研究》,北京大学出版社2004年版,第96页。
[2] "袁世凯奏报地方试办审判情形折",光绪三十三年六月初九日,怀效锋主编:《清末法制变革史料》上卷,中国政法大学出版社2010年版,第399页。

各该厅且将为酿祸之媒"。因此,宪政编查馆希望饬下法部。"嗣后于考试任用各项法官时,无需钦遵颁定暂行章程,严切奉行,不得稍存宽假。其京外已设各级审判检察衙门,亦应于明年举行第一次考试后,定期将各该衙门所有实缺、候补、调用各员,认真甄别,按照此次章程所定各科目,补行考验,分别汰留。"任何未经法官考试者,不能奏请补署法官各缺。即使候补推事及检察官,也要由法部堂官查验,确是通晓法律,长于听断之员,"准其出具切实考语,奏请补署"。"总以法官悉合资格为主,俾策成效而洽舆情"。希望以考试选拔人才,而绝"幸进之门"。[1]

虽然清末以考试作为选任之主要方式,但是,基于中国悠久的文官传统,宪政编查馆的奏折中也强调,独赖于考试,"恐笔述口答之所得,或不免空疏涂饰以为工"。因此,以考试选拔人才,但人才"以培养而出,则造就之法宜先"。一则,现有或将来续设之法律学堂应次第扩充,以培养通材,为审判检察官之取资;二则,为司法前途计,别筹奖励研究法学之方,使法律知识逐渐普及。[2]

《法院编制法最初之稿》及定稿之中,[3]拟定法官考试为两次,"非经二次考试,不得任用"。两次考试分别为笔试和口试。笔试合格方能参加口试。考试细则根据同时颁布的《法官考试任用暂行章程》。

就法官考试,以上法律主要涉及如下内容:

---

[1] "宪政编查馆奏核订法院编制法并另拟各项暂行章程折",怀效锋主编:《清末法制变革史料》上卷,中国政法大学出版社 2010 年版,第 425 页。
[2] "宪政编查馆奏核订法院编制法并另拟各项暂行章程折",怀效锋主编:《清末法制变革史料》上卷,中国政法大学出版社 2010 年版,第 426 页。
[3] 内文标题为"审判厅检察厅构成法草案",点校者注,怀效锋主编:《清末法制变革史料》上卷,中国政法大学出版社 2010 年版,第 477、498 页。

第六章 近代司法官制度

（1）法官考试主持机构为法部。京师由法部奏请钦派通晓法律大员，会同考试。距京较远省份，由法部经奏请简派通习法律人员到各省，会同提法司考试。

（2）襄校人员组成。京师以下列人员充任：在京师法科大学、法政法律学堂，或各省官立法政学堂，充当教习或曾充教习者；在京师法科大学、法律学堂、法政学堂正科毕业，及在外国法政大学或法政专门学堂毕业，得有文凭者。京外由法部奏派。

（3）应试资格：以 20 岁至 60 岁为限。①凡在法政法律学堂三年以上，领有毕业文凭者；②举人及副拔优贡以上出身者；③文职七品以上者；[1]④旧充刑幕，缺系品端学裕者。[2]

（4）免试资格：①在京师法律法科大学毕业，在外国法政大学或法政专门学堂毕业，经学部考试给予进士、举人出身者，可以免初试。②在法政法律学堂肄习三年，领有毕业文凭，充京师及各省法政学堂教习或律师三年以上者，免第二次考试，作为候补推事。

（5）考试资格限制：①因褫夺公权，丧失为官吏资格者；②曾处三年以上之徒刑或监禁者；③破产未偿债务者。

（6）考试形式与内容：两次考试形式均有笔试和口试两种。①第一次笔试五科：奏定宪政纲要；现行刑律；现行各项法律及暂行章程；各国民法、商法、刑罚及诉讼法，准由各人自行呈明，就其所学种类考试，但至少须认二类；国际法。其中，现行刑律与各国民法、商法、刑罚及诉讼法，为主要科，"主要

---

[1] 后在"法部奏酌拟法官考试任用施行细则折并单"中，有增加"以实官为限，虚职不得与考"。参见《政治官报》1910 年第 911 期。

[2] 后在"法部奏酌拟法官考试任用施行细则折并单"中，有增加"以历充 5 年以上，并以现充刑幕者为限"。参见《政治官报》1910 年第 911 期。

科分数不及格者,余科分数虽多,不得录取"。并要以主要科为题,拟论说一篇。口试内容以主要科为限。②第二次考试以查验实地练习优劣为主。笔试以实地案件为题,应详叙事实、理由,拟定判决;口试以上述主要科为限。

(7)法官录取与任用:第一次考试合格者分发到初级审判厅实习(开办之初,考试成绩最优者,可以分发高等以下审判厅学习),二年期满。[1]学习期间受地方审判厅厅丞或厅长监督,其品行、性格,分别由该监督官届时出具切实考语。京师径呈法部,各省送由提法司申报法部,核定鉴别,劣者可随时罢免。学习期满一年以上者,可以掌理特定司法事务,但不得审判诉讼并管理登记及其他非讼事件。第二次考试合格者,始准作为候补推事分发地方以下审判厅,听候补用。同样,开办之初,成绩最优在高等以下审判厅学习者,酌补高等以下审判厅缺。第二次考试不合格者,仍发往原厅学习二年,期满再行考试,仍不及格者,应即罢免。[2]

宣统二年四月(1910年),法部所拟《法官考试任用暂行章程施行细则》和《考试法官主要各科应用法律章程》相继出台。[3]在法部主持下,于同年八月,清政府举办了第一次全国性法官考试。对于这次考试,朝廷和法部十分重视,在制定相应规则的同时,法部也在筹备方面投入大量人力。

2. 法官考试筹备工作。第一是确定考试地点及偏远省份的

---

[1] 在《法院编制法最初之稿》中,初规定为三年,颁定稿改为二年。

[2] 根据《法院编制法》"法官考试任用暂行章程","法部奏酌拟法官考试任用施行细则折并单"整理。怀效锋主编:《清末法制变革史料》上卷,中国政法大学出版社2010年版,第499、503页。

[3] "法部奏酌拟法官考试任用暂行章程施行细则折并单",载《政治官报》1910年第911期;"法部奏考试法官主要各科应用法律章程折并单",载《政治官报》1910年第918期。

第六章 近代司法官制度

考试官、襄校官。按照上述法律规定,法部确定西南、西北几个偏远省份考生在本省考,其余各地,由各省选派赴京考试。宣统二年(1910年)三月,法部确定"以四川、广西、云南、贵州为一路;甘肃、新疆为一路"。[1]由法部在五品以上京官中选派,每省二员。六月,考试官与襄校官确定,分赴各省。[2]

第二,组织报名。宣统二年(1910年)七月十日至八月初十是正式报名日期,但因为报名资格限制严格,各省报名者寥寥。江苏、贵州、浙江等省奏请放宽限制,法部也认识到在各省法政学堂开办多不及三年的情况下,资格限制过严,恐"将来应考者多不中程,而毕业者反形观望,似非振励人才之道"。因此,咨商宪政编查馆,做出补充性规定:"凡留学外国法政速成毕业,在本省充当法政教员三年以上者","在本省法政二年以上毕业领有优等文凭者","凡在该省审判研究所接续有二年程度毕业领有优等文凭者",均可参加本届法官考试。放宽了考试资格,但同时强调"仅以此次为限,将来仍然照定章办理"。[3]如此,至报名截止日期,已有3000余人。[4]

第三,编写参考书。为帮助考生准备考试,作为负责命题的机构,法部根据《法官考试任用暂行章程》考试内容要求,请当时的法学权威专家撰写出版了参考书。主要分为两类:一

---

[1] "法部奏酌拟法官考试任用暂行章程施行细则折并单",载《政治官报》1910年第911期。

[2] 宣统二年六月九日,朝廷确定考试官:法部郎事张丕基、陈棣堂前往四川;法部郎中何奏籛、萧之葆前往云南;学部参事林荣、翰林院编修朱汝珍前往贵州;礼部参议李擢英、监察御史萧丙炎前往甘肃、新疆。并分别派颜绍泽、铭廉、靳锡兰、培元、吕兴周、何宾笙、万之一和恽福鸿为襄校官。赴甘肃的考试官于该省考试完毕后,再前往新疆主持考试。《大清宣统政纪》卷37。

[3] "法部奏本届举行法官考试暂拟推广与考资格折",载《政治官报》1910第1016号。

[4] 《京津日报》庚戌(宣统二年)八月廿四日。

是考试法规汇编，主要有《法部奏定考试法官主要科应用法律章程》和《考试法官必要》；二是模拟考题汇编，主要有《法官考试答案汇纂》和《考试法官拟作》。

出版第一类参考书的目的有两个：其一，拟定的章程非常繁复，考试以现行为限，若不将应用各项晓示明白，易出现"泛涉者既与司法无关，浅尝者转以空疏侥获"的情况。其二，命题者也要有"遵用之本"，如此方能"明示迹澈"，"海内得以率从"。所以，这一类参考书主要是当时清朝现行法律及暂行章程中有关司法内容的分类整理以及与司法有关的奏折汇编，还包括西方司法制度的内容介绍。[1]

第二类主要是对考试题型和答题技巧的介绍，内容包括模拟题和答案。其中《考试法官拟作》一书更是由当时律学大家吉同钧亲自撰写，[2]计有20道模拟题和答案，成为当时考生的重要参考书。

虽然当时报刊也登有相关参考书的广告，但是法部作为法官考试负责机构，组织权威专家编写的参考书无疑更具权威性及指导意义。尤其是在中华法系解体，清末大量修律，无异一场法律革命的背景下，又系中国历史上第一次真正意义上的司法考试，参考书的编写对于考生而言意义非凡。

法部初拟考试时间为八月初，但因考场问题，最终于六月底定在宣统二年八月二十四日（1910年9月27日）至九月十一日（10月13日）。

录取工作在宣统二年十月全部结束，随之开始法官的分任

---

[1] "法部奏定考试法官主要科应用法律章程"，转引自李启成：《晚清各级审判厅研究》，北京大学出版社2004年版，第104页。

[2] 吉同钧（1854~1936年），字石笙，号顽石，赳赳寨人，是晚清修律的重要人物，在《大清现行刑律》卷首衔名的无名总纂官里位列第一，曾同时担任律学馆、京师法律学堂、京师法政学堂和大理院讲习所的律学教员。

工作。法部进行法官分任工作的主要法律依据是宣统元年十二月二十八日颁布的《法院编制法》《法官考试任用暂行章程》，宪政编查馆于宣统二年五月奏请实行的《各省法官变通回避办法》，以及法部于宣统二年七月拟定的《法官分发章程》。在这些法律基础上，法官委任延续了传统的文官回避制度。但顾虑到人才缺乏与经费不足问题，法官仅需"回避本管府州及本籍三百里以内，与各省人员一体任用"。[1]同时，为更好地履行清厘诉讼职责，选任法官要熟悉当地风土人情及语言。

清朝皇帝于宣统三年十二月二十五日（1912年2月12日）年宣布退位，清朝灭亡。但在此时，第一批通过考试的法官按《法院编制法》规定，均实习期未满。原定于宣统四年的第二次司法考试亦未能如期进行。因此，这一批法官未能在清朝司法中发挥其作用。但是，在北洋政府时期，他们并未因政治变革而被排除在司法职业之外。[2]

清末的司法考试虽进行于清朝灭亡之前夜，但是，其在制度建设上的意义不容置疑。司法考试制度基本完成了司法官选任的制度构建，对北洋政府时期的司法官考试制度设计影响深远。而且，民国初年，为工作正常进行，新考试之法颁布之前，旧法仍然有效，旧有考试制度成为新旧交替之际的制度保障。[3]

----

〔1〕 "宪政编查馆会奏酌拟各省法官变通回避办法折"，载《政治官报》1910年6月18日。

〔2〕 北洋时期，司法官考试与文官高等考试合并，在其应试资格中有一条"曾经考试得有出身者，经政事堂派员甄录试验亦得送考"。"文官高等考试令"，1915年9月30日，殷梦霞、邓咏秋选编：《民国司法史料汇编》第19册，国家图书馆出版社2011年版，第234页。

〔3〕 "司法部致成都司法司考试法官新法未颁布以前旧法仍然有效电"、"司法部覆桂林司法司长法官任用应暂照法院编制法办理电"，殷梦霞、邓咏秋选编：《民国司法史料汇编》第15册，国家图书馆出版社2011年版，第298页、300页。

(二) 北洋政府司法官考试

1. 法律规定。民国初年正是鼎革之际，但在新法未及颁布之时，皆沿用旧法。同时，在清朝司法官考试制度基础上，北洋政府进一步完善考试制度。民初，北洋政府将司法官考试纳入文官考试，但因法官职业专业性强，故在普通文官考试之外再设专门考试。后考虑到司法官的专业性较强，在1917年修订《司法官考试令》后，司法官考试又从文官考试中独立出来。就司法官考试制度，民初主要颁布了如下法令：《公布考试甄录学习及习用各项办法》（1915年9月30日，大总统令）、《应试人员与主试人员不得蹈从前恶习令》（1914年1月31日，大总统令）、《文官高等考试令》（1915年9月30日，教令）、《文官普通考试令》（1915年9月30日，教令）、《文官高等考试典试令》（1915年9月30日，教令）、《文官普通考试典试令》（1915年9月30日，教令）、《文官高等考试令施行细则》（1915年1月27、教令）、《文官普通考试令施行细则》（1915年1月27日、教令）、《司法官考试令》（1915年9月30日、教令）、《关于司法官考试令第三条甄录规则》（1915年9月30日、教令）、《司法官考试令施行细则》（1916年1月27日，教令）等。

在上述法令基础上，北京政府继续不断修正补充，于1917年10月18日公布实施修正的《司法官考试令》，分为"总纲""典试委员会""甄录试及初试""再试"和附则。该考试令汇总了之前的考试令及甄录试规则以及文官考试令的内容，并做了补充修订，使之更加合理完整。11月14日，司法部公布实施了《司法官再试典试委员会审议面试规则》。12月10颁布《司法官考试令施行细则》和《司法官考试规则》。1919年5月15日颁布《修正司法官考试令各条》。

通过以上法令，北洋政府时期的司法官考试制度益加详密完善。综合起来，这些法令主要有如下内容：

（1）考试负责机构。北洋政府确定了专门负责司法官考试机构——典试委员会。典试委员会由甄录试及初试典试委员会和再试典试委员会组成。

甄录试及初试委员会设委员长 1 人，在司法部次长和参事司长、大理院庭长、总检察厅检察长和首席检察官、法律馆副总裁和总纂、高等审判厅庭长及高等检察厅检察长中遴选。常任委员由司法总长于司法部参事司长，大理院推事、总检察厅检察官中选任；委员及襄校委员由司法总长于司法部参事司长、大理院推事、总检察厅检察官法律馆纂修、高等审判厅推事及高等检察厅检察官中遴选，临时呈请大总统派充。该委员会为临时机构，考试结束即行裁撤。再试典试委员会为常设机构，设委员长 1 人，由司法部次长担任，再试典试委员 8 人，其中半数为常任，另外半数为临时选任，均由司法总长遴选，呈请大总统派充。而且，典试委员会均设有监试委员，分别为 2~6 人和 2 人。分别由司法总长于高等检察厅检察官、地方检察厅检察官和各级检察厅检察官中选任。[1]

（2）应试资格。按照《文官高等考试令》，男子年满 25 岁以上，满足下列条件之一者，均可参加考试：①本国国立大学或高等专门学校修习各项专门学科三年以上毕业得有文凭者；②经教育部指定外国大学或高等专门学校修习各项专门学科三年以上，毕业得有文凭者；③经教育部认可本国私立大学或高等专门学校修习各项专门学科三年以上，毕业得有文凭者；④经司法部甄录试验为与法律专科三年毕业学生有同等之学力，

---

[1]《司法官考试令》，1917 年 10 月 18 日，殷梦霞、邓咏秋选编：《民国司法史料汇编》第 22 册，国家图书馆出版社 2011 年版，第 367 页。

堪应司法官之考试者,有司法总长咨送,亦得一体考试。[1]

至于甄录试验资格,有如下几项:①在国立或经司法教育总长认可之私立大学或高等专门学校教授法律之学三年以上,经报告教育部有案者;②在外国专门学校学习速成法政一年半以上,得有毕业文凭,曾充推事检察官,办理审判检察事务一年以上,或在国立大学或高等专门学校教授法律之学一年以上,经报告教育部有案者;③曾充推事或检察官,继续办理审判或检察事务三年以上者;④曾充法部秋审要差,确有成绩者;⑤曾充督抚臬司等署刑幕五年以上,品学素著,经该署官长或荐任以上京官证明者。符合上述资格之一,愿意参加司法官考试者,还须具亲笔愿书和履历书送达司法部,其格式由司法部制定。资格审定则有司法部甄录委员会审查。[2]

1917年北京政府公布实施的《司法官考试令》,基本是将1915年《司法官考试令》和甄录试验资格的综合而成。但是,将司法官考试令第四项和甄录试验中第三、四、五项取消,增加"曾应前清法官考试及格者"。[3]从司法官考试令的这一变化看,至1917年,从清末发展起来的大学及法政学堂,新式法律人才的培养已基本能够满足需要。而旧式法律人才的知识更新经过五年时间也基本完成,可用优秀专业人士多已纳入新司法机构。过渡期的临时政策完成使命,新颁布之司法考试令不再考虑同等学力和旧式司法人才的考试资格问题,而以新式学校毕业专业人才和教师作为主要应试资格者。

---

〔1〕《司法官考试令》,1915年9月30日教令,殷梦霞、邓咏秋选编:《民国司法史料汇编》第19册,国家图书馆出版社2011年版,第246页。

〔2〕《关于司法官考试令第三条甄录规则》,1915年9月30日,殷梦霞、邓咏秋选编:《民国司法史料汇编》第19册,国家图书馆出版社2011年版,第247页。

〔3〕《司法官考试令》,1917年10月18日,殷梦霞、邓咏秋选编:《民国司法史料汇编》第22册,国家图书馆出版社2011年版,第367页。

按照《文官高等考试令》，即使有以上资格，但如有下列条款之一者，也不得参加考试：①被褫夺公权或停止公权尚未复权者；②品行卑污被控有案查明属实者；③受破产之宣告尚未复权者；④有精神病或年力衰弱者；⑤亏欠公款或侵蚀公款者；⑥其他法令有特别规定者。在此基础上，司法官考试令还有一条："曾受五等以上有期徒刑之宣告者。"[1]这些禁止性规定，对司法官的职业道德要求严格，为法官的品行提供保障。

同时，法令中还规定有免试资格：①在国立大学或专门学校本科，修法律之学三年以上毕业，有毕业证书，且成绩卓著又精通外语者。[2]②在外国大学修习法律三年以上毕业，成绩卓著者。如为日本留学生，则要精通一门欧洲语言。③曾在国立大学或专门学校，教授司法官考试主要科目五年以上，且精通外语者。[3]从免试资格看，主要注重专业优秀和精通外语这两个条件，尤其是欧洲语言，这反映了当时法律改革的方向。

（3）考试程序与内容。北洋政府的考试程序有报名、资格审核、甄录试、初试、实习、再试。同清朝相比，各项制度更加严谨完善，并增加了甄录试。普通报名人员要在考试月份的一个月之前到政事堂铨叙局报名。考生需要持有文凭、同乡荐任以上京官二人的保结、有荐任以上相当资格或曾经考试得有出身而修习政治法律之学者呈验资格及出身证明书。如无证明

---

[1]《司法官考试令》，1917年10月18日，殷梦霞、邓咏秋选编：《民国司法史料汇编》第22册，国家图书馆出版社2011年版，第367页。

[2] 何为"成绩卓著"，初无标准，后司法部规定，毕业分数在85分以上。"送请免试各生其毕业分数须在八十五分以上咨"，1919年3月31日，殷梦霞、邓咏秋选编：《民国司法史料汇编》第22册，国家图书馆出版社2011年版，第377页。

[3]《司法官考试令》，1917年10月18日，殷梦霞、邓咏秋选编：《民国司法史料汇编》第22册，国家图书馆出版社2011年版，第367页。

书类或证书遗失,需要有同乡荐任以上京官二人以上或主管官署之证明,再经政事堂核准。具有甄录资格的人需要出具亲笔愿书和履历书呈交司法部。并且考生还要有足资证明各项学识或经验之书类文凭,资格审核由司法部的甄录委员会负责。审核合格再参加面试。面试主要有两项内容:论文和现行法令之解释。面试及格者,即可由司法总长咨送参加司法官考试。[1]

按照《文官高等考试典试令》规定,司法官考试由下列人员负责:典试官一人,由大总统特派;副典试官二人,由大总统特派;襄校官由司法部遴选,名额不定。同时聘用专门学人人员充典试评议员。以上官员如与应试人员有亲属关系,要自行声明,并回避。监试官4~6人,由大总统在肃政史及高等以上检察厅检察官中简派,掌纠察。考试结束后,由正副典试官负责将考试及格者的姓名、年龄、籍贯、履历、考试成绩呈报大总统,交政事堂铨叙局注册。[2]

司法考试共四试,每试为一场,前三试为笔试,第四试为口试。无论所考学科多少,合定总分,然后按四场平均分计算,分为四等:60分为及格,60分以上为中等,70分以上为优等,80分以上为最优等。如果及格试卷超过录取名额,则由典试官择优录取。如果不够定额,仅录取及格者。各场分数由襄校官酌拟送典试官核定,口试分数由典试官、襄校官合意决定。[3]

---

[1]《关于司法官考试令第三条甄录规则》,1915年9月30日,殷梦霞、邓咏秋选编:《民国司法史料汇编》第19册,国家图书馆出版社2011年版,第247~248页。

[2]《文官高等考试典试令》,1915年9月30日,殷梦霞、邓咏秋选编:《民国司法史料汇编》第19册,国家图书馆出版社2011年版,第240页。

[3]《司法官考试令施行细则》,1916年1月27日,殷梦霞、邓咏秋选编:《民国司法史料汇编》第19册,国家图书馆出版社2011年版,第248页。

第六章　近代司法官制度

考试内容，第一试考经义、史论、法学通论三科；第二试考宪法、刑法、民法、商法；第三试在以下八科中任选一科：刑事诉讼法，民事诉讼法，法院编制法，行政法规，国际公法，国际私法，监狱学，历代法制大要。第四试口试在前三试中任选一科。[1]

从上述考试科目设计看，北京政府对考试内容的设定同清朝相比，不仅更加规范，而且注重通才培养与专业的结合。在这一阶段，中国虽重除旧布新，但是，并没有完全抛弃传统法律。不仅在立法上全面继受清末立法，而且第一试要考经义与史论，反映了这一时代新旧融通的特点。如"孟子论皋陶执法，张释之论犯跸，是否合于法治国之法意，试评论之"这类的考题，多出现在甄录试或第一试中。这或可成为解释民国时期法学大家辈出的一个注脚。

2. 法官考试与培训。北洋政府时期进行的司法官考试共有五次，分别在1916年6月、1918年1月、1919年7月、1921年11月和1926年12月举行。除第一次是和文官考试同时进行外，其他几次均是独立的司法官考试。因此，为筹备考试，1919年7月，司法部还专门设立了司法官考试事务处，该处设四股：收发股、审查股、交牍股、庶务股。[2]据学者统计，五次司法官考试录取名额分别是38人、143人、189人、113人和135人。[3]南京国民政府时期共举行正式司法考试18次，临时考试10次，

---

[1]《司法官考试令》，1915年9月30日，殷梦霞、邓咏秋选编：《民国司法史料汇编》第19册，国家图书馆出版社2011年版，第247页。

[2]《司法官考试事务处章程》，1919年7月10日，殷梦霞、邓咏秋选编：《民国司法史料汇编》第22册，国家图书馆出版社2011年版，第373页。

[3] 汪楫宝：《民国司法志》，商务印书馆2013年版，第49页。

· 229 ·

甄录铨定考试5次，共39次，及格者共三千数百名。[1]

初试合格人员，按照1917年《司法官考试令》规定，要分发到各厅或讲习所学习两年，学习期满后，再由监督长官送请再试。参加再试的人员主要有如下人员：①具备甄录试及初试免试资格学习期满者；②应司法官考试及格人员有在各地审检厅充任书记官等项职务，经各该长官呈请仍留原职，免送司法讲习所学习者；在讲习所学习不合格者。[2]北洋政府时期的司法官再试，并未按照考试令规定，在初试两年后定期举行，一共举行了三次，两次再试补试，分别是1918年底、1922年9月和1924年3月。对上述再试不合格者，于1925年4月和1926年进行了补试。因参加再试者已经有两年的工作经验或深入的学习，因此再试题目要比初试题目难度大，而且要拟具判词。

南京国民政府法官的考试与培训与北京政府无根本差异。但是，在培训时，除了注重经验与学识的训练，还"施以新思想新精神之训练"，以"庶几运用法律，益适合现代国家与社会之需要，则于健全下级法官之政策，必可收事半功倍之效也"。[3]

据南京国民政府司法行政部统计，对比民国初年、南京国

---

[1] 汪楫宝:《民国司法志》，商务印书馆2013年版，第49~50页。根据居正报告，1926年至1937年，录取法官共880人，连以前计之，法官约1400余人，占全国法官人数的三分之二。"十年来的中国司法界"，载范忠信、尤陈俊、龚先砦选编:《为什么要重建中国法系——居正法政文选》，中国政法大学出版社2009年版，第355页。

[2] 第三类人员主要指讲习所存在期间参加再试的人员。讲习所设立之前和撤销之后，参加再试的主要是前两类人员。讲习所存续期间，毕业成绩优秀者可以免再试。

[3] 范忠信、尤陈俊、龚先砦选编:《为什么要重建中国法系——居正法政文选》，中国政法大学出版社2009年版，第355页。

民政府建立之前和全面抗日时期，司法官人数有显著增长[1]，如下表。

法官数＼年别	推事				检察官				推检合计
	最高法院	高等法院	地方法院	合计	最高法院	高等法院	地方法院	合计	
1912年	11				5				
1926年	43	310	426	779	10	150		272	
1936年	80	825	1467	2372	10	234		837	3453

3. 法官的任用。民国初年，为平稳过渡，在新官制颁布之前，各机构所有职官暂时照旧，法官任用仍依前清《法院编制法》关于法官任命之规定。[2]但随着法院组织的改组，新式法官的任命无可回避。而且，清朝《法官任用暂行章程》本身就属变通办理，与《法院编制法》有冲突。并且，其中有关资格规定多与民国国体抵触，故司法部在1913年3月宣布其失效。[3]而新司法官考试法及任用规定均未出台，就此，司法部一再就各省情况发电，任用法官秉性基本宗旨是要符合以下条件人员：

---

[1] 范忠信、尤陈俊、龚先砦选编：《为什么要重建中国法系——居正法政文选》，中国政法大学出版社2009年版，第335页。

[2] "司法部致桂林司法司长法官任用应暂查照法院编制法办理电"，1912年5月；"司法部致成都司法司考试法官新法未颁布以前旧法仍然有效电"，1912年7月31日，殷梦霞、邓咏秋选编：《民国司法史料汇编》第15册，国家图书馆出版社2011年版，第298、300页。

[3] "司法部复风险司法处高等厅前清法官考试任用章程应失效力电"，1913年3月，殷梦霞、邓咏秋选编：《民国司法史料汇编》第15册，国家图书馆出版社2011年版，第359页。

①法政法律三年以上毕业者为合格；②在外国法政一年半以上，有毕业文凭，并曾充任法官满一年以上，或曾任法律教授一年以上者，可以任命为地方以下各厅法官。[1]而且，各省先以此为暂时过渡政策，等待司法部拟定统一司法官考试章程。在京师法院过程中，任用法官以法政或法律三年毕业且富有经验者为任用法官标准，以为将来法定标准做准备。现有法官不合资格者，司法部初步拟定《旧法官特别考试法》，如考试合格，仍应登用。但在改组的环境下，"各省在厅人员，未知底蕴，闻风疑虑观望"，以致"趑趄厅务，影响极大"，司法部为稳定人心，特别强调"新旧人才，视同一体，惟求适当，绝无偏私"。也希望旧有法官"勤务之暇，殚心研究，以资深造"。法部对旧式审判厅的改良期定为五年，即1913年至1918年，在这期间，拟任用之法官要有一年实务实习期。[2]

按照民国行政官官等制度，有特任官、简任官、荐任官、委任官。[3]依《法院编制法》，大理院长为特任官；总检察厅

---

[1] "司法部致安徽都督新旧法官考试现正筹议办法电"，1912年9月，"司法部令广东司法司长正式法官考试仍应听候中央举行电"，1912年5月，"司法部令安徽提法司法官任用端不容省自为异文"，1912年5月14日，殷梦霞、邓咏秋选编：《民国司法史料汇编》第15册，国家图书馆出版社2011年版，第303、299页。

[2] "司法部通行各省拟定旧法官特别考试法函"，1912年9月14日，殷梦霞、邓咏秋选编：《民国司法史料汇编》第15册，国家图书馆出版社2011年版，第302页。

[3] 按照民国行政官官等制度：中央行政官除特任官外，分为九等：第一、二等为简任官；第三、四、五等为荐任官；第六至第九等为委任官。简任官属于国务院或直隶于国务总理者，其任免叙等由国务总理呈请大总统行之，属于各部或直隶于各部者，由各部总长商承国务总理，呈请大总统行之。荐任官属于国务院或直隶于国务总理者，其任免叙等由各该长官呈由国务总理呈请大总统行之，属于各部或直隶于各部总长者，由各部总长经由国务总理呈请大总统行之；委任官之任免叙等由各该长官行之。《中央行政官官等法》，殷梦霞、邓咏秋选编：《民国司法史料汇编》第19册，国家图书馆出版社2011年版，第185页。

第六章 近代司法官制度

检察长、大理院庭长、总检察厅首席检察官、各高等审判厅长、高等检察厅检察长、京师地方审判厅长、京师地方检各厅检察长俱为简任官；各地方审判厅厅长、价差听检察长及各推事、检察官为荐任官；[1]

1913年，司法部发布《任用法官划一办法令》，对任命荐任法官、书记官长、书记官做出统一规定。现以荐任法官为例。具有申请荐任法官资格的主要有以下三类：专业毕业生、曾充任法官者、充司法官考试法内主要科目教授之员。在正式任命前，需要有如下程序：①呈验相关证书及材料，如学校毕业生，要将毕业凭证等呈交司法部查验之后方可办理，即使紧急处理，也要由司法部查明确系有案者，才可先行办理，同时迅速将相关凭证送验；曾充法官者，则需要将毕业文凭、由原保人出具的原工作地方及其年限印结，并证明其"完全负其责任"；教授之员须呈验毕业证书，教授期内一应聘书及讲义。②保人出具事实册，分别包括在校肄业、在官处务、主要科教授的一应成绩及其品行详细胪列，须"应有尽有，切实造报"。③原保人还要严切考覆"人地是否相宜"。[2]

1915年，《简任法官资格》《荐任法官资格》及任用办法相继出台。其中对简任法官资格规定如下：现任大理院推事、总检察厅检察官三年以上者，现任高等审判厅厅长、高等检察厅首席检察官三年以上者，现任各省地方审判厅长、地方检察厅检察长三年以上者，现任司法部参事司长三年以上者，现任简任文官一年以上而有应司法官考试资格者，曾任提法司司法筹备处长一年

---

[1]《法院编制法》，宣统元年十二月二八日奏准，民国四年五月重刊，殷梦霞、邓咏秋选编：《民国司法史料汇编》第19册，国家图书馆出版社2011年版，第114页。

[2]《暂定呈请任用法官等划一办法令》，1913年6月20日，殷梦霞、邓咏秋选编：《民国司法史料汇编》第19册，国家图书馆出版社2011年版，第145页。

以上而有应司法官考试资格者,曾任法部大理院简任实官一年以上而有应司法官考试资格者,曾任简任法官一年以上,现经裁缺、回避、开缺、辞职或调任荐任职而有应司法官考试资格者。[1]

荐任法官资格:依司法部甄拔司法人员规则甄拔合格人员,曾补高等以上审检厅司法官而裁缺或回避、开缺或辞职者;经司法官甄录考试第一次考试、第二次考试合格者。[2]

以上简任法官资格中需要说明的是司法行政官与司法官互相任用的情况。司法部在1916年4月27日发布《司法行政官与司法官互相任用办法》。在此办法中,司法部特别说明,因为司法部荐委任司法行政各职,其中只有具有司法官资格者才可具体职掌,或复核案件,或办理司法行政事宜,"虽非亭平,要自具有法官经验"。因此,这些司法行政官员同在司法系统之内,与在职法官"无甚差别",而与其他行政职务有所不同。因此,"司法部现任荐委职内之司法行政官而具有司法官考试令第三条所载资格人员[3],遇有京外法官缺出,得予遴请调用。至现任法官,有于司法行政相宜者,亦得互调,以资因应"。司法部所拟资格同上述简任资格中所列司法行政人员资格基本一致。[4]

---

[1] 《简任法官资格》,1915年7月22日,殷梦霞、邓咏秋选编:《民国司法史料汇编》第19册,国家图书馆出版社2011年版,第210页。

[2] 《荐任法官资格》,1915年7月22日,殷梦霞、邓咏秋选编:《民国司法史料汇编》第19册,国家图书馆出版社2011年版,第211页。甄录考试资格可参照前述相关规定。

[3] 参照前述《司法官考试资格》。

[4] 附单:酌拟司法行政官与司法官互相任用办法:一,现任本部荐任职者;二,现任本部委任职中之具有荐任职资格者;三,现任大理院总检察厅书记官长及荐任书记官者;四,现任京师高等地方各审判检察厅荐任书记官长者;五,现任各省高等审判检察厅荐任书记官长者。以上各职,如系现任而又具有司法官考试令第三条所在资格者,遇有京外法官缺出,得予遴请调用。《司法行政官与司法官互相任用办法(附单)》,1916年4月27日,殷梦霞、邓咏秋选编:《民国司法史料汇编》第19册,国家图书馆出版社2011年版,第214页。

第六章 近代司法官制度

按照《法院编制法》，经司法官考试第一次考试合格人员，要分发到各地方审判厅学习两年，一年期满后可做特定司法事务，但不能审判诉讼。学习两年期满后，可以作为候补推事等候实缺。对于高级法官的任用，《法院编制法》有专门规定。补高等审判厅推事及高等检察官者须具备下列条件之一：①任推事或检察官五年以上者；②充京、省法政学堂教习或律师五年以上而任推事及检察官者。补大理院推事及总检察官者须有下列条件之一：①任推事或检察官十年以上者；②充京、省法政学堂教习或律师十年以上而任推事及检察官者。[1]

从民初的法官任用制度看，司法官从专业学习到参加司法官考试、实习、再试，最后实任，至少要五年的时间；而充任高级审判厅或大理院推事则需要至少十年的时间。从学理到实践均须磨砺，是司法官素养的基本保证。

综上，北洋政府时期的司法官考试制度相较于清末，在其基础上不断修正完善，形成了自报名、资格审核、甄录试、初试、实习和再试的程序。同时，对于司法官考试题目亦聘请专业人士拟定，保证了司法官从学理到实践能力的选拔，因此，为当时司法界培养甄拔了一批优秀的法官。时人对此有较高的评价："现章司法官，均严行考试，此为司法界之特色也。司法界人才，较他界整齐，当推此为唯一原因。"[2]因此，整个司法界较之其他国家机关"无不令人气尽"的现实，或还"稍足以系中外之望者"。[3]

---

[1]《法院编制法》，前清宣统元年十二月二八日奏准，民国四年五月重刊，殷梦霞、邓咏秋选编：《民国司法史料汇编》第19册，国家图书馆出版社2011年版，第114页。

[2] 陈瑾昆："就改进司法计划略陈鄙见"，载《法律评论》1925年第82、83期合刊。

[3] 梁启超："《法律评论》发刊词"，《法律评论》1923年创刊号。

4. 司法官的考核与奖惩。对司法官的考核与奖惩是司法官管理制度不可或缺的组成部分。清末因时间紧迫，最终未能形成制度，只是在《法院编制法》中明确各级审判衙门及检察厅均由法部堂官监督。其监督权限主要有："有废弛职务及侵越者，应加儆告，使之勤慎；有行止不检者，应加儆告，使之悛改。以上行为如屡戒不悛，或情节较重者，应即照惩戒法办理。"[1]北洋政府在草创之时，对司法官的奖惩仍无制度可循，故也暂时延续清末办法，其考核监督亦由司法部负责。对行止不检者，加以儆告；[2]对司法官的违法越权行为采取由各主管部门"查明确据"，呈由司法总长核办。[3]而且，考虑到清末民初司法官的任用主要以资格确定，尚无考绩，因此，为"循名覆实，严切查考，以专责成"，司法部于1913年3月19日下令，"京外各级审检厅长官等，将所属推检各员每月办事成绩，主义详细造报，并出具按语"，呈由司法总长考核。成绩卓著者随以记优，其"碌碌因人，空言塞责"者，"惟有执法以绳其后"。[4]之后，于7月31日，司法部又严令各地方审检长官"尤宜力祛敷衍瞻徇积习"，"如法官中有不能称职者，各该长官即宜从实举发，施以相当之惩戒。其甚者，呈请免职，庶足以申

---

[1]《法院编制法》，宣统元年十二月二十八日颁行（1909年），怀效锋：《清末法制变革史料》上卷，中国政法大学出版社2010年版，第501、502页。

[2] "司法部复黑龙江提法司法官冶游加以儆告电"，1912年11月12日，殷梦霞、邓咏秋选编：《民国司法史料汇编》第15册，国家图书馆出版社2011年版，第307页。

[3] "司法部覆广西司法司惩戒法未公布以前法官违法越权应呈由司法总长核办电"，1912年9月3日，殷梦霞、邓咏秋选编：《民国司法史料汇编》第15册，国家图书馆出版社2011年版，第303页。

[4] "司法部令京外各级审检厅长将所属推检各员办事成绩详细造报并出具按语以资考核文"，殷梦霞、邓咏秋选编：《民国司法史料汇编》第15册，国家图书馆出版社2011年版，第361页。

明法纪,保障人权"。故要"严加考核,毋得稍有姑息顾虑"。[1]司法部一方面以此方式实施对司法官的监督与考核,一方面加快相关法规的制定。

随着文官制度的健全,1914年以后,司法官官俸、考核、奖惩办法也陆续出台。这些法规中,对于司法官的评定,主要依办案的数量与质量、办理重大案件的成绩、有无违背或废弛职务以及是否有失官职上威严或信用。对司法官的工作业绩、工作能力、责任心、道德品行等做综合评价,并予以奖励或惩处。虽然这些法规还存在不少问题,但是,从制度上讲,司法官的奖惩制度虽然源自西方,但没有完全抛弃中国固有文官制度,使司法官管理皆有法可依。

小 结

由于在价值判断体系和社会内在精神上的巨大反差,民初的社会变革特别是法制变革,是在缺乏对西方体制的整体把握上的机械模仿,而不是在深刻反省自身的基础上进行的。因此,对于建立起来的陌生制度的操作,就只能启用所谓有经验、有技能的人。事实上,对司法官基本素养标准主要有如下方面:

第一,法官要有学识、学历或是法律实践经验。"司法机关为人民生命财产,名誉自由之所寄,法官苟得其人,则裁判必能公平;苟非其人,则裁判必至偏私。偏私之为害,其影响所寄,必使一般之人民富强者徇私纳贿,报复寻仇。一案之判结

---

[1] "司法部令京外各级审检厅长及监督推检官法官中有不称职者即宜从实举发施以相当惩戒甚者呈请免职文",1913年7月31日,殷梦霞、邓咏秋选编:《民国司法史料汇编》第15册,国家图书馆出版社2011年版,第381页。

遗祸不仅及于其身,且中于子孙;不仅属于个人,且累于社会。"[1]故而,法官之学识、品行、经验若不足以任事,其危害不可估量。因此,清末及民国,在司法改革中,法官的学识与经验均是法官资格限定的重要标准。

例如,充任司法人员必须具有法律专业背景或具有法律高等教育的学历。前述《司法官考试令》中对考试及免试资格的认定均是以此为标准。由此可见,民初对法官职业素养的理解,就是强调他是否具有专门的职业技能,而其职业技能的获得则是通过法律的专门教育或是具体从事司法审判的工作。由具备专业素养者通过专业考试选拔充任法官,实现了自清末"司法专官"的设想,是中国司法的根本性转变。这也是当时司法界人才较他界人才整齐、优良的一大因素。

第二,重视法官职业道德。近代司法改革急需法律人才,不仅是数字的简单增加,更需要的是具有优良品质的人才。中国自古有"国家之败由官邪也,官之失德,宠赂章也"的说法。[2]更何况法院为人民生命财产所托付,厥惟"平"之一字,汉张释之对文帝谓"廷尉天下之平,用法轻重,民安措手足"。故而汉朝廷尉即以平名其僚属,有左、右平之设。泰西法律神以一持权蒙目之女子,权所以平物之轻重者,用意亦复相同。法官能尽此一字之职务,视其操守及能力如何。[3]司法选人非当,则"致人民之生命财产名誉自由皆处于危险境界,当此之时,匪独他种机关举行新政受因噎废食之并,抑恐民怨沸腾,人心

---

[1] "司法部令各省高等厅长就现有人员认真考验出具切实考语详细报部文",1913年2月25日,殷梦霞、邓咏秋选编:《民国司法史料汇编》第15册,国家图书馆出版社2011年版,第350页。

[2] 《左传·桓公二年》。

[3] "民国十三年司法之回顾",何勤华、魏琼编:《董康法学文集》,中国政法大学出版社2005年版,第715页。

第六章 近代司法官制度

大失,祸患将有不可胜言者"。[1]因此,基于这样的认识,民国法官的选任尤重品行,这不仅体现在对应试资格的限定及奖惩制度上,而且从当时颁发的一系列法令中也可看到。

民国初年,吏治腐败,袁世凯就任临时大总统即连发大总统令,要求禁绝一切"苞苴贿赂""钻营竞奔"行为。[2]从民初北洋政府颁布的一系列司法法令中,可以看到民初对法官队伍要求的突出特点是对有关法官职业操守方面的重视,其中相当篇幅是强调司法官吏要具有洁身自好、居官清廉的品性。如:禁止冶游,否则按《法院编制法》加以儆告。[3]所有法官甄别、知事试验过程中,禁止标榜从前科举时期的"门生夫子之名称,恶习相沿,积重难返,大则启门户之见揑击,各树其党援;小则长奔竞之风,苞苴且行于暮夜,私情胜于公义。隐患中于人心,末流所趋,曷胜浩叹?"[4]1916年,司法总长发布《告诫司法官通令》:"司法官审判民刑诉讼,为人民生命财产之所托,宜如何精心听断,以求两造之平,乃司民命者,不此之务,往往酒食征逐,宾主献逐,甚或荡检踰闲,不顾风纪社交之途既广,审判之弊随之。本总长为保司法官之威严起见,用

---

[1] "司法部令各省高等厅长就现有人员认真考验出具切实考语详细报部文",1913年2月25日,殷梦霞、邓咏秋选编:《民国司法史料汇编》第15册,国家图书馆出版社2011年版,第350页。

[2] "临大总统令所有苞苴贿赂亟应一体禁绝文","临时大总统令再有钻营竞奔情事必当重予惩戒文",殷梦霞、邓咏秋选编:《民国司法史料汇编》第15册,国家图书馆出版社2011年版,第297页。

[3] "司法部复黑龙江提法司法官冶游加以儆告电",1912年11月12日,殷梦霞、邓咏秋选编:《民国司法史料汇编》第15册,国家图书馆出版社2011年版,第307页。

[4] "大总统令所有考试各员与受试官吏务宜束身自爱不得蹈前恶习文",1914年1月31日,殷梦霞、邓咏秋选编:《民国司法史料汇编》第15册,国家图书馆出版社2011年版,第450页。

特苦口告诫，务期崇尚风节，屏绝风华，一志澄心为民。"[1]

第三，法官应不在党系与"司法党化"。关于司法官与党派之间关系最早的规定见于清末颁布的《法院编制法》。该法第121条明确规定"为政党员、政社员及中央议会或地方议会之议员"不能任司法官员。并且在第125条规定，对于违反规定的司法官可以给予停职、免职等处分。民初继承了清末的规定，规定法官不得加入任何政党和组织，同时法官也不得当选为中央和地方议会的代表。如此规定，是防止司法官加入政党，徇私枉判，偏颇本党人士，破坏司法公正，以维持和确保司法独立。

1924年国民党一大召开，在该次会议上孙中山提出要用政党的力量去改变国家，将党放在国家之上，以党建国，"以党为掌握政权之中枢"。1926年8月，国民党元老徐谦从苏联回国，着手"司法党化"的具体工作。1929年《修正法官训练所章程》规定："凡中国国民党党员，曾在国内外专门伊尚学校修习发证学科三年以上毕业，得有毕业证书者得应本所学员资格之试验；其非中国国民党党员，得有前项毕业证书而向无反革命行为，志愿入党者亦得应试。"[2] 1936年，南京国民政府司法院院长居正发表《司法党化问题》的文章，从理论上论证了"司法党化"的必要及其办法。

清末民初主张司法官的非党化，而国民政府时期主张"司法党化"，其中蕴含着观念的变化。前者主张非党化，防止党派之见，固有司法独立之考虑，亦不免有古代防范朋党思想之遗

---

[1] "告诫司法官通令"，1916年10月9日，殷梦霞、邓咏秋选编：《民国司法史料汇编》第19册，国家图书馆出版社2011年版，第262页。

[2] 湖北省司法行政史志编纂委员会：《清末、民国司法行政史料辑要》，湖北省司法行政史志编纂委员会1988年版，第387页。

留。后者"司法党化",亦不可理解为"党人化",而是司法"党义化",[1]是以三民主义加强司法官之政治思想,以实现革命之司法,[2]亦是建设中国新法系之必然。[3]

故而,为选择优秀司法官,清末至民国的司法官考试均采取了笔试和口试相结合、多次选拔、层层筛选的形式。这样既能全面考察应试者多方面的综合素质,又可通过严格的程序,多次把关,选拔到具有社会经验、人文素养以及实际问题的解决能力的真正合格的司法人才。董康有言:"吾国法官以操守言,入学伊始,讲师日以法律提撕惕励,学成而仕,复经法定之资格。其出处自异恒流,历年以贿闻者,较行政官犹一与百之比例也,当亦与论所公认。"[4]

---

[1] "司法党化",范忠信、尤陈俊、龚先砦选编:《为什么要重建中国法系——居正法政文选》,中国政法大学2009年版,第167页。

[2] "司法部长徐谦报告改革司法工作",湖北省司法行政史志编纂委员会:《清末、民国司法行政史料辑要》,湖北省司法行政史志编纂委员会1988年版,第19页。

[3] 简言之,中国新法系之所以新,一方面在于其与革命的立法联系,以三民主义为方针;另一方面,即表现在中国新法系的表达自一开始,即强调非印信古代法规,继承外国法系,而表现出自主与本国的文化倾向。江照信:《中国法律"看不见中国"——居正司法时期(1932~1948)研究》,清华大学出版社2010年版,第138页。

[4] 何勤华、魏琼编:《董康法学文集》,中国政法大学出版社2005年版,第715页。

结 语
离异与回归

自晚清海禁大开,中国受列强侵略,乃始翻然有变法之决心,"中国步入新法治时代"。[1]在这期间,中国先有法律思想之变迁,然后有编订法典,审判制度,训育人才,增置法院,改良监狱等举措,[2]均以收回法权为主要变法动机。近代司法改革是在中西法律文化的碰撞与反击的背景下启动的,司法改革同近代司法主权乃至国家主权的恢复密切相关。因而,近代司法改革承载了远远超于司法的责任。中国近代司法改革固然有司法传统的内在改良要求,但更主要是清末全面改革的结果。清末十年新政,改革结果虽不平衡,缺陷亦不容避讳,但"多方面同时举行、迅速而不动声色的改革,彻底粉碎了中国2000多年的帝制历史,把中国置于延至今日的帝制后的过程",故而有学者将其称为"新政革命"。[3]在此背景下,近代司法改革是自上而下推动的一场改革,其主导力量是清政府实现宪政的意愿,故而,是由行政力量推动的根本性的变革。

近代司法改革是从1906年设置大理院,各级审检厅以次递

---

[1] 汪楫宝:《民国司法志》,商务印书馆2013年版,第2页。
[2] "二十五年中国之司法",1930年9月,王宠惠著,张仁善编:《王宠惠法学文集》,法律出版社2008年版,第302页。
[3] [美]任达:《新政革命与日本:中国1898~1912)》,李仲贤译,江苏人民出版社2006年版,第6页。

结语 离异与回归

设开始的。[1]中国第一次有了权力分立的概念，第一次有司法权、司法行政权的概念，从而引发一系列司法的改革。随着法部、大理院等机构的出现，权限划分问题不可回避，故近代司法改革的过程中一直伴随着司法行政权与司法权的争论。在这个论争过程中，中国对司法与司法行政的理解既留下了中国固有法律文化的深刻烙印。这也是近代司法改革不容回避的现实问题在理论上的回应。

"一种设置合理的司法权究竟具有哪些功能，使得它对社会生活的介入是合理和正当的"，[2]这是司法权设置无法回避的问题。但中国近代司法改革却无法将之视为改革思考的中心问题。清政府统治岌岌可危，以后民国历届政府亦饱受列强之欺压，领事裁判权如鲠在喉。故而，近代司法事实上存在一种主流司法意识形态，无论修约还是废约，都存在强烈的国权一事，"收回法权"，然后才可以完成法治。列强批判中国无完备的现代化法律，缺少新式法院和经受训练的法官，监狱黑暗野蛮等意见就成为近代司法改革之方向。"与条约上所作对外宣传言，专心致志，以收回法权为念，其他暂非所计。其苦心孤诣，亦未可厚非。"

无论清末还是民国，普设法院，改良监狱，培养司法官与监狱官都成为司法建设的重要任务，而这些工作均主要属于司法行政工作。因此，司法行政机构成为近代司法改革的主导力量。而要完成新式机构的建设，新式司法人才的培养与选拔，相应法规的健全亦是急迫之务。这些，成为推动司法改革的前

---

[1] "二十五年中国之司法"，王宠惠著，张仁善编：《王宠惠法学文集》，法律出版社 2008 年版，第 302 页。
[2] 陈瑞华："司法权的性质——以刑事司法为范例的分析"，载《法学研究》2000 年第 5 期。

提和基础。

新式法院建设，不与行政官署混合，"以清界限"。[1]这是从空间上实现司法行政的分离，以行宪政之关键。又为"观瞻所系",[2]关系收回法权之理想。但宪政抑或收回法权，还有更深层的意义在于，清政府欲重树君主之权威，巩固国权，民国欲国家主权之完整。所谓"立法、行政、司法，则皆综揽于君上统治大权。故一言以蔽之，宪法者，所以巩固君权，兼保护臣民者也……虽君民上下同处于法律范围之内，而大权仍统于朝廷；虽兼采列邦之良规，而仍不悖于本国之成宪。"[3] "国权攸系，自宜亟谋挽回，朝廷预备立宪，改良司法制度，俾各级审判厅分年筹备，依限成立，非独明罚敕法已也，而巩固国权之道亦在是"。[4] "近二十年来，中国政府以深至之诚意，不挠之毅力，对于中国司法制度与司法行政，极力改良……本属中国政府自动之坚决意旨……撤销治外法权而易以中国主权所容许之制度，此为中国国民夙抱之恳挚愿望。"[5]

建设新式监狱，改良旧监狱同各级审判厅的建立一样，关系宪政的实现，关系领事裁判权的收回，亦被视为文明的窗口。

---

[1] "拟定各省城商埠各级审判厅筹办事宜"，怀效峰主编：《清末法制变革史料》上卷，中国政法大学出版社2010年版，第472页。

[2] "清朝续文献通考"之宪政五，转引自李启成：《晚清各级审判厅研究》，北京大学出版社2004年版，第66页。

[3] "宪政编查馆、资政院会奏宪法大纲暨议院法、选举法要领及逐年筹备事宜折"，光绪三十四年八月初一日，故宫博物院明清档案部编：《清末筹备立宪档案史料》上册，中华书局1979年版，第54页。

[4] "浙江巡抚增韫奏浙江筹办各级审判厅情形折"，宣统元年六月三十日，怀效峰主编：《清末法制变革史料》上卷，中国政法大学出版社2010年版，第419页。

[5] 王宠惠："特件法权报告书"，载《兴华杂志》1926年第23卷第49期。转引自江照信："为国司法与为民司法"，载汪楫宝：《民国司法志》，商务印书馆2013年版，第160页。

结语　离异与回归

"泰西立宪诸国，监狱与司法、立法鼎峙而三，纵有完备之法典与明允之法官，无适当之监狱，以执行刑罚，则迁善感化，犹托空言。以故各国莫不从事改良监狱。"监狱之实况，可测一国文明之程度。[1]"况值朝廷预备立宪，欲各国撤退领事裁判以兴国耻而重国权，如非改良监狱，纵使新刑律如何完全，审判厅如何美备，外人将以我狱制不良终不服我法制。"[2]监狱改良关系到旧有刑制的改革，新刑法一旦颁布，刑法的执行效果也有赖于监狱的改良。如此，宪政需要修律，因中华法系之传统，修律必以刑律为重。而刑律的修订，无论其内容还是实施，必然要求刑罚执行机关的改革。故监狱改良虽未列入筹备立宪之清单，却是无可回避之问题。而从中国固有之矛盾看，中国在总结历代衰亡的经验时，监狱制度从来都不是可忽略的问题，但苦于无有效解决措施。而西方的监狱改良，让走出国门的中国人心有戚戚焉，认为是中国理想在西方的实现，故而时人对于监狱改良投入极大的热情亦是应有之意。

在法院建设和监狱改良过程中，伴随始终的问题有两个，即经费和人才问题。相较于人才问题，经费问题更为复杂，需要多部门的合作，而非司法行政机构所能左右。新式人才的培养与选任就成为司法行政机构当时能够有所作为也迫切需要解决问题。对人才之重视，不仅源于对古代重视"人"之作用的现代理解，"近代政治之常轨，厥为法治"，惟"徒法不足以自行，必有治人推行治法，法治之效乃彰。治人、治法两者相维

---

[1] "修订法律大臣沈家本奏实行改良监狱宜注意四事折"，怀效锋主编：《清末法制史变革史料》上卷，中国政法大学出版社2010年版，第393页。

[2] "署督部堂袁批香山县察条对监狱积弊与改良问题由"，载《广东宪政筹备处报告书》1910年第4期。转引自肖世杰："清末监狱改良"，湘潭大学2007年博士学位论文。

系不可分离之关系，惟于司法更为显然"；[1]同时，也是现实的需要。中国的司法改革是在几乎无预期准备下的全面改革，期间经历帝制消灭，政权频更。法院的建设和人才的培养要同步进行，而且法院建设需大量经费，同时要新式司法人才的充实方可免"新瓶旧酒"之弊。因此，两者的不足不仅互相牵制，又阻碍整个司法改革的进程。而迫于时势的需要，司法改革又刻不容缓，因此，从这个意义上讲，逼使司法界不得不以现有之力量完成几乎是不可完成的使命，这只能寄希望于"人"。不能以数量取胜的法官群体就其承担司法转型使命而言，不得不具有创造力。[2]因此，司法行政机构在法官选拔上不仅确立严格考试制度，而且甄拔程序复杂，学识、素养与经验并重。

　　监狱官对监狱改良而言，同司法官与法院建设的关系是同质的。"改良监狱，尤在看守得人"，"改良刑法之实际在监狱改良。监狱之内容，则在管理法，实行管理法，则在管理及看守之得人，是则不易之理也"。[3]其重点不仅在于完善相关的选任制度，还需扭转世俗对古代狱吏身份地位的偏见。现代监狱受启蒙思想家人道主义思想的影响，被认为其不只是一个等候刑罚的地方，而是一个通过隔离感化的场所。[4]监狱以限制受刑人人身自由为惩罚，但同时也是对其加以教化辅导，使他能改

---

〔1〕"告全国司法界同仁书"，范忠信、尤陈俊、龚先砦选编：《为什么要重建中国法系——居正法政文选》，第200~203页。

〔2〕江照信："为国司法与为民司法"，汪楫宝：《民国司法志》，商务印书馆2013年版，第158页。

〔3〕"考察司法制度报告书"，汪庆祺编，李启成点校：《各省审判厅判牍》，北京大学出版社2007年版，第469页。

〔4〕[荷]冯客：《近代中国的犯罪、惩罚与监狱》，徐有威等译，潘兴明校，江苏人民出版社2008年版，第3页。

过迁善,适于社会生活的地方。[1]因此,监狱官吏应该是循循善诱,诲人不倦的师长,又是细心观察,加意护养的医师和看护。现代监狱官同古代狱官和狱卒已有霄壤之别。

预谋求司法独立,收回法权,近代司法改革将编纂各项法典,普设法院及新式监狱次第兴建作为主要任务,认为如此则"足能收回法权,完成法治"。故而,在抗战前的司法改革不是以审判为中心,而主要表现为司法行政范围,司法会议之议题亦以司法行政工作为主题。在这个过程中,中国以行政色彩浓厚的司法部主导司法改革,司法建设的主要成就和指标常需借助强大的行政力量来完成,而目标却是司法的独立。这种矛盾的存在无疑是中国近代司法改革之重要特征,影响着司法改革进程与方向。

在这条道路上,中国的司法改革成就可说斐然。即使"专心致志,以收回法权为念,其他暂非所计",以致中国司法因过分因袭西洋成法,未能完全适合国情,常遭讥讽,但"其苦心孤诣,亦未可厚非"。[2]毕竟曾经自视为天朝的中国在近代遭受前所未有之危机,尤其庚子之后,在创巨痛深之下始争言变法。更有日本变法自强在前,使中国推演出日本效法西法而强,日本的胜利就是西法的胜利。故而,那一代中国人毋庸置疑地把"西法当成了无远弗届的东西,普遍的东西和共通的东西。而与之相表里的,则是中国社会与西方世界在质地上无须论证的相通和等同",洋务派的"取新卫旧"变成了后来的"除旧布

---

[1] 林纪东:《监狱学》,收录于河南省劳改局:《民国监狱资料选》(上),河南省劳改局1987年版,第124页。

[2] 谢冠生:"弁言",汪楫宝:《民国司法志》,商务印书馆2013年版,第21页。

新"。[1]中国的新政几乎是在没有做任何真正意义上的准备而仓促开始的,因此,其改革目标在近代几经调整,法律思想亦不断随世界发展和变化。在此背景下的司法改革曾一路高歌猛进,出现"有法律而无法治",中国法律"看不见中国"的尴尬境地也是势所必然。但同时也形成了中国司法改革的复杂性与艰巨性,反思必然伴随其中。

中国司法制度,虽初具规模,有焕然一新之貌,但是,在抗战前,不仅未能达到收回领事裁判权之效,新式法院、监所的设立也存在严重不足,人才仍有匮乏之憾。这些缺憾,从表面上看,是可以通过数量增长的形式解决问题,而实际上,由于司法系统外政治与财政因素的限制,试图谋求数量上的增长,恰又是当时司法陷入危机的死结。随着司法建设在法院、监所与法官、监狱官数量上的失败,已无可能基于数量的建设为司法制度赢得完整的主权权力。以至于由于领事裁判权的继续存在,使司法建设欲求其他转折,却不可避免仍受数量指标要求的拖累,对于处于当时情景下之司法当局,这又是一个特别吊诡的形势。[2]更严重的问题是,"惟欲法制推行尽利,必须适应国民之要求,然后始能博大众之信仰,原属不易之理"。[3]"惟旧习与新制不能相应,良法虽颁,美意未著。"其中一大诟病是讼累拖延之病民。其中原因在于制度不合国情,则其实施缺乏共识为基础,制度本就是思想与观念的产物。故而,为收回法权立法建制,偏重于抄袭西洋法制,日益繁复,不仅没达到法

---

〔1〕 杨国强:"衰世与西法——晚清中国的旧邦新命和社会脱榫",中华书局2014年版,第310页。

〔2〕 江照信:《中国法律"看不见中国"——居正司法时期(1932~1948)研究》,清华大学出版社2010年版,第32页。

〔3〕 谢冠生"弁言",载汪楫宝:《民国司法志》,商务印书馆2013年版,第21页。

结语　离异与回归

治之效,反失中国古代政简刑轻之古训。人民不但将司法视为弊政,而且对整个政府失其信仰。[1]另一重要原因在于法官训练不足,难树司法权威。诚如梁启超所说,新式法官,本被寄予厚望,但是"朝出学校,暮为法官。学理既为深明,经验尤非宏富,故论事多无常识,判决每缺公平"。[2]

司法权威难树是近代司法改革难解之题。清末即有主张全新创设审判机构未必能保证其权威,必须借助固有官厅的地位,如把州县衙署作为法院的审判场所,即是将官府对百姓的权威移用于新审判机构。更有主张以州县官兼任检察官,法官可裁决检察官提交的案件,以提升法官在百姓面前的威严。其意在从固有治道中发掘精华,固有治道并非与当时改革所追求的目标完全对立,无需机械地效颦步趋。[3]只是虽曾被视为保守的新政对这些言论并未采纳,或者形势所迫,不能为之。但是,在国民政府时期,伴随着对司法改革反思的深入,民族主义的兴起,变法可图强的失败,重建中国法系的声音又起。"我们中华民族过去受中华法系的'陶熔涵泳',到今天还能够自力更生,创造新的生命,足见过去以礼治为内涵的中国法系,并没有辜负我们,虽然它含有很多不合理和过失之处。"[4]而其所言中国法系,并非中华法系的复古与因袭,而是与革命的立法联系,以三民主义为方针,同时,在继承外国法系的同时,表现

---

[1] "告全国司法界同仁书",范忠信、尤陈俊、龚先砦选编:《为什么要重建中国法系——居正法政文选》,中国政法大学出版社2009年版,第200~203页。
[2] "呈总统文",梁启超:《饮冰室合集》第4册,中华书局1989年版。
[3] 李启成:"法律继受中的'制度器物化'批判——以近代中国司法制度设计思路为中心",载《法学研究》2016年第2期。
[4] "为什么要重建中国法系——居正法政文选",范忠信、尤陈俊、龚先砦选编:《为什么要重建中国法系——居正法政文选》,中国政法大学出版社2009年版,第74页。

出自主与本国文化的倾向。[1]在此思潮下，司法界对固有司法传统的认识也发生了转变。谢冠生曾提到，"中国旧时之地方司法组织，以行政官掌理狱讼，表面观之，似有蔑视司法之嫌。但立法用意，并不如是，或者恰恰相反"。其依据是，中国"历代以来，地方亲民之官，其最主要之职责，厥惟听讼断狱。无论民间之舆论，上级之考成，皆以其办理诉讼之优劣，为其治绩之标准"。而且，州县官"莅庭问案，必须主官躬亲，自宋以后，成为定制。境内发生命盗重狱……而教育、建设与社会救济，则多由民众团体办理。至地方财政，取供官署所需者，无异于地方之司法经费。故中古代之司法组织，与其谓为以行政官兼理司法，毋宁谓为司法官兼理行政之更切实际"。在当时人之心目中，"地方官除为人民排难解纷，平亭曲直，诛锄强暴，安定社会，其他庶政，皆末节也"。"国家既如此重视司法，故对治狱不直者，科责至重，无论失出失入，皆有严厉之惩处。"[2]其中对中国司法传统"司法官兼理行政"的概括迥异于从前。

司法界的反思，也同民国出现的早期改良者思想回归传统相契合。康有为在1913年自责"鄙人愚妄，实变法之前驱，实为罪魁宜讨者也"。[3]其后章太炎、梁启超、严复等人都有类似言论，梁启超甚至有"吾尝自讼，吾所效之劳，不足以偿所造之孽也"的言语。[4]这些人既曾由弃旧作新先造潮流，则他们后来群体性回归旧途以寻找各自安身立命之地，便以其太过显

---

[1] 江照信：《中国法律"看不见中国"——居正司法时期（1932~1948）研究》，清华大学出版社2010年版，第138页。
[2] 谢冠生"弁言"，载汪楫宝：《民国司法志》，商务进书馆2013年版，第3~4页。
[3] 汤志钧编：《康有为政论集》下册，中华书局1981年版，第882页。
[4] "吾今后所以报国者"，梁启超：《饮冰室合集》第4册，中华书局1989年版，第52页。

结语 离异与回归

目而不能不成为一种引人深思的历史现象和文化现象。他们在艰难世事两度转身,而最后实现的却是自己苛责自己和自己反对自己。比之各以守旧开新为一面之理而硁硁然引吭高鸣的人,这种由新党而老新党的心路所历,一定会更多矛盾,更多怀疑,更多枳棫,更多复杂,从而更多深度,而由此折射的时代内容跌宕起落,当然不是"反动"一词能够统括净尽的。[1]

回望中国的近代司法改革,之所以最初以司法行政机构为主导,可能在于中国在改革之时,首先面临的问题是"如何保持'中国'存在前提下,使之既成为一个统一、强大和有效率的国家",然后才是"成为一个在宪政建制及公民参与的基本问题上具有现代意义上的合法性国家"。[2]而在此方面,在漫长的历史进程中,中国积聚了使这样一个人口众多,并具有种种多样性的大国得以持续存在下来的丰富思想知识资源的国家。故而,在对西方的膜拜与亦步亦趋之后,一旦获得机会与可能,中国历史文化提供的基本的知识资源就会为人所识,发挥其功能。孔飞力曾说,从本质上来看,中国现代国家的特征是由其内部的历史演变所决定的。[3]放至近代司法改革,这个论断亦是适用的。中国近代司法改革由重"形"而逐渐重"质"的变化,只能从中国自身所面临的司法改革的任务与条件来发现和寻求出路。

章开沅先生曾以"离异"与"回归"的理念,借以阐述文化转型中交替出现的两种趋向。其离异,首先表现为模仿、学

---

[1] 杨国强:《衰世与西法:晚清中国的旧邦新命和社会脱榫》,中华书局2015年版,第309页。

[2] [美]孔飞力:《中国现代国家的起源》,陈兼、陈之宏译,生活·读书·新知三联书店2013年版,第35~36页。

[3] [美]孔飞力:《中国现代国家的起源》,陈兼、陈之宏译,生活·读书·新知三联书店2013年版,第1页。

习与趋近西方近代文明；其回归，主要表现为从传统文化中寻找本民族的主体意识，以求避免被西方文明同化。或可说，这是一种跨越空间距离的离异与回归。传统永远在发展变化。按离异与回归的模式来说，离异须抗拒其惰力，回归则须认同其活力。中国自古就以"和而不同"的理念来对待人类文明发展的智慧。"一种文明的核心价值若遭到破坏，必然会伤及其原始内在动力，乃至导致该文明的消失。不同的文明只有在彼此信任的基础上充分对话，才能自我更新。"[1]恰如有学者所说，是否可以将中国与西方因彼此间的巨大差异"放至不同的类型中可以使我们得到更好的分析价值"。[2]这需要重树我们的文化自信，重新认识中国司法传统乃至文化的价值，不再有"法律原以保民，转以病民"之痛。[3]故笔者借用章开沅先生之"离异"与"回归"理念，审视中国近代司法改革之历程，以为今日之鉴。

---

[1] 章开沅、陈才俊："文明对话：告别激进民族主义"，《南方周末》2014年9月26日。

[2] 卜正民：《明代的社会与国家》，黄山书社2009年版，第271页

[3] "告全国司法界同仁书"，范忠信、尤陈俊、龚先砦选编：《为什么要重建中国法系——居正法政文选》，中国政法大学出版社2009年版，第200页。

参考文献

一、历史文献

1. 故宫博物院明清档案部编：《清末筹备立宪档案史料》，中华书局 1979 年版。
2. 殷梦霞、邓咏秋选编：《民国司法史料汇编》（共 50 册），国家图书馆出版社 2011 年版。
3. 怀效锋主编：《清末法制变革史料》，中国政法大学出版社 2010 年版。
4. 湖北省司法行政史志编纂委员会：《清末民国司法行政史料辑要》，湖北省司法行政史志编纂委员会 1988 年版。
5. 田涛、郑秦点校：《大清律例》，法律出版社 1998 年版。
6. 中国政法大学法律古籍整理研究所：《中国历代刑法志注译》，吉林人民出版社 1994 版。
7. 《清实录·德宗实录》。
8. 《大清宣统政纪》。
9. （清）朱寿朋编，张静庐等校点：《光绪朝东华录》，中华书局 1958 年版。
10. 汪庆祺编，李启成点校：《各省审判厅判牍》，北京大学出版社 2007 年版。
11. 河南省劳改局：《民国监狱资料选》（上），河南省劳改局 1987 年版。
12. 钟叔河主编：《走向世界丛书》，岳麓书社 1985 年版。
13. 中华人民共和国司法部编：《中国监狱史料汇编》上册，群众出版社 1988 年版。

14. 何勤华、魏琼编：《董康法学文集》，中国政法大学出版社 2005 年版。
15. 何勤华、李秀清主编：《民国法学论文精粹》，法律出版社 2004 年版。
16. 范忠信、尤陈俊、龚先砦选编：《为什么要重建中国法系——居正法政文选》，中国政法大学出版社 2009 年版。
17. 王宠惠著，张仁善编：《王宠惠法学文集》，法律出版社 2008 年版。
18. 《领事裁判权的撤废问题》，中国国民党广东省宣传部 1930 年印。
19. 东方杂志社编印：《领事裁判权》，商务印书馆 1923 年版。
20. 《实行撤废领事裁判权的意义与认识》，中国国民党中央执行委员会宣传部 1930 年印。
21. 《撤废领事裁判权运动》，中国国民党北平特别市党务指导委员会宣传部 1930 年印。
22. 《政治官报》。
23. 《司法公报》。

二、学术专著

1. 董开军主编：《司法行政学》，中国民主法制出版社 2007 年版。
2. 萨孟武：《政治学与比较宪法》，商务印书馆 2013 年版。
3. 江照信：《中国法律"看不见中国"：居正司法时期（1932~1948）研究》，清华大出版社 2010 年版。
4. 安国胜：《外国在华领事裁判权史稿》，中国政法大学出版社 2014 年版。
5. 于明：《司法治国》，法律出版社 2015 年版。
6. 那思陆：《中国审判制度史》，台北正典出版文化有限公司 2004 年版。
7. 萨孟武：《中国社会政治史》，台北三民书局 1998 年版。
8. 萨孟武：《政治学与比较宪法》，商务印书馆 2013 年版。
9. 谢振民：《中华民国立法史》，中国政法大学出版社 2000 年版。
10. 张从容：《部院之争：晚清司法改革的交叉路口》，北京大学出版社 2007 年版。
12. 钱端升等：《民国政制史》，上海人民出版社 2011 年版。
13. 董彦斌：《追寻稳健宪政：民国法律家张耀曾的法政世界》，清华大学出版社 2013 年版。

14. 张仁善：《近代中国的主权、法权与社会》，法律出版社 2013 年版。
15. 李贵连：《沈家本传》，法律出版社 2000 年版。
16. 李鼎楚：《事实与逻辑：清末司法独立解读》，法律出版社 2010 年版。
17. 陈旭麓：《近代中国社会的新陈代谢》，上海人民出版社 1992 年版。
18. 梁启超：《饮冰室合集》，中华书局 1989 年版。
19. 张凤仙、刘世恩、高艳：《中国监狱史》，群众出版社 2004 年版。
20. 郭建：《帝国缩影——中国历史上的衙门》，学林出版社 1999 年版。
21. 程燎原：《清末法政人的世界》，法律出版社 2003 年版。
22. 瞿同祖：《清代地方政府》，范忠信、晏锋、何鹏译，法律出版社 2011 年版。
23. 李启成：《晚清各级审判厅研究》，北京大学出版社 2004 年版。
24. 毕连芳：《北京国民政府司法官制度研究》，中国社会科学出版社 2009 年版。
25. 汪楫宝：《民国司法志》，商务印书馆 2013 年版。
26. 王健：《中国近代的法律教育》，中国政法大学出版社 2001 年版。
27. 杨国强：《衰世与西法——晚清中国的旧邦新命和社会脱榫》，中华书局 2014 年版。
28. ［荷］冯客：《近代中国的犯罪、惩罚与监狱》，徐有威等译，潘兴明校，江苏人民出版社 2008 年版。
29. ［意］恩里科·菲利：《犯罪社会学》，郭建安译，中国人民公安大学出版社 1990 年版。
30. ［美］任达：《新政革命与日本：中国 1898～1912）》，李仲贤译，江苏人民出版社 2006 年版。
31. ［美］H. W. 埃尔曼：《比较法律文化》，贺卫方、高鸿钧译，清华大学出版社 2002 年版。
32. ［德］K. 茨威格特、H. 克茨：《比较法总论》，潘汉典、米健、高鸿钧、贺卫方译，法律出版社 2003 年版。
33. ［美］孔飞力：《中国现代国家的起源》，陈兼、陈之宏译，生活·读书·新知三联书店 2013 年版。
34. ［加］卜正民：《明代的社会与国家》，陈时龙译，黄山书社 2009

年版。

三、学术论文：

1. 范忠信："专职法司的起源与中国司法传统的特征"，载《中国法学》2009年第5期。
2. 李鼎楚："'变法'与'斗法'：解读清末地方司法独立制度构建中的权力争斗"，载《湘潭大学学报》2010年第6期。
3. 陈瑞华："司法权的性质——以刑事司法为范例的分析"，载《法学研究》2000年第5期。
4. 牟宪魁："北洋政府时期的司法权与宪法解释制度研究"，载《法学评论》2012年第3期。
5. 牟宪魁："国民政府时期的司法权与宪法解释制度研究——'五五宪草'上的司法释宪模式之检讨"，载《法学》2013年第4期。
6. 聂鑫："民国司法院——近代最高司法机关的新范式"，载《中国社会科学》2007年第6期。
7. 聂鑫："从三法司到司法院——中国中央司法传统的断裂与延续"，载《政法论坛》2009年第1期。
8. 李贵连："清季法律改革与领事裁判权——兼论沈家本法律救国思想"，载《中外法学》1990年第4期。
9. 高汉成："晚清法律改革动因再探——以张之洞与领事裁判权问题的关系为视角"，载《清史研究》2004年第4期。
10. 公丕祥："司法与行政的有限分立——晚清司法改革的内在理路"，载《法律科学》2013年第4期。
11. 肖世杰："清末监狱改良"，2007年湘潭大学博士学位论文。
12. 王素芬："明暗之间：近代中国狱制转型研究"，2006年华东政法大学博士学位论文。
13. 许章润："清末对于西方狱制的接触和研究——一项法的历史和文化考察"，载《南京大学法律评论》1995年秋季号。
14. 孔颖："论清末日本狱制考察"，载《日本研究》2006年第4期。
15. 俞江："清末奉天各级审判厅考论"，载《华东政法学院学报》2006年第 1 期。

16. 李在全："民国初年司法官群体的分流与重组——兼论辛亥鼎革后的人事嬗变"，中国法律史学会 2016 年年会论文。
17. 李启成："法律继受中的'制度器物化'批判——以近代中国司法制度设计思路为中心"，载《法学研究》2016 年第 2 期。
18. 李启成："领事裁判权制度与晚清司法改革之肇端"，载《比较法研究》2003 年第 4 期。
19. 钱付涛："中国古代司法官吏选任制度的嬗变"，载《河南司法警官职业学院学报》2006 年第 3 期。
20. 李贵连："清季法律改革与领事裁判权——兼论沈家本法律救国思想"，载《中外法学》1990 年第 4 期。
21. 张仁善："百年中国司法主权体系的发展进程与现实反思"，载《河南政法管理干部学院学报》2007 年第 4 期。
22. 张仁善："半个世纪的立法秀——近世中国司法主权的恢复与法律创制"，载《政法论坛》2009 年第 2 期。

后 记

本书是由杨晓辉主持的"2012年度司法部国家法治与法学理论"专项任务研究课题：《中国近代司法改革视野下的司法行政制度研究》的最终成果，项目编号为：12SFB5009。同时，本课题也得到中央司法警官学院2012年度"青年教师学术创新团队"项目的支持，是团队成员共同研究的结果。团队成员主要有杨晓辉、郭辉、尹巧蕊、梁翠、刘书正。

本书的写作在杨晓辉的主持下完成，各章分工如下：

杨晓辉：绪论、第一章、第三章、第四章第三节、第五章、第六章、结语；

尹巧蕊：第二章第一节、第三章第三节；

梁翠：第四章第一、二节；

郭辉：第一章第三节；

刘书正：第二章第二节。

本书的出版得到了中国政法大学出版社姚亚辉先生、刘知函先生的大力支持。特此致谢！

杨晓辉

2017年1月